SELECTED WORKS OF
CHIEN WEI-ZANG

钱伟长文选

第 六 卷

1998—2008

上海大学出版社
·上海·

图书在版编目(CIP)数据

钱伟长文选.第6卷/钱伟长著.—上海:上海大学出版社,
2012.9
ISBN 978-7-5671-0382-5

Ⅰ.①钱… Ⅱ.①钱… Ⅲ.①社会科学-文集②自然
科学-文集 Ⅳ.①Z427

中国版本图书馆 CIP 数据核字(2012)第 203803 号

责任编辑 傅玉芳 江振新 王悦生
装帧设计 柯国富
技术编辑 章 斐 金 鑫

钱伟长文选

第六卷

(1998—2008)

上海大学出版社出版发行
(上海市上大路 99 号 邮政编码 200444)
(http://www.shangdapress.com 发行热线 021—66135112)
出版人:郭纯生

*

南京展望文化发展有限公司排版
上海叶大印务发展有限公司印刷 各地新华书店经销
开本 787×960 1/16 印张 24 字数 301 000
2012 年 9 月第 1 版 2012 年 9 月第 1 次印刷
ISBN 978-7-5671-0382-5/Z·037 定价:68.00 元

本书编委会

主　　　任	于信汇　罗宏杰　周哲玮
常务副主任	李友梅
副　主　任	徐　旭　戴世强
委　　　员	钱泽红　余　洋　吴嘉彦
	陈志宏　曾文彪　程昌钧
	郭兴明　郭纯生

序

今年10月9日，是我国著名的科学家、教育家，伟大的爱国主义者钱伟长先生诞辰100周年的纪念日。全国政协、民盟中央以及钱老的家乡江苏省将会以多种形式来纪念钱先生。作为他度过生命中的最后时光的单位，上海大学将重新收集、整理并出版钱老的文选、学术论文集、博士学位论文等书籍，以纪念这位让广大师生尊敬的老校长，的确是一项极有意义、极具价值的工作，也是值得称道的事情。

钱老出生于江苏无锡的一个书香世家，早年随四叔钱穆研习文史，打下了扎实的国学基础。1931年，他以历史和国学的优异成绩考入清华大学文学院。入学后不久，九一八事变爆发。日本人的入侵，民族危机的严重，促使他在一夜之间改变了想法，立志弃文从理，走科学救国之路。在名师众多、学风严谨的清华物理系，钱伟长的学术能力得到很好的锤炼与提升。1940年，钱老负笈海外，赴加拿大多伦多大学留学，师从辛吉教授研究弹性力学，仅用两年时间就通过了博士学位论文答辩。他和导师合作的弹性板壳的内禀理论的论文，发表于世界导弹之父冯·卡门的60岁祝寿文集内，由此奠定了钱老在国际学术界的地位。1943年，钱老进入美国加州理工学院冯·卡门教授主持的喷射推进研究所工作，从事火箭弹道、火箭的气动及传热设计、人造卫星的轨道计算等研究，成为世界火箭、宇航工程的先行者之一。

1946年，钱老放弃在美国的优厚待遇和舒适的工作环境，毅然决然返回国内，在清华园从事教学和科研工作。20世纪的50年代中期,由周恩来总理亲自主持的"十二年科学规划"工作中,钱老、钱学森和钱三强这三位科学家因具有超前的战略眼光,被周总理赞誉为"中国的三钱"。作为享誉中外的著名科学家,钱老在奇异摄动理论、圆环壳的一般解、广义变分原理的研究及应用等方面贡献卓著;还根据国家的需求,研制出超过国际水平的锌-空气电池;研究高速撞击问题并出版专著《穿甲力学》。1984年,他提出汉字宏观字形编码,简称"钱码",对中文信息处理技术的发展起到了极大的推动作用。

钱老作为杰出的教育家,他非常注重人的全面成长,既重视科学基础知识的教育,同时又强调人文科学对学生教育的影响。主张大学教育应以打好基础,培养学生的自学能力为主;大学专业不应分得过细,科学教育应与人文教育相结合。1983年,他被任命为上海工业大学校长,在上海又延续了对人才培养的持续探索。上任伊始,他就提出并推进了一系列的教育教学改革措施,提出"拆除四堵墙"(学校和社会之间的墙,教学与科研之间的墙,各学院与各专业之间的墙,教与学之间的墙),强调学科交叉,夯实基础,拓宽专业,注重科学教育与人文教育的相互融合,培养全面发展的人。1994年,新上海大学组建,钱老的教育理念有了更加广阔的实践空间,他提出为学首先要学会做人,重视通识教育,强调道德、艺术和文化的基本素养,应是人人必备的;强调文理渗透,理工科学生要具备人文素质修养,注重科学素质教育与人文素质教育的融合,引导学生在专业学习的同时,奠定人文知识的基础,成为一个全面发展的人。他多次在不同的场合中指出,科学教育与人文教育是人类文明发展的双翼,缺一不可。

我个人与钱老有过共事、交往27个春秋的经历。多少年过去后,我依然清晰地记得我们当初交往和一起工作的点点滴滴。1983年初,他履任上海工业大学校长,随后他到各系科调研时和我有了初次见面,不久我便出国。1984年秋,钱老赴丹麦哥本哈根出席世界力学大会时，我们再次见面，白天我请他去我所在的公司参观考察，晚上彻夜长谈。他热切地敦促我早点回国，希望我能协助他推进上海工业大学的教育改革和提高师资的科研水平。钱老深情地对我说："国家和学校都需要你，我也需要你回去帮我一起管理学校。"我深感此话的分量，国家正在快速发展，教育科研岗位需要我。于是我尽快结束了在国外的研究工作，提前回国，回到我魂牵梦绕的大学校园。1986年，我从国外回来后不久就被任命为上海工业大学副校长，几个月以后又被任命为常务副校长。在协助钱老管理学校的那几年里，钱老和我经常为了学校建设的方方面面开展持续的调研和座谈交流工作。钱老总是十分关心与教学、科研和服务社会等密切相关的事。从师资队伍的建设、高端人才的引进，到与大型企业的对接、大型项目的承接；从学校图书馆的建设、原版资料的选购，到实验室仪器设备的配置；从教导学生正确的学习方法，到鼓励教师学计算机、学外语，开展国际学术交流；从学校行政管理改革，到育人环境和制度建设，钱老都密切关注。正是有钱老的关注和督促，才有了学校教育理念的不断更新，管理队伍思想观念的不断进步。

1994年由上海科技大学、上海工业大学、原来的上海大学以及上海科技高等专科学校等四校合并组建新上海大学，德高望重的钱老再次领命就任校长。老骥伏枥，志在千里，在钱校长的带领和广大师生的努力下，1996年新组建的上海大学跻身"211工程"，1998年新校区建成投入使用，一个更加宽广的舞台铺开了，学校的发展与改革跨跃新台阶的序幕再次拉开。这个时期，我已经到上海市政府工作，对钱老为推进学校跃升、审时度势、抓住机遇、顺势而上所起到的奠基性的、他人无法替代的作用是非常清楚的。这些往事给我和学校其他同事都留下了深刻的印象。

钱老曾说，回顾这一辈子，他是一个科学工作者、教育工作者，但更是一个爱国主义者。他一辈子投身祖国的科教事业，并取得了卓越的成就,他始终以国家和民族利益为重的高尚品质,已经很好地诠释了他的话。晚年高龄时,他更是积极地参政议政,与共产党人共商国是,积极地推动祖国的和平统一大业。没有对祖国的真挚感情,哪有他的人生动力和远大目标。每每回忆起这些事,我都深深地为钱老的人格魅力和爱国情怀所感动,也深深地觉得当代学界更应该像老一辈科学家一样,将爱国作为自己追求事业成功的唯一动力。

钱老不仅身体力行爱国,他更是重视通过教育来培养具有爱国精神的一代又一代的莘莘学子。他说上海大学的校训光有"自强不息"四个字还不够,还要加上"先天下之忧而忧,后天下之乐而乐"。"所谓'忧',就是要忧国之所忧、忧民之所忧,把个人价值的实现同国家的强盛、民族的发展和人民的利益结合起来",要把百姓之忧、国家之忧、民族之忧时刻放在心上。今天,上海大学的校训因含有"先天下之忧而忧,后天下之乐而乐"而独具特色,彰显了这位科学大师的胸怀与境界。

纪念钱老百年诞辰,就是要缅怀他的伟大成就,就是要继承和发扬他的爱国精神。上海大学拟出版《钱伟长文选》、《钱伟长学术论文集》和他的博士学位论文《弹性板壳的内禀理论》(英文版)等系列书籍来纪念这位科学巨匠、教育大家,这是方便年青后学很好地阅读大师、传承大师,从而继续钱老未竟的事业。其中,《钱伟长文选》精心收录了钱老从1949年至2008年半个多世纪间有关教育、教学、科研等方面的重要文章和讲话稿,共280篇,按时间顺序分六卷出版。这些文章和讲话稿,涉及哲学、历史学、文学、自然科学、工程技术、区域经济、城市建设、管理学、教育学等,反映了钱老对祖国的科学教育事业的真知灼见和热诚实践,对国家和民族在社会、经济、科技、文化发展等方面的关注和投入,其中有许多文章是他前瞻性的思考与探索的结晶,文章的字里行间洋溢着他和中国共产党肝胆相照之情,充分体现了他的拳拳爱国之心以及丰富的学识和坦荡的胸怀。《钱伟长学术论文集》共收录108篇学术论文,内容包括板壳内禀理论、薄板大挠度问题、环壳理论及其应用、广义变分原理、汉字计算机输入编码等。我想,这些书籍的出版,对于我们进一步了解钱老的学术成就和贡献、了解其爱国奉献的一生是极有帮助的。

是为序。

徐匡迪

2012年9月1日

目 录

1998

缅怀周恩来总理二三事 …………………………………………（1）
在"香港'一国两制'实践与祖国统一展望"学术研讨会上的
　　致辞 ………………………………………………………（6）
培养更多具有创新能力的人才 …………………………………（9）
在中国和平统一促进会成立十周年纪念座谈会上的讲话
　　………………………………………………………………（11）
学科的融合将形成完整的科学体系 ……………………………（14）
用创新精神来改革我们的教育 …………………………………（16）
春风沐浴　万物葳蕤 ……………………………………………（21）

1999

一位着眼全局的杰出教育家 ……………………………………（25）
深切怀念我的老师马约翰教授 …………………………………（29）
怀念同窗益友郭永怀教授 ………………………………………（37）

2000

《湍流理论新进展及其应用》前言 ……………………………（43）
怀念钱穆先叔——钱穆宾四先叔逝世十周年忆养育之恩
　　………………………………………………………………（45）
对于新疆大开发的几项建议 ……………………………………（78）

如何培养有创新精神的人
　　——在上海大学中层干部会议上的讲话 …………（93）
中国魔方的构造特性及其不唯一性问题的研究 …………（103）
关于我国水利建设的几条建议 ……………………………（164）
　　附：国家计委回函 …………………………………（170）
给上海市第三女子中学管乐团的贺信 ……………………（171）
鲜卑族的由来与现在的分布 ………………………………（172）
"华夏"的由来 ………………………………………………（180）

2001

致朱镕基总理的一封信 ……………………………………（188）
　　附：国家信访局回函 ………………………………（189）
　　附：农业部回函 ……………………………………（190）
"上海大学案例教程丛书"序 ………………………………（193）
"长江中游武汉经济区发展战略研究丛书"总序 …………（197）
团结就是力量 ………………………………………………（201）
"地下"的科学工作 …………………………………………（203）
付出终究有收获——谢志伟校长荣休有感 ………………（206）
在上海大学2001级研究生开学典礼上的讲话 ……………（209）

2002

对学校第十个五年规划及长期发展规划的设想 …………（214）
加强社科联工作　繁荣发展社科事业
　　——给无锡市社联第四次代表大会的贺信 …………（221）
与福建省水利厅领导及专家谈治理闽江问题 ……………（223）
在校长体育论坛会上的讲话 ………………………………（229）
在第四届国际非线性力学会议暨IUTAM国际学术研讨会上
　　的致辞 …………………………………………………（233）

谈教师创新和学生创新的关系 …………………………………(235)
《南京航空航天大学校史》序 ……………………………………(237)
在上海大学与日本大阪艺术大学联合举办的"第十五届交
　　流作品展览"上的致辞 ………………………………………(241)
陈新民纪念画册《有色之师》序 …………………………………(242)
研究生怎样做调查研究 ……………………………………………(245)

2003

祝贺《项目管理技术》创刊 ………………………………………(250)
《周恩来统一战线的理论与实践》序 ……………………………(251)
无锡梅村中学90华诞《桃李芳香》序 …………………………(253)
在上海大学中层干部会议上谈本科教学工作 …………………(256)
拓宽专业,为国家和地方发展培养更多创新人才 ………………(258)
大学必须拆除教学与科研之间的高墙 ……………………………(265)
在"谢晋与20世纪中国电影学术研讨会"上的讲话 ………(276)

2004

在上海大学优秀毕业生毕业典礼上的讲话 ……………………(278)
祝贺无锡钱镠研究会成立 …………………………………………(281)
在第七届大学生运动会上致欢迎词 ………………………………(282)
爱我中华　自强不息 ………………………………………………(284)
《我们是怎样自学的》序 …………………………………………(290)

2005

祝贺《徐匡迪文选——钢铁冶金卷》出版 ……………………(293)
今天不努力,明天就落后 …………………………………………(295)
悼孝通兄 ……………………………………………………………(296)
牢记历史　不忘过去　珍爱和平　开创未来

——纪念反法西斯战争胜利 60 周年 ……………… (298)
《古今力学思想与方法——第二届全国力学史与方法论学术
　研讨会论文集》序 ……………………………………… (300)
寄语青年朋友 …………………………………………… (302)
《中国文化读本》序 ……………………………………… (304)

2006

大学：给学生插上人文理想的翅膀 …………………… (306)
科学基金对繁荣科学至关重要 ………………………… (308)
《论教育》自序 …………………………………………… (313)
歌唱琼侨气象新——序黎良端《情缘——我的侨务工作随笔》
　………………………………………………………… (315)
祝贺暨南大学建校 100 周年 …………………………… (318)

2007

《第五届国际非线性力学会议论文集》序言 …………… (320)
祝贺"2007 上海国际隧道工程研讨会"召开 ………… (322)
祝贺"首届科学发展观大学堂暨 2006 年度中国发展百人奖"
　隆重举行 ……………………………………………… (324)
培养有创新精神的人 …………………………………… (325)

2008

寄语《自然杂志》 ………………………………………… (334)
《上大演讲录》总序 ……………………………………… (335)

附：钱伟长传略 …………………………………………… (338)

后记 ……………………………………………………… (368)

1998

缅怀周恩来总理二三事[*]

在敬爱的周恩来总理诞辰100周年纪念的日子里,我常回想起在周总理直接关怀和领导下工作的情景,总理亲切的音容笑貌就像在眼前,使我心潮难平。

参加科学规划的制定

1954年至1956年,我参加了由周恩来总理亲自领导的制定我国自然科学十二年规划工作。从确定科学任务项目,到各科协调,以及确定人员、经费等规划,任务既重要又复杂,工作接触面很广。由于按学科分类多达几百种,难以组织规划,我建议以生产需要为出发点确定55个项目。我随张劲夫、范长江同志向周总理作了汇报,总理充分肯定了这个分类方案,同时又指出应该增加自然科学基础理论的研究任务。这样就形成了有56项任务的中国自然科学十二年规划的框架,其中以原子能、宇航、计算机、自动化和基础理论为重点。我负责几个任务项目的规划。这是我国有史以来第一次以国家的需要出发制定的一个科技发展规划。在这两年的规

---

[*] 原载《上海党史研究》1998年第2期。

划工作中,我们经常向周总理汇报工作,不少次是在深夜或清晨中进行的。总理一方面强调科学规划必须服从生产建设需要的重要性,另一方面又强调基础理论对科学发展和生产建设的指导意义,要求正确处理好科学发展的眼前效益和长远利益的关系。他多次提醒我们,各项科技发展既有国际的共性,更应注意我国资源和地区的特性。他一再提出"我们为什么不能发展以我国特有的富产金属为主的合金钢系统","我国的稀土元素南北都富有,为什么不能开发使用到农肥和其他轻工方面去呢";"西部北部沙漠面积那么大,怎样治理。北方干旱地区那么大,研究适合这种地区的农业和粮食品种十分重要";"我们不相信我国是贫油地区,洋人找油的理论可能有局限性";"不要忘了中医中药的研究"等。周总理的每一次接见,每一次谈话,都使我感受到总理的博大胸怀,他的心中时刻装着祖国和人民;都使我加深理解到生为华夏子孙的中国人,对开发这块养育着中华民族的土地有着无限的责任感。因而在制定规划中,我以高昂的热情通宵达旦地工作着。周总理不断地鼓励我们为国家科学事业作出贡献。在规划接近完成时,周总理公开赞誉我和钱学森、钱三强为中国的"三钱"。

1956年4月规划工作结束后,我被任命为国务院科学规划委员会委员,并负责筹建自动化研究所及自动化学会。在这以后,又得到周总理多次接见,他亲切指出:科学规划内容宏伟,要促其实现,必须广为宣传规划的精神,并鼓励广大科学工作者积极参与,进行更艰巨的实践斗争。在总理的谆谆指示下,我应各省、市领导的邀请,在北京、上海、南京、广州、武汉、山西、保定等各地作关于"我国科学工作者的任务"的报告,各地反响热烈,对科学规划的宣传和执行,起到了周总理要求的推动作用。

1956年底,周总理安排我参加黄敬同志为团长的中国科技代表团,访问苏联及东欧七国,系统考察了社会主义国家的科技管理制度,回国后写成详细报告向周总理汇报,为国家后来设立国家科技委员会和完善中国自己的科技管理体系提供了重要的借鉴。

"文革"中的外事工作

　　灾难深重的"文化大革命"开始后,我经历了无法想象的苦难,不论是"五类分子"或是"八类分子",我总是在最底层,成了永久的斗争对象和劳改队员。1970年,美国作家韩丁访华,要求了解清华大学在"文革"期间红卫兵运动的情况,周总理指定我陪同接待。当时,我正在首都特钢厂劳动改造,被紧急召回清华大学。为了接待外宾,学校革命委员会急忙给我调整被占用的住房,并添置了运动期间被"处理"掉的家具。由于韩丁的女儿卡门那时在北京101中学读书,也参加了红卫兵,是蒯大富的热烈支持者,而且接待时卡门也参加。所以我事先曾向周总理请示如何接待。总理指示"合情合理照实说","卡门不会给我们隐瞒的","关键是讲得合情合理","要用外国人听得懂的逻辑讲得合情合理"。谈话开始几天还有外交部的唐闻生当翻译。后来只有我和清华大学工宣队的刘师傅接待。我们约请了清华大学两派头头座谈。两派仍有各种各样的不同意见。韩丁对此很感兴趣,经常穷追不舍。我则自认为是最中立的,因为两派都不要我,都把我当做斗争的对象。最后韩丁提出一百多个问题,我尽力作了合乎情理的解释。这样一直谈了一个多月,总算完成了周总理交付的任务。韩丁返美后,写了一本名为 *Hundred Day War*(百日大战)的书,畅销美国。

　　1970年到1972年,由周总理安排到清华大学直接交代我接待的国际友人,还有法国著名导演伊文思、美国作家斯诺、英国记者格林等人。伊文思来华摄制"文革事迹",周总理指定我以"可改造的知识分子"身份接受采访。格林也摄制了讲课新闻片和采访新闻片。斯诺的接待较细致,谈话采访约近半个月。其他还有《纽约客》记者斯泼林斐而德,我在家中接待了约五小时,他返美后在《纽约客》1973年3月号上登载了长约35页的家访报道。通过这些接待,我深深体会到周总理关于"实事求是"、"合情合理"以及"求同存异"的指示在外事工作中的重要性。

1972年尼克松访问中国和中美建交带来了中美交流的热潮。在接待了美籍华裔教授回国访问团之后,是年10月至12月,由毛主席、周总理亲自决定让我参加我国科学家代表团访问英、瑞典、加拿大、美四国,由贝时璋任团长,白介夫为副团长,团员还有张文裕、钱人元等人。临行前,周总理嘱咐我着重考察环保问题。访问中,我牢记总理的指示,专门访问了各国管理环保的部门,询问了有关环保管理工作,尽可能收集了有关的详细资料。返回后,我们受到了周总理热情的欢迎,我也交出了一份有关四国环保工作调查的5万字的报告,并提出了关于我国环保管理和政策的建议,不久国家成立了环保局和环保研究院。

研制高能电池

"文革"中批判了我所谓一张纸、一支笔的纯理论工作,我不能再进行应用数学和力学的理论研究了。但是作为一个科技工作者,长期不从事科研工作是非常痛苦的,总想找个实际问题,做一些力所能及的科研工作。1971年,我提出了研究开发轻质高性能电池这一课题,它若成功,既可用于野外作业和地质勘探队的电源、铁路号志灯电源、航道标志灯电源等,还能作为坦克的起动电源、导弹动力电源,甚至潜艇和电瓶车电源,以及电汽车未来的动力。这一建议得到有关部门批准之后,即组织了一个高能电池小组,除了学校有关教师参加外,坦克兵团还派来了四位同志,我们全力日夜投入战斗。在短短的三年中,我阅读了前后20年的有关学术专著和专利文献,边找资料边学习边翻译,为供小组同志们学习参考积累了300万字的翻译资料。我们自己设计、自己找材料,在第二年中,即研制出一种与普通电池体积重量相等而能量高出8倍的新的一次性电池,其性能超过了GE的同类电池的40%,而且价格便宜。很快,高能电池在生产中发挥了作用,技术性能填补了国家空白,受到了广泛的欢迎。新型的坦克的启动电瓶、铁路号志灯和地质野外工作队的高能电池等分别试制成功。由我编写的《锌空气(氧)电池进展》的专著也由科学出版社出版了。高能电池的工作在1975年还获得了北京市科技进步奖。

周总理始终关心着高能电池的研制工作,1974年底周总理在接待杨振宁时,关切地问我:"你们的高能电池做得怎样了?我看到一份材料,搞得不错嘛!"他指出该项研究的战略重要性,仅有坦克兵的人力支持还不够,并当即告诉在场的当时北京市负责人,应予以设备和经济上的支持。我满以为这样可以把这一研究飞速推进了。谁知道当时的学校领导,竟以"电池研究组推行资产阶级专家路线"为由,撤换了有关研究人员,又展开了大批判,闹了一个多月,电池组最后以解散告终。1975年,我出席第四届全国人民代表大会时见到周总理,他还问起高能电池的研究工作。望着总理憔悴的面容,我只好支吾以对。小小电池竟得到总理的如此关注,使我既感动,又焦虑。周总理当时已身患绝症,时日无多,但他在操劳千头万绪国家大事之余,仍关心着我的研究工作。周总理这次对高能电池研制的关心和指示,竟是他对我的最后讲话。每忆及此,我都会热泪盈眶,感慨万分。敬爱的总理,您的关怀和教导,我终生铭记;您的人格风范,将永垂青史。

周恩来总理永远活在我的心中。

在"香港'一国两制'实践与祖国统一展望"学术研讨会上的致辞*

各位来宾、各位朋友：

　　大家好！正当全国人民热烈庆祝香港回归祖国一周年之际，我们有幸在香港举行研讨会，共同研讨"一国两制"实现祖国统一问题，这具有重要的意义。首先让我代表中国和平统一促进会并以我个人的名义向与会的各位贵宾、台湾统联的朋友和各位专家学者表示热烈的欢迎和诚挚的问候。

　　近十年来海峡两岸形势都发生了重大变化。改革开放的政策使祖国大陆政治稳定、经济持续快速健康发展，社会全面进步，国际地位日益提高。在促进祖国统一方面，我们始终不渝地坚持了"和平统一、一国两制"方针和江泽民主席关于发展两岸关系的"八项主张"，积极推动两岸间的交往交流。台湾当局虽然继续坚持在国际上造成"一中一台"的局面，推行其"务实外交"政策，在两岸间拒绝直接三通，但经过两岸人民的共同努力，两岸民间往来取得很大进展，间接贸易额逐年大幅度增长，台商来祖国大陆投资持续递增。据统计，1997年台对大陆贸易总额已超过244亿美元，对大陆输出205.3亿美元，输入39.1亿美元，顺差166.2亿美元，比1996

＊ 原载《统一论坛》1998年第4期。

年同期增长10.1%。两岸人员往来累计超过1 200万人次,据统计,1997年台胞来大陆190.4万人次,文化、学术、体育、科技、新闻等领域的交流蓬勃发展,两岸通邮、通航也取得了局部进展,据台湾有关部门统计,1997年1~11月两岸信件来往已达1.4亿封,通话高达3.6亿次,大陆已成为台湾第一通话地。据福建省有关部门统计,1997年4月19日至10月31日,两岸共有11艘轮船参与营运,航次累计为327次,货运量已过73 600个标准箱,两岸民间经贸、文化联系空前密切,大大增进了两岸人民的相互了解和民族感情。统促会近几年来,与台湾中国统一联盟等几十个民间团体建立了联系。接待了台湾来访团组一百多个,来访人员上万人次。总之,近十年来,两岸关系虽经历了风风雨雨,但在曲折的道路上不断向前发展。

从去年7月1日香港回归祖国到现在已一年多了,一年来,在以董建华先生为首的特区政府领导下,坚持了《基本法》,落实了"一国两制、港人治港、高度自治"的方针,保持了香港的繁荣稳定,有效地抵御了东南亚金融风暴的冲击。"一国两制"在香港的成功实践,对两岸关系的发展和台湾问题的最终解决起到了率先垂范的积极作用。今天我们在香港举行"香港'一国两制'实践与祖国统一展望"学术研讨会,意义重大,会上不仅两岸的专家学者要发表卓有见地的演说,而且香港的专家学者将以亲身的体验来阐述"一国两制"在香港的成功实践。我们相信通过这次研讨会,将对我们进一步认识"一国两制"的内涵,思考两岸问题和最终实现祖国完全统一起到积极作用。"一国两制"在香港的实践会越来越证明"一国两制"是维持台湾现状的最好方法。

我们在此表示,中国和平统一促进会将一如既往,愿与台湾中国统一联盟等一切赞成祖国统一的团体、人士以及世界上所有炎黄子孙一道积极推动两岸关系的全面发展,继续坚持"和平统一、一国两制"的基本方针和江泽民主席提出的"八项主张",毫不动摇地坚持一个中国的原则,坚决反对任何将台湾分裂出去的图谋。继续推动海峡两岸的经济合作与发展,促进直接"三通",加强两岸各个领域的交流和人员往来。呼吁并积极推动在一个中国原则下进行两岸政治谈判,尽早正式结束两岸敌对状态。希望台湾当局,从中华民族的整体利益和台湾同胞长远利益出发,为实现祖国的完全统一和中华民族的全面振兴拿出实际行动。

朋友们!让我们团结起来,为实现祖国的和平统一和中华民族的伟大复兴而努力奋斗。

祝大家身体健康、事业有成、全家幸福,祝研讨会取得圆满成功。

谢谢!

培养更多具有创新能力的人才*

高等院校落实"科教兴国"战略的关键,是培养具有创新意识的学生,使他们带着满脑子问题进入社会,去学习、研究、工作。只有具有这样意识的青年大批涌现,我们国家才能在短时间内赶上中等发达国家水平。

眼下我们国家正处在向前赶的过程中。我们在国有企业改革过程中发现,过去的企业领了任务后只知道埋头生产,生产完成了任务也算完成了,而没有意识到不断地改进生产工艺和生产过程,以便投入更少的资源去获得更好的产品。在落后条件下引进国外的先进技术和设备是必要的,但我们不能就此满足,如果一个工厂不想办法在引进消化的基础上不断改进和完善,那么这个产品的"寿命"长不了。例如长春第一汽车制造厂,当年引进了苏联的技术和设备,一批又一批生产解放牌汽车,连车上的油漆都没有改进过,现在只好再从国外引进。

世界各国的竞争说到底是生产力的竞争,包括生产手段的改进,以及能否随着社会进步不断生产出更好的产品。而要发展生产力,就得靠一批有创新精神的人。高等院校就承担着这个培养任务,特别是硕士生、博士生的培养。作为高校的授课教师,应该

---

* 1998年6月在上海大学1998届研究生毕业典礼上的讲话。原载《江苏经济》1998年第10期。

对他所教的这个学科领域中当前存在什么问题,对世界上哪些地方、哪些机构、哪些学校、哪些人在从事这方面的研究,哪些是研究得比较好的,都知道得很清楚。然后通过他的授课,使学生们清楚地了解这些情况,并且有强烈的欲望和责任去解决问题。这样培养出来的学生一旦走上社会,就会懂得每一门学科都没有"关门",都有千千万万个问题等着人们去解决。所谓"科教兴国",只有这样的"科教"才能"兴国"。

当年轻学生跨进大学校门满脑子没问题而自以为了不起时,教师要启发他们认识种种问题,了解所学的知识是不完备的,而且是有条件约束的。等到他们毕业时,就会满脑子装着问题,知道自身学科领域内存在什么问题,知道自己的毕业论文只不过是解答了其中一个很小的问题,还有大量的矛盾和问题需要他们去探索解决。假如能够做到这样,研究生的培养就算成功了,学校教育就算成功了。建立科教创新意识的培养机制,应该是我们大学教育的一个重要发展方向。现在,20 世纪即将过去,21 世纪马上到来,大学教育要改变目前这种因循守旧的状况,使教育培养出来的人都能带着满脑子的问题进入社会,在工作中创新、改革。大批具有创新意识的人不断地在实践中探索问题、解决问题,国家就会兴旺,社会就会大步前进。

在中国和平统一促进会成立十周年
纪念座谈会上的讲话*

今天我们在这里集会,庆祝中国和平统一促进会成立十周年。首先让我代表中国和平统一促进会向应邀前来参加庆祝活动的领导和来宾表示热烈的欢迎!对十年来在统促会工作上给予鼎力帮助和支持的海内外各界人士及兄弟单位表示衷心的感谢!

中国和平统一促进会成立于1988年9月22日,当时是由各民主党派、全国工商联、全国总工会、全国青联、全国妇联等23个团体及无党派爱国人士联合发起成立的,迄今已整整十年了。从统促会诞生那一天起,始终坚持了"联合海内外各界人士,发展台湾海峡两岸的民间往来,促进中国和平统一的实现"这一宗旨。全体同仁团结一心,在促进祖国和平统一的事业中,作出了应有的贡献。

古人说:"十年有成。"回顾过去的十年,统促会作为民间组织,高举邓小平理论伟大旗帜,坚持"和平统一、一国两制"方针和江泽民同志关于发展两岸关系的"八项主张",在兄弟单位大力支持下,经过全会同仁的努力,在促进两岸文化、艺术、新闻、教育、经贸等领域的双向交流工作中,做了许多工作,为推动祖国和平统一进程

---

* 原载《统一论坛》1998年第6期。

发挥了积极作用。在工作中依靠全体理事,发挥了一个民间团体的优势,坚持了"请进来,走出去"的工作方法,多层次、多方位、多渠道地开展了对台民间的工作:统促会在十年间,先后三次组团或派员赴台交流;三次与台湾中国统一联盟在香港共同举办了"两岸关系与和平统一"及"香港'一国两制'实践与祖国统一展望"学术研讨会;四次与台湾中国文化统一促进会分别在北京、合肥、台北共同举办了两岸文化交流学术研讨会。我会理事六十多人次在工作岗位上以不同名义对台湾进行了访问。统促会积极联络海外华人华侨、做好海外促进祖国统一的工作。一方面热情接待回国和来华人士团体,另一方面主动走向海外。十年来,我会四次组团或派员赴美参加了由主张祖国统一的人士和团体举办的"中华民族之腾飞"学术研讨会,并举办了四届有海峡两岸、港、澳、美、日、马来西亚、新加坡等国家和地区业余棋手参加的世界华人"尧舜杯"友谊赛。据初步统计,十年来统促会先后与我国台湾、香港、澳门及美国、巴西等国家和地区八十多个赞成统一团体建立了联系或接触;十年来共接待台湾同胞和港澳及海外人士万余人次,接待来访团组100多个,有力地促进了两岸同胞的相互了解和各个领域的交流交往,同时也增加了与世界华侨、华人的联系,扩大了爱国统一力量。十年来,为宣传中国共产党和中国人民政府的对台方针政策,促进两岸民众的交流,消除误解,增加共识,统促会主办的《统一论坛》杂志,在人力财力不足的情况下已发行了57期;为保证统促会工作的顺利开展,在全体理事和社会关注支持下,统促会还建立了"和平统一基金",为日常活动的开展提供了必要的经费补充。

回顾统促会成立的十年,正是国内外形势发生变化的十年,良好的国际和平环境,为国内各方面的发展提供了难得的机遇。十年来,在邓小平理论指导下,改革开放和建设都取得了巨大成就,综合国力大大提高,国民经济持续、稳定、高速发展,改革不断深化,城乡生活不断提高和改善,社会稳定,人民安居乐业。特别是去年党的"十五大"和今年人大,政协九届一次会议的相继召开,以江泽民同志为核心的党中央高举邓小平理论伟大旗帜,把建设有中国特色的社会主义宏伟事业将全面推向21世纪。

十年来,在"和平统一、一国两制"方针指引下,在两岸同胞和海外侨胞的共同努力下,两岸关系经过了风风雨雨,在曲折的道路上不断向前迈进。经过反分裂、反"台独"的斗争,特别是去年7月1日,历经百年沧桑的香港终于回到祖国的怀抱,海内外同胞的爱国热情空前高涨,推动祖国完全统一的声势在发展。"一国两制"在香港的成功实践,为完成祖国统一大业、解决台湾问题,起到了垂范作用。实现祖国的完全统一已成为历史发展的必然。我们希望台湾当局能顺应历史、顺应民意,尽快就结束海峡两岸的敌对状态,回应中国共产党的主张,举行政治谈判,实现两岸直接"三通",为全面发展海峡两岸关系拿出积极的行动。

今年5月,中共中央召开了对台工作会议,就做好世纪之交的对台工作做出了全面部署。会议强调,要加大做好台湾人民工作的力度。统促会在做好台湾人民工作方面有许多优势,统促会的工作任重道远。希望全体理事,振奋精神,继续高举邓小平理论伟大旗帜,坚持"和平统一、一国两制"方针和江泽民主席关于发展两岸关系,促进祖国统一的"八项主张",寄希望于台湾人民,为进一步促进两岸在各项领域的交流和早日实现"三通",推动两岸政治谈判做出应有的努力。以实际行动迎接明年澳门的胜利回归和建国50周年,为最终实现祖国的完全统一而努力奋斗。

学科的融合将形成完整的科学体系*

马克思早在一百多年以前曾经预言,科学发展趋势是自然科学与社会科学(当时马克思称"人类的科学")相互把对方"总括在自己下面","它将成为一个科学"。马克思的预言已变为现实。现代科学发展的一个明显特征是,新兴学科主要发生在学科之间的交叉和渗透,既有同一科学门类的相邻学科之间的交叉和渗透,也有不同门类的相关学科之间的交叉和渗透。恩格斯也说过,原有学科的邻接领域将是新学科的生长点。19世纪70年代以后产生的物理化学、生物化学、生物物理学等学科,就是物理学、化学、生物学等原有学科之间交叉和渗透的结果。现代力学与工程学的结合促使工程力学各个分支学科的形成和发展。我认为自然科学、技术科学、社会科学与人文科学传统的学科分割界即将会消除,它们将会结合成一个完整的科学知识体系。不同学科之间不再是"隔行如隔山",而是相互"取长补短"。这种科学的结合,就是世纪之交科学发展的特点之一。

我看了《中国现代科学全书》编撰条例,这部丛书强调三个方面的内容,一是总结科学发展的历史经验;二是研究世纪之交各学

---

* 原载《光明日报》1998年6月16日。

科亟须加强研究的前沿问题;三是展望21世纪的科学发展趋势和可能前景。如果在质量上把握住,这部丛书的价值就很大。我主张探索新问题,要有所发现,有所创新,发现和创新是科学发展的根本动力。有一份材料介绍地质科学《岩石学》一卷,论证"地幔柱"学说和高压—超高压岩浆成因;提出"浊流与重力流"和"碳酸盐岩部分为机械成因"等新观点,内容涉及"成矿沉积学"与"定量沉积学"等新的边缘学科。再如《灾害地质学》首次将火山灾害划分为火山空落堆积物、火山泥流、火山碎屑流、火山基浪和火山熔岩灾害,并编制灾害预测图;研究将遥感先进技术用于地震预报。《构造地质学》以中国东、西部主要大型走滑断裂系的形成与演化研究为基础,探讨了大型走滑作用及其在地壳结构演化与地壳结构调整过程中的意义。这些科研成果对学科建设和发展将会起积极的作用。

科学研究还应重视方法论问题。世纪之交科学发展突飞猛进,进一步增强科学研究的整体性和综合性,提高抽象化的程度,在科学研究领域更加广泛地运用数学方法以及系统论、控制论、信息论、协同论、突变论等"横断"学科。现代科学知识中方法论的地位愈来愈高,作用愈来愈大。如果没有新的科学方法和新的研究手段,那就很难创造新的科学理论。

"实践是检验真理的唯一标准"是马克思主义的一个科学原则。发展科学要实践,光靠幻想不行,直观的认定也不行,要实践来检验。我们既然承认检验真理的唯一标准是实践,就应该把这个原则真正用到科学上面去。

用创新精神来改革我们的教育*

教育要不断改革,这跟科学技术要永远发展一样。学校是为了社会的需要培养我们下一代人的,下一代要比我们这一代更好。上海大学应当是为上海的经济发展和社会需要服务的。我们要培养一批能承担起今后几十年工作的人才。这样的人才怎样培养呢?我谈过好多次了,决不是背书的人、决不是无所事事的人,而是要能积极动脑筋的人。现在我们已到了跨世纪的时期,下一个世纪对一个国家、一个民族来讲是竞争非常激烈的时期。我们要发展经济,要有高新技术,特别要有创新技术。要技术创新,首先要有创新的精神。高等教育法把培养创新精神的人才写进去了。江泽民主席在一次中科院院士大会上也提了这样一个要求:"要有创新的精神"。因此科学院最近搞了一个创新工程,规模很大,影响到很多方面。我们的国家能不能生存,能不能发展下去,能不能在各个民族和平竞赛过程中站起来,靠的是我们今后的工作要有创新的意识和创新的精神。创新精神或创新意识是做什么事情都需要的,今天向大家提出这样一个要求来,我们要用创新精神来改革我们的教育。我们大家一起来研究,怎样培养学生具有创新精神。

---

* 1998 年 11 月 26 日在上海大学"学习邓小平理论,深化教育教学改革大会"上的讲话。

首先，我们必须清楚什么叫创新精神？什么叫创新？所谓创新不是凭空创造的，而是在前人工作的基础上有所发明，有所创造，有所前进。牛顿曾说过这样的话：我只是爬在人家肩膀上又走了一步。那么究竟什么叫创新？是不是一切新的都是创新呢？现在很混乱，所谓的创新还很多。前一个时期有一个所谓"水变油"的发明，要我去看。我是不相信水变油的，假如水能变油，我的物理知识、化学知识都白学了，所以我根本不相信，这也决不是创新。还有高等学校开了一门课，叫风水学。这也不是创新。有的报纸登过特异功能，说什么发了功以后，某某大学的仪表动了，是超远程的特异功能。我看这决不是创新。我们的创新是要承认现有的科学基础。这些基础科学中有些结论在当前情况下不能用，什么时候能用，要创新，这就有了发展。要了解真理都是有一定条件的，不能脱离一定的条件而成立，这是真理的相对性。创新是守旧的对立面。守旧就是将一切科学和真理的东西看成是僵化的、永不发展的、不需要创新的东西。我们要培养学生的创新精神，就要告诉学生真理相对性的道理，不谈真理的相对性，这就没有创新了。物理学中的牛顿三大定律是牛顿总结了1760年的生产条件和社会条件发现了这些规律，可是它有很大的局限性，因为当时生产是很有局限性的，人们还没有发现光速、原子核。现在人们发现当运动速度接近光速的时候，牛顿定律就不能用了。这个局限过去没说过。在原子核里头也不能用，因为原子核的能量是要量子化的，后来就有了量子力学。这些教科书里从来没说过。1904年，爱因斯坦的相对论是能解决接近光速的运动，且得到了天文学上很多现象的证实。爱因斯坦的想法是对的。可在我们教材上也不提，我说是该提提了。所有真理的成立都是有一定条件的。1928年量子力学出来了，牛顿定律加上量子化就可以研究微观原子核了，不加量子化这个条件，定律就不符合了。人的认识都是逐步提高的，物理学中的热力学第一定律是能量守恒定律，永远正确。在一个系统中能量是守恒的,可以转换形态。这也不是在所有条件下都遵循的,只是在可逆反应里才遵循的。可是大量的反应是不可逆的,不可逆反应中热力学第一定律就有问题。所以,我们对热力学的认识是在可逆反应里头,或者接近可逆反应,它是渐近地符合的。这些教材上都没有提,我们教师应该告诉学生。我们的学生毕业后自以为学到许多东西,似乎什么都懂了,其实他们懂的还是很少。我们的教师要向学生说清楚,人类认识世界的知识只是很小一部分,未知的世界是无穷尽的,大量的问题需要我们去认识,去解决,更多的问题要留给我们的后人去解决。我们的学生进了大学念了四年,本来就觉得我都懂得了,没有问题了,回过头来一看,原来背上了一大堆的包袱,装了一肚子问题。从一个没有问题的人变成了一个有问题的人,这就是大学教育的成功。他觉得应该解决这些问题,他就会不断地去创造革新。

有人说文科没有什么需要解决的问题。不对,文科需要解决的问题很多很多。我举一个例:普通话是四声,只有阴、阳、去、上四声,没有入声。我就问:为什么北京话里没有入声而上海话里有入声。广东话和上海话不同,但也有入声,为什么?你读中文系要回答我这个问题,你要不要研究研究,要不要想想。又如我们学的经济学,怎样研究前不久发生的亚洲金融风潮,研究这些新条件下又是全球化的经济问题?我们过去学的经济学的某些观点不是全球化的,经济全球化了以后,有各种各样问题,这些问题该不该提呢?

马克思主义真理也是有条件的。马克思是总结了18世纪西欧的情况,西欧那时已进入了工业化社会,农业已退居了次要地位,城市里工人很多。列宁用了这个思想在俄国取得了胜利。我们中国依靠城市革命就是王明路线,失败很多次。因为中国当时工人阶级非常薄弱,上海不过十几个工厂,加上武汉十几个,所以城市革命都不成功。毛泽东看到农民占中国的大多数,提出农村包围城市，最后采取土地革命，结果成功了。这不是一个很好的创新例子吗？毛主席的创新很丰富。邓小平同志提出的中国特色的社会主义也是符合中国实际的，是创新。

我们所有的科学理论和我们学校里各个学科都是有条件的。我们现在讲的这门学科是比较符合真理的，可是他们都是有条件的。你把条件讲清楚就是引导学生去思考。创新先得有个引导，引导他去创新。过去不能解决的，我现在要解决它，去发展，而且这个发展不是到此为止的。创新是没有止境的。

现在我们用这个思想来议论教学改革。教学改革是根据社会需要改的，社会需要我们培养有创新精神的人才，就要拿这个作为改革的指挥棒。我们现在的创新精神的确差，也不是完全说学生差，有的学生有创新精神，你老师没有创新的要求，他怎么发展？现在我们要求所有的学生都要受到创新精神的训练，怎么训练？刚才提到一点，就是辨明真理可以有一个范围，越出这个范围怎么办，我们怎么解决，这就要引导学生去创新。创新要思考，还得去实践，这种教育我们应该有的。记得我在清华大学读书时的叶企孙老师，他在上课时经常补充新知识，将最新杂志上看到的资料经过自己的分析，补充进教案。可是，也有的教授将一本教科书讲黄了，仍然照本宣科，没有创新精神。我希望我们的教师都要有一点创新精神，要立下志来，为我们祖国服务。我们祖国需要的是有创新精神的人，而不是一批墨守陈规的人。我们科学技术已经发展到现在这个地步，很多条件都远远超过原来条件，只有创新精神能力强的人才能解决这些问题，否则我们永远是引进，我们的民族是站不起来的。我们现在的责任不光是自己有作为，还应该肩负培养好我们的下一代的责任。我们要有这种思想，这种决心。当然，我们学校也要有一些创新的机制，促进大家这么做。大家可以一起想，为了我们的祖国，我们这个学校在培养学生具有创新精神这个问题上，应该有什么机制。这个机制可能一时做不到，你提出来，我们慢慢去做到。这样的确能推进创新教育。其实科研就是创新，假如科研不能创新，就没有任何价值。邓小平同志很早就提了，学校应该是两个中心：一个是教学中心，另一个是科研中心。两个中心结合在一起就是要培养具有创新精神的人。要培养有创新精神的人，我们必须有一批具有创新精神的教师。如果我们培养的学生具备一些创新能力，他们到社会上去，就可以迎接时代的挑战。

我们面临的是一个伟大的时代，需要我们各方面创新来迎接这个新的时代。有人说21世纪是一个创新精神指挥的世纪。我们大家来迎接这个世纪，为21世纪的教育作出贡献，努力培养创新人才。

春风沐浴　万物葳蕤[*]

再过几天,就是具有划时代意义的中国共产党十一届三中全会召开20周年纪念日。20年前召开的这次历史性会议像强劲的东风,吹绿了中国大地。它给全国人民带来的思想大解放以及由此而产生的巨大力量,促进了人们观念的更新,推进我国出现政治稳定、经济发展、社会进步、民族和睦、人民生活逐步提高的大好局面,是举世瞩目的;国内的发展和变化,使得我们的国际地位空前提高,在国际事务中的作用和影响不断加大。今天我们来回顾这一不平凡的历史进程时,更进一步体会到这次会议意义的伟大和影响的深刻,它不愧是我国历史发展的一个里程碑。

十一届三中全会最重要的成果是重新确定了解放思想、实事求是这条马克思主义的思想路线。实现了工作重点的历史性转移,开创了社会主义现代化建设新的历史时期。在三中全会召开前夕,邓小平同志所作的《解放思想,实事求是,团结一致向前看》的重要讲话,高度评价了"实践是检验真理的唯一标准"的大讨论,对"两个凡是"的僵化观点予以彻底否定,指出解放思想、开动脑筋、实事求是、团结一致向前看的重大意义,是一份开辟新时期道路、开创建设有中国特色社会主义新理论的宣言书,为三中全

---

[*] 1998年12月14日在全国政协纪念党的十一届三中全会20周年座谈会上的发言。

会的召开奠定了思想和理论基础。三中全会也是邓小平理论形成和发展的标志。20年来,全国人民正是在改革开放的总设计师邓小平同志的率领下,沿着建设有中国特色社会主义道路,绕过了一个个险礁,战胜了一个个困难,才取得了今天如此辉煌的成就。

解放思想,首先要在政治上解除长期束缚人们的桎梏。这在20年前是一件极不容易的事情。但是,邓小平同志带领全党全国人民贯彻三中全会的精神,各条战线拨乱反正,各项政策逐步落实,一个平反冤假错案、正确处理历史遗留问题、充分调动各方面积极因素、共同致力于社会主义现代化建设的欣欣向荣的局面很快出现。

现在我想着重讲讲当年人民政协和民主党派落实政策的情况。

由于"左"的错误造成的1957年反右派运动扩大化,使我国的知识界特别是民主党派中相当一部分人士被错划为右派,其中包括一些在学术界或在民主党派中有相当影响的人士。我本人也是其中之一。他们在政治上、工作上、生活上和人格上受到了极不公正的待遇。"文革"中,这些被错划为右派的人士又遭到了更进一步的迫害,有的死于非命。粉碎"四人帮"后,如何正确对待1957年这一历史遗留下来的问题,是数以百万计的在反右运动中受到错误对待的人士及其家属、子女、亲友、师生极为关心的问题。在十一届三中全会召开后不到一年半,中共中央于1980年6月11日及时发出了《批转中央统战部〈关于爱国人士中的右派复查问题的请示报告〉的通知》,指出:"中央决定给尚未摘掉帽子的右派分子全部摘掉帽子,并按照实事求是、有错必纠的原则,对被划为右派的人进行复查,把错划的人改正过来。"这在当时是一项影响极大的落实政策的举措,它好似一股和煦的春风,吹暖了千万人的心。

人民政协和各民主党派为落实这一政策做了大量工作,使1957年被错划为右派的人士全部得到了改正,为他们恢复了职务,恢复了正常的生活,恢复了做人的尊严。以民盟为例,当年被错划为右派的"六教授",即曾昭抡、费孝通、黄药眠、陶大镛、钱伟长、吴景超,全都得到了改正;对所谓"章罗同盟"也予以否定;民盟中央1957年草拟的两份文件即《对于我国科学体制问题的意见》和《我们对高等学校领导制度的建议(草案初稿)》,当时被定为"章罗同盟"的反动纲领,也予以平反。在全国政协、其他民主党派和社会各个方面,所有被错划为右派的人士也都先后得到了改正。改正这一错案的结果,达到了"团结一致向前看,同心同德搞四化"的目的。正如当年民盟中央主席史良在座谈会上所说:只有伟大的中国共产党才能实事求是地对待历史,坚持真理,修正错误;这不仅对被改正的同志是一桩喜事,对于我们整个国家的安定团结也是一桩喜事。

与此同时,全国政协坚决贯彻十一届三中全会所确立的精神,积极开展工作,使党的干部政策、知识分子政策、民族政策、宗教政策、侨务政策、原工商业者政策等等,都在冲破重重阻力的情况下,实事求是地得到落实。记得五届全国政协期间,我和杨放之、萨空了三人曾被派到江浙等地调查研究,协助党落实政策。在得到落实政策的人士中,有相当一部分后来被推举参加到了全国政协和地方各级政协,他们重新焕发出青春和活力,为祖国的社会主义现代化建设和祖国的统一大业,积极献计献策,努力贡献力量。

各民主党派是人民政协的重要组成部分,人民政协是各民主党派参政议政的重要组织。从十一届三中全会以来,人民政协和各民主党派的工作发生了重大变化,有了新的提高。这些变化和提高,是在邓小平理论指导下取得的。邓小平关于人民政协和多党合作的论述,是邓小平理论的重要组成部分。他首先肯定了民主党派的历史成绩,指出:"我国各民主党派在民主革命中有过光荣的历史,在社会主义改造中也作出了重要贡献。"他正确界定了新时期民主党派的性质:"都是一部分社会主义劳动者和爱国者的政治联盟,都是在中国共产党领导下为社会主义服务的政治力量。"他提出了新时期多党合作的任务和作用:"多党合作是我国政治制度的一个特点和优点,共同建设社会主义现代化国家是多党合作的奋斗目标。"他指出:"人民政协是在共产党领导下实现各党派和无党派人士团结合作的重要组织形式。"等等。在邓小平同志的关心下,中共中央在和各民主党派共同研究的基础上,1989年,颁发了《关于坚持和完善中国共产党领导的多党合作和政治协商制度的意见》;1993年,在八届全国人大一次会议修改宪法时,又将"中国共产党领导的多党合作和政治协商制度将长期存在和发展"写进了宪法,使多党合作走上了制度化和规范化。正是在十一届三中全会方针指导下,各民主党派成员的人数已增至粉碎"四人帮"时的近10倍,组织有了相应的发展,工作十分活跃。当前,各民主党派正在切实加强自身建设,紧紧围绕大局,服从和服务于经济建设,维护安定团结,促进祖国统一,努力参政议政,积极献计献策,为坚持和完善中国共产党领导的多党合作和政治协商制度贡献力量。

新的世纪正在一步步向我们走来。在机遇和挑战并存的时代,我们深感发展的紧迫和任务的重大。党的十五大已为全国人民制定了胜利迈向21世纪的目标、任务和各项方针政策。实现十五大确立的目标和任务需要我们高举邓小平理论伟大旗帜,继续坚持十一届三中全会以来的正确方针政策,团结一切可以团结的力量,调动一切积极因素。让我们紧密地团结在以江泽民同志为核心的中共中央周围,解放思想,实事求是,沿着十一届三中全会开辟的建设有中国特色社会主义道路不断前进,为把我国建设成为富强、民主、文明的社会主义现代化强国而努力奋斗。

1999

一位着眼全局的杰出教育家*

　　我跟曾昭抡先生有过一些接触，但是我们不是同行，我不是学化学的。可是，我在大学里也听过很多化学课，那是1931～1935年。那期间，有两位先生特别受曾昭抡先生推崇，一位是黄子卿先生，一位是萨本铁先生。萨先生自己说，他的工作，完全是按曾昭抡先生告诉他应该怎样做，一辈子就是这样做的。可见曾先生的影响很深，当时他已经是中国化学会的领导。

　　给我印象更深的第一件事：1951年，高教部部长钱俊瑞同志带着我跟曾昭抡到东北考察教育，当时刚解放，连鞍钢还没有恢复生产。我记得曾昭抡明确提出来对大连理工大学（当年叫大连工学院）应该扶持，因为它是刚建立的。而且应该把大连的物理化学研究所放在理工大学里，不要全部迁到北京，没有必要的。他这样一个想法，钱俊瑞当然是同意的。他说得很明白，对研究所里有些什么人员也都很清楚，可见他很注意化学学科布局。对东北大学怎么办，部里的初步意见是成立东北冶金学院。可是东北大学还有理科、文科怎么办？曾昭抡提出来应该保留，成立辽宁大学，不

---

* 原载《群言》1999年第8期。

要动,甚至还要加强,从北京调一些人过去。他说东北是将来的重工业区,不要认为办工业只要有工学院就行,各方面的人才都要有,才能把一个地区的工业发展好,工业不光是要学工的人干,还要有别的,物理、化学、数学都很重要。

当时吉林什么工厂、学校都没有。我们到了吉林以后,他第一个主张应该使吉林成为两个中心,一是搞个汽车厂,一是建化工厂。那时吉林没有化工人才,他提出从上海调,把在华东的化工部总工程师陈彬调过去。后来这个化工厂就是陈彬他们几个人搞起来的。他还说,这样一个重要的地方应该有所大学,应该成立吉林大学。他第一个提出把唐敖庆从北大调来,化学方面有人了,他对我说,你们清华物理方面人很多。我想想就推荐了余瑞璜教授,后来调去当了物理系主任,还有一位数学系的徐利治,也是清华调去的。

他对工业、教育的全面布局非常重视,使吉林一下子起来了。他说,这还不够,现在我们缺乏造望远镜的玻璃工业。根据他的提议,调了王大珩去那里建立光学仪器厂。

后来我们又到哈尔滨,当时有一股倾向,要把哈尔滨工业大学改成军事工程大学。但是曾昭抡说,这里不光是军事工程,还有建筑,怎么办呢?后来就分成两个学院:一个是哈尔滨军事工程学院(简称"哈军工"),一个是哈尔滨建筑工程学院。他是很重视布局的。对化学人才分配得很均匀,他强调李运华搞的物理化学研究所很重要,应该放在哪里?他认为应该放在大连工学院。他有他的一套道理,提议吉林一定要成立一所综合大学,而且要重新建立,从各方面调人。吉林既然是一个工业重点,应该怎么办,他都说得很清楚。所以我对他很敬佩,认为他是全面考虑问题的。

第二件事情:是我们在搞科学规划时,全国院系调整以后创办了很多学校,这些新学校什么科研资料都没有,尤其是科学期刊。我和曾昭抡向周恩来汇报,总理也认为这是个问题,说:"你们想办法。"我们两人商量后,认为除了翻印外国期刊,没有别的办法,可由国家资助,用上海龙门书店的名义在美国收购各种科学期刊。总理肯定了这个主意,具体办法是曾昭抡首先提出来的。曾昭抡还提出把个人收藏的外国期刊拿出来翻印,足够支持一两年。他有全套美国化学学会的期刊,我有1855～1940年英国皇家学会的物理和数学方面的汇刊,那是我1946年回国时,向瑞士的书商买的。我们全部无偿地送给国家,龙门书店第一批翻印的就是这些期刊。曾昭抡还有我国《化学会志》,这样化学期刊一下接上气了。他还有一部书 *International Critical Table*,是搞物理、化学都需要的。这部书全国只有两部,一部在清华,一部在他那里。他把这部书也拿出来翻印了。这是1930年以后出的一部很有名的书,尤其在探索新的化学领域方面非常有用。他还拿出来累积的很多化学方面的资料,这些资料对写中国的化学发展史很重要。

第三件事情:化学工程要不要,当时曾经有过很大争论。当时的苏联只讲应用化学,不讲化学工程,非要把我们的化学工程系改为应用化学系。曾昭抡坚决反对。在他的坚持下,清华大学保留了化学工程系,把天津大学化学工程系的人员都调来清华了,只要是对国家有利的事,他都力争。所以那个时候有人说他"反苏"。

最后一件事情:是科学规划制定以后,我觉得工学院成立得太多了,很多工学院没有很好的理科教师,所开的基础课水平不高,尤其在力学方面很困难。怎么办?他想了一个办法:在全国办一个力学研究班。他说,你把他们力学基础都搞好了,两年学完了以后回去,这个研究班会起很大作用。研究班是1956年创办的,由科学院和高等学校联合办,他和我两个人是主管。第一期结业180人,第二期结业240人。这两期研究班出来的人,现在很多已是院士。这是他坚持要办的,当时还有个争论:有人主张高校只搞教学,科学院只搞科研,争论了很长时间。曾昭抡一直坚决主张高校必须也搞科研,才能提高教学质量,不然不可能培养出大批人才来。

我觉得曾昭抡教授确是位教育家。教育家应该重视国家教育事业全面发展,重视各地区的发展,而不是只重视个别学校、个别学科的发展。要把力量合理布置,使国家有效地用高等教育来培养国家所需要的各种人才,才能科教兴国。只要是对国家有利的事,他都力争。我想他的意见是完全正确的,现在越来越证明他是正确的。

曾昭抡教授是一位着眼全局考虑问题的爱国的杰出教育家。

深切怀念我的老师马约翰教授*

马约翰教授是一位使学生终生难忘的长者。他毕生任职为清华大学体育教授,是清华大学体育教育的开拓者,更为祖国的体育事业作出了突出贡献。

我是1931年考入清华大学的,9月16日报到的第一天,就到体育馆接受通过马老师掌管的体格监测"关",第一项是量身高,我因家境清寒,生活在农村,多病缺医,身体瘦弱,只有1.49米高,当时标杆的起点是1.5米,我站在标杆下,就听马老师说:"Out of scale!"旁边有一位青年教师(后来知道是夏翔先生)带常州口音说:"啊,来了一个清华历史上身高不达标的学生!"马老师却说:"没关系,可以锻炼嘛!"接着测量的几项,体重太轻、肺活量不足、篮球扔不进筐子,都不妙;还要顺跑道跑三圈(体育馆里有悬空的跑道),两圈下来(约两百多米)我已经上气不接下气了,马老师不断打气"坚持,坚持!"我总算跑完第三圈,可就要躺在地板上时,马老师一把拉住,温和地说:"不要紧,放松些,慢慢跑一会再停下来。以后可要注意锻炼啊!"说完话,他又在我的体检证上写了不少字。

清华大学在马约翰教授的积极倡导和推动下,逐年修建了设备很好的体育馆,设立了体育部,明确肯定了体育是大学教育的重

---

* 1998年10月为香港浸会大学纪念马约翰教授诞辰115周年活动而作。

要组成部分，是四个年级的必修课，每周两节课算一个学分，必须修满八学分才能毕业。同时各年级都有规定的运动项目指标，比如百米及格标准，我记得一年级男生17秒、女生18秒；四年级是男生15秒、女生16秒，还要在游泳池中游25米。体育部对全校同学都记录有体育档案，对体弱同学另设体弱班课程。这些措施当时在国内都是创举。

我入学三天就爆发了"九一八"事变，日本帝国主义一夜间占领了我东北三省，全国震怒，义愤填膺，学生游行示威卧轨，要求抗日。我出于爱国激情，认为文学、历史都无用，需要科学才能救国，决心弃文学理，再三恳请，得到理学院叶企孙院长、物理系吴有训主任同意试读，各科学年成绩都在70分以上才可以转系，否则仍退回文学院。我选课时选了体育的体弱班，吴老师说马教授早已来过电话，谈了我体检情况，请吴老师说服我，不必上体弱班，要重视锻炼，不要退缩，退缩救不了国，没有健康的体格，科学也是学不好的。我还没上马老师的课，已得到他的教诲和激励，很受感动。

我们一年级是全校人数最少而体弱的"老夫子"（死念书）最多的一个班，马教授在体检中注意到这问题，决定亲自担任我们年级的体育课教学。我们上课时必须穿白色汗背心（胸前用黑线绣着学号，是注册时领到的）、短裤和胶底鞋。上课按学号排队，不点名，对照学号一看就知道谁缺席了。上课时马老师先带我们慢跑两圈（800米）热身，然后进行专项锻炼。一般上40分钟课留下几分钟，马老师教我们在运动以后怎样互相按摩，以缓解肌肉的疲劳或肿痛，还要我们重视腰部和腹部的运动。他常说：各项运动不是用手就是用脚，人们说疲劳总是指手臂和腿的酸痛，其实一切运动都要用腰和腹，所以对腰部和腹部肌肉的锻炼是最重要的。他指导我们掌握用正确的姿势在垫子上做俯卧撑练习，开始时只能做三五次，经过长期练习后，我们都能一口气起伏一百次以上。

马老师关怀每一位同学，有谁缺课，他一定找到宿舍探问，若是生病了就带到校医院去诊视,若只是精神不好,马老师和校医自有"秘方",就是发一小瓶红葡萄酒,让你当场喝掉,也有顽皮的同学装病,为讨一份红葡萄酒喝的。马老师尤其关怀体弱的同学,根据各人具体情况给以不同的辅导,尽可能经过体育运动的过程,由自身的持续锻炼获得健康的体格,创造学习的条件。有一位叫徐煜坚的同学立志攻读地质,但因他身高只有1.56米,体格瘦弱,地学系不愿收取。他在马老师指导下坚持苦练长跑,体格日益健壮,终于进入地学系。在1935、1936年的北平五大学(北大、燕京、北师大、辅仁、清华)运动会上,他夺得万米长跑冠军;解放后一直战斗在祖国的地质工作岗位上,并被选为中科院院士。

当年"斗牛"是清华独具特色的活动,就是每天下午四点半开始的课外体育活动。"斗牛"是一种自由参加不讲究规则的比赛,在篮球场上斗牛,不计人数,自己选择一方,抢了球就跑,只要能传给自己的队友或投进对方的篮筐就算胜利。在足球场上"斗牛",只是不许用手,不许踢人,怎样争抢都可以。"斗牛"都没有争球的规则,也没有罚球的规则,更不记分评胜负。马老师总是鼓励我们积极参加"斗牛",尽情地玩,尽情地跑,尽情地争,出一身大汗,洗个淋浴,身体就会健康,学习起来就更有精神。他常常亲自参加斗牛,和我们一起玩,一起奔跑。有时他在场外作啦啦队,喊着:"Boys, for victory!"十分亲切动人。不论是春风荡漾还是霜雪严寒,在落日余晖中,大操场上聚集着几百名青年"斗牛士",欢声喧阗,尽情奔跑争抢,展现出无限勃勃生机,可真是清华园里别具一格的体育景色。

在人人可做"斗牛士"的体育普及活动的气氛中,再加上这一学年里,清华大学的校队取得了多项优异成绩,使我们这班新生深受鼓舞,极大地增加了对体育竞赛的兴趣和对校代表队胜利的光荣感,也提高了参加体育活动的愿望和坚持锻炼的信心。这一年里,清华大学的校代表队,在五大学运动会上夺得足球、越野、网球、棒球等项冠军;足球队还代表北平市参加埠际比赛,战胜了上海市冠军白宏队,便自诩是全国冠军。只是篮球和天津以牟作云为主干的南开大学校队比赛,主客场都失利,第二场竟输了四十多分,自认"甘拜下风"。在全国运动会上,以清华校队为主的北平市代表队,夺得田径冠军,后来的远东运动会上,在清华借读的东北大学流亡进关的同学张龄佳,夺得十项冠军。这些都使我们倍为激动。在马老师亲自组织下,我们一年级成立了足球队、越野队、田径队和篮球队,在全校五个班级队(一到四年级加研究院)中都是最后一名。学校里每年都有一次全校的班级运动比赛,加强联系,增进友谊。我班足球队和四年级老大哥的队比赛以0∶9大败。我们的技术太差,球总踢不过中线,但是队员们都努力拼搏,同时还发现了我们的球门矮小精明,救出不少球,才保住只输了九个球,原来他经常是"斗牛"场上的球门,锻炼有素。比赛结束,马老师表扬我们队说:自始至终人人认真搏斗,虽然输得不少,但败而不馁,这是良好的体育运动精神,颁发给我们"运动精神奖",还谆谆教导说,这种精神对学习和以后的工作都是非常重要的,成绩不佳,可以锻炼,精神不佳,就会失败。要有这种兢兢业业认真搏斗、克服困难、坚持到底的毅力,才是将来必能胜利的保证。在田径万米比赛中,我们队中有位小个子运动员,落在最后,和倒数第二名还差四圈(1 600米),但他没有气馁,没有半途而废,认认真真跑达终点,全场为之热烈鼓掌。马老师亲自对他说"真是好样的!"在这次班级比赛中,我班没有一个运动员上名,总分是零,但是马老师说我们的运动队是很有希望的,是不认输的运动队,是战胜了自我的运动队,今后一定能战胜别人而取得胜利。经过马老师的亲切教导,在这一学年里,班里不少位"老夫子"都变成"斗牛士",不少同学成长为运动员。

在第二学年,1932年10月,学校又举行全校越野比赛,仍按年级分五个队,每队十名运动员,以到终点的名次记分,第一名得1

分,第二名得2分,依次类推,中途退出的得50分。各队总分最少的得冠军,总分最多的为殿军,其他各队依总分多少排名次。越野路线是以大礼堂西侧石桥为起点,向南出南校门绕向西、北进西校门,经生物馆到操场绕到体育馆门前为终点,全程约五千米。那天是下午四点半,我习惯地收拾书本离开图书馆要到操场参加"斗牛",刚走出不远,就看到石桥前有一大群人,我班的健将张光世望见我就急着招手,大喊:"我们还少一个人,快!快!你来跑吧!"我还没明白是怎么回事,马老师就过来了,说:"试一试吧。只要跑完就是胜利!"真是出乎意外,但我想反正也是课外活动,就把书交给一位同学,临时借了一双胶鞋穿上,脱了长衫和长裤,就这样上了生平第一次的比赛运动场。我又想反正也不会得第一名,就像童年时在田埂上奔跑那样,撒开腿脚跟着一位物理系研究生跑起来,没想到他就是校越野队的队长谢志耘。我刚跑出南校门就喘不过气来了,只想停下来退出比赛,谢志耘这时认出我是物理系试读一年功课都已赶上来的小个子新生,他喊着:"要放松,调节呼吸,拼下去会恢复的,不能退!"我就照他所说,放松了些,调节了呼吸,但慢了下来,向北转弯时被十几个人超过了,当时我确实恢复了一些,于是又加快速度,赶过了一些人,呼吸又困难了,只好再放松一些,又慢了下来。到西校门时,看到有人停下来退出比赛,我记得马老师叮咛"跑完就是胜利"和谢志耘的鼓励,就鼓起劲来,快一阵慢一阵地坚持下来,在最后十米中还赶过了一名一年级的新同学。跑到终点时,竟是第八名,可实在支持不住了,就地躺倒。马老师立刻过来拉起我,急切地说:"千万不能躺下,慢慢跑几十米再停下来,不要怕,没有事!"又说:"不错,你是好样的!"

这一次比赛的结果,我班越野队拿了团体冠军,个人优胜者取十名,谢志耘是冠军,其余有张龄佳、罗庆隆、孙以玮和我,都是我们二年级的,马老师就选取这十名同学组成清华的越野代表队。对我来说,这是生命史上的新篇章。越野队的训练是很刻苦的,每两天跑一次到颐和园来回,约 4 000 米;每两周跑一次西直门来回,在高粱桥返回,约 8 000 米;每月跑一次由天安门到清华园(乘车去)约 12 000 米,平日还有经常的练习,一切活动都是业余的。马老师不断教导我们:体育运动不仅锻炼体力,更重要的是锻炼意志;要带着脑袋锻炼,正视自己的缺点,不断努力克服缺点,就战胜了自己得到进步。每个人也都有特点,发挥所长就提高了成绩,不论做什么工作,都要遵循这个原则,就是"自强不息"。要记住"不息",一辈子都要克服自己的缺点,坚持战胜自我就能成功。他是这样说的,也是帮助我们每个人这样做的。经过这样训练的越野队,我们在北平市五大学运动会连续五年夺得冠军。

在练习长跑时,像我只有 1.5 米高的小个子,和 1.8 米高的大个同学一齐跑时,自然而然地按大个子的步伐跑,跨着大步,那么我的每一步都带着跳跃的形式,既耗体力又浪费时间。马老师启发我要正视自己,小个子不要跨大步而要提高频率,大个子跑 4 步,小个子跑 5 步加起来一样快,但要学会调节呼吸,提高频率后不要气喘。在艰苦练习中掌握了变速跑、在内线和直线路段超人的技巧,为冲刺还练了 400 米。后来在长跑队里,小个子运动员的步伐节拍都很整齐,像火车头一样奔驰前进。在赛场上观众们有时配合我们步伐的节拍鼓掌助威,十分热烈。

后来我又练习 110 米高栏,一般高个子运动员是三步一栏,当时我虽已身高 1.65 米,但也用三步一栏,就必须有跳跃的成分。为了克服这一缺点,我反复分析、改进、苦练,终于掌握了左右脚都能起跳四步一栏的技能。在苦练过程中,我在每个栏上都放一块小瓦片,练到跨栏时蹭(音 cèng)掉小瓦片而栏不动,因此我能跨得很低。经过锻炼,到四年级时,我已是全面掌握了跑、跳的运动员。

在四年级毕业前,我对足球又发生了兴趣。起因是我班足球队参赛缺人临时"拉夫",让我顶替踢了一场,因之引发了我的兴趣，而马老师对足球训练高水平的指导，更具体体现了他"战胜自己"、"自强不息"、"带着脑袋锻炼"的思想。在马老师的教育下，我苦练了一年多的基本功，到毕业后的整个暑期还在练"踢"，连留美考试都牺牲了。我苦练掌握用脚尖、脚背、扫射、射门、传球等不同的运球技能，停球常常会失去机会，要练习跑动中踢，要练双脚都能自如运用，射门要用平球，对正上下左右四个门角，起脚要快，要果断，决不能犹豫。掌握这些只有苦练，为了能踢好某一项，都要不断克服缺点，往往要反复踢上几百上千次，熟练了才能生巧。我的个子小，马老师说不要和别人争头球，而要以快速制胜，带球时不要使球离身太远，不超出半米以外，踢法要灵活多变。我曾踢过左锋，要学会在左边带球沉底时，在急速前进中停球，转身用右脚扫射，也可以在急速前进中突然把球向后一跺，自己仍是向前急进，而球却向后传给了跟进的左前卫，使对方的右后卫以为你要沉底左脚扫射，他就努力向前阻塞，一时收不住脚，而队友接着球的左前卫，却有了一次很好的射门。我们和左前卫配合密切，左前卫有时带球向中场前进，对方后卫和中卫一定都自动向中场靠拢，这时左前锋不要也向中场接应，而应该在边线向前跑，因为左前卫已把对方力量引向中场，这时左前卫忽然把球传给左边线，我就有很好的射门机会，用高球或平球踢向球门，这时我们的高个子中锋张光世就可以头球破门！我不断是"带着脑袋"练习各种基本球路。马老师指点说：在球场上尽量不停球，而在运动中传球。最好的球队，球在每一个球员脚下的时间越短越好。只有在队友没有准备好的情况下才盘带，球到你脚下，应该立刻传给队友。在球场上应该尽量找场上的空当，才容易得到队友的传球，同时也要看准队友所在的空当。一定要眼观八方，时刻注意变化着的场上局势，要理解大局。进行一切工作都要理解重视大局和重视全局，不懂得理解大局重视全局，只关注个人和自己脚下的球的运动员是没有价值的。马老师说我们就是要训练重视全局带着脑袋踢球的队员,人人如此就无往而不胜!

马老师严格要求我们,必须遵守体育道德,必须学好功课,在运动场上蓄意伤人的、有一门课程不及格的都不能留在体育队,代表队的很多成员都是学业佼佼者。马老师爱护我们,不仅指导我们掌握体育技能,还教会我们掌握生理、卫生、保健知识,自我保护,我们运动员中没有因为体育锻炼造成伤残的。更重要的,马老师是通过体育运动,培养了我们的人格,锻炼了我们的意志。

六十多年来,在漫漫人生道路上,我有勇气承担风雨,有毅力克服困难,有意志不断战胜自我,今天还能坚持为祖国服务,战斗在教育科研岗位上,缅怀马老师的教诲,铭心不忘!

1966年6月"文化大革命"开始后的一天,偶然在二校门前和马老师相遇,马老师对我说:"我不懂!我不懂!"说出对突然袭来的"革命"风暴的不理解,对国家处境的忧虑,怀着一片爱国深情。这是我见马老师的最后一面,谁知竟是永诀。马老师的音容永远留在我心底!

怀念同窗益友郭永怀教授*

郭永怀教授是一位勤学严行的爱国学者。

我们同是1935级（毕业）物理系的学生，他是北京大学的我是清华大学的。虽不同校，但两校物理系的交往密切，毕业后我们又都攻读研究生，不时在物理学会的各种会议上相见，接触很多。1935年玻耳（N. H. D. Bohr）教授在清华讲学，郭永怀也来听讲，当场曾多次提问，深受同学重视。抗战爆发后，1939年我们又在昆明西南联大相遇，研究生和助教有十余人同住在联大借用的昆华中学后院的教师宿舍，一起包饭，经常在一起交谈讨论各种问题，彼此更多了解。

1939年春，我们同时报考中英庚款基金会的第七届留英公费。当时同院寄宿的研究生、助教报名的有11人。发榜时原力学只有一个名额，而我和郭永怀、林家翘，竟以总分相同同时录取。据闻全部报考力学的有五十多人。总分（五门课）超过350分的只有我们三人，是清华的叶企孙和北大的饶毓泰两教授在重庆的考选委员会上力争而破格录取的。原定七届公费生名额20人，因之增加到22人。同院报考的11人中，竟有七人考取，除我三人外，还有傅承义、张龙翔、段学复、勒文翰。

---

* 1999年4月在郭永怀先生诞辰90周年纪念会上的讲话。

中英庚款基金会通知我们,于8月底经滇越铁路到海防转渡香港,乘9月3日的轮船赴英。当我们9月2日抵港时,第二次世界大战在欧洲爆发,所有客轮都征为军用,而且英国拒绝接纳外国留学生。中英庚款会叶公绰先生决定延期出发,我们即返回昆明。到12月底又接到通知于1940年1月底在上海集合乘船转加拿大留学。但在上船后,我们发现护照上有日本签证,允许我们在横滨停船三日中可以登岸游览,同学们无比愤慨,当时决定,在日本帝国主义侵略祖国期间,绝不能接受敌国的签证,当即全体携行李下船登陆,宁可不留学也不能忍受这种民族的屈辱。尽管中英庚款会的英国董事跳脚叫闹,我们坚持维护民族尊严,返回了昆明。一直到1940年8月接到第三次通知在沪集合,再度出发。这次乘俄国皇后号邮轮,在太平洋上航行了28天,到温哥华后换车,于9月17日抵达多伦多。我们进入多伦多大学,这是该校第一次接受一批中国读研究生学位的留学生入学。

　　我和郭永怀、林家翘都选择了应用数学系。那时新当选为英国皇家学会会员、英联邦应用数学的知名学者辛格教授,从爱尔兰避难在多伦多大学举办了应用数学系并任系主任,系中还有波兰物理学家英菲尔德教授(是爱因斯坦大师的高足,战后回国任波兰科学院副院长)。辛格教授很高兴接受我们的申请。以后我和郭、林两位的专业虽不同,但同时都听辛格和英菲尔德两位教授的课。辛格和英菲尔德教授都是欧洲哥丁根学派的传人。哥丁根学派是应用数学的倡导者,他们都有很深的数学根底,有更好的对物理过程的理解。辛格教授的第一课就是阐明哥丁根学派是主张用数学来解决实际问题的,这和一般数学家的"应用数学"不一样。数学家们是在研究数学问题,从数学中找问题的,哥丁根学派是为了物理、化学和一般技术找问题,而要用高明的数学办法去说明物理或技术问题。首先要弄清物理或具体技术问题的本质。其次是要用数学上现已通用的表达方式去表达它,然后按实际问题的需要来求得实际的定量或定性答案。我们要相信世界上的一切问题都是可以有定量和定性答案的。他指出柯西的应力张量和爱因斯坦的四维空间张量就是应用数学的极好范例。它们的出现为人们指出了一种新的数学工具,可以在联系实际的运用中开辟一种新的视野。数学家可以用一切合乎逻辑的方法发展张量分析,但其最精粹的部分是其中能解决实际物理问题的部分。辛格教授说:数学是汪洋大海,为了解决实际问题,我们应以不怕淹死的精神,跳进这个汪洋大海,去寻找那最好的数学工具,用来解决实际问题。他力主不要怕数学,但也不能迷在数学中,跳进海里去找宝,在解决实际问题后,不能迷在数学的汪洋大海中。现代科学有很多实际问题,要用各种数学工具去解决,迷在数学里,等于不会游泳的人,喝饱了水溺在水中,不能再去解决实际问题了。他多次讲说,我们要勇于跳进大海,但一定要在找到宝后,极早爬上岸来,用这个宝去解决实际问题。我们深受其教育。我一生中解决过很多问题,也用过很多宝,但从来没有迷恋过某一数学问题。郭永怀教授在多伦多和美国加州理工学院是研究边界层问题的,但以后在普林斯顿却研究了许多其他问题。回国后,毫无顾虑地投身于原子能和卫星的研究工作。林家翘则从湍流研究开始,最后到螺旋星系的天文研究。这都说明辛格教授所指导的问题。

我们在多伦多大学和美国加州理工学院工作和学习时,对力学的各种问题,经常交换意见,有时也有很深入的讨论,其中有关创建奇异摄动理论的过程,特别值得一提。我们是在不同的力学领域进行工作的,但发现在处理实际问题时,常常要略去微量,而有时微量的略去会引起不合理的结果。我们当时对这一情况,讨论最多,研究也最深,从而逐步认清了几点有价值的结论:首先,在实际问题中,微量必须是无量纲的,我们称它为这一实际问题中的小参数。每一实际问题都有一个或两个关键的小参数;例如在郭永怀那时研究的边界层流动问题中,重要的关系参数是雷诺兹数,它是流动速度、流体密度和黏度组成的无量纲量,它的大小控制着全局。在我所研究的圆薄板大挠度问题中,控制全局的参数是圆板中心挠度和厚度的比值。这个量都是无量纲的。所以,引起了我们对量纲分析在处理物理和力学问题重要性的认识。其次,我们理解到微量没有绝对的大小,不能说 0.1 或 0.01 或 0.001 是微量,微量是一系列实际模型中逐步缩小而趋近于零的过程,我们特别重视略去的量和保留的量之间的微量级别的比例。如果这一微量是 ε,我们把略去的最大量级的项称为 $O(\varepsilon^n)$,那些未略去而保留的项的量级最小也只有 ε^{n-1}。第三,我们从流体和弹性体中的完全不同的问题里,都遇到了边界层问题的困难,流体边界层中流速分布变化很大,同样,在薄板大挠度的边界上挠度的变化也很大。这种在很小的区域内变化很大的复杂问题,过去在道理上好像都明白,但对具体是怎样变化的,长期以来束手无策,闹不明白。我们长期讨论之后,都体会到在边界层微小区域内的这些复杂情况,只有放大了这种区域,才有可能看清内部变化。在数学上放大区域就是放大坐标尺寸,在边界层里,应该放大法向坐标的尺寸。例如,我们有小参数 ε,则新坐标 z^*,可以用老坐标 z 的 $\frac{1}{\varepsilon}z$ 来代替,亦即放大 ε 倍,在平面问题的角点上,两个平面坐标都应该放大 $\frac{1}{\varepsilon}$ 倍,在更换了新坐标所表示的微分方程中,按小参数法略去高次微量的项,就会得到新的以放大后的坐标表示的新的微分方程以及新的边界条件。郭永怀在流体力学中,还研究了如何把边界层的解和边界层以外的大场的解连接起来的问题,这就是有名的"郭永怀解法"。我在圆薄板大挠度问题中,应用了类似的连接解法,得到前人所没得过的结果,而被称为"钱伟长摄动法"。

在 40 年代,我和郭永怀,还有林家翘、钱学森,在美国发表了不少有关用小参数研究力学中各种问题的文章,当时引起英、美、法、德应用数学和力学界的重视,但也曾受到一些数学界的非议,甚至被认为没有证明其收敛性和存在性。从50年代起,开始有人重视小参数的物理作用,苏联谢道夫(Sedov)院士等开始研究量纲分析和有关小参数摄动等问题,而在不少力学、电子学和其他技术问题上引用了小参数,并发展了"多重尺度法"等很多"奇异摄动理论"。但应肯定地说,在其开始阶段,是我们中国学者首先奠定基础的。

郭永怀教授是1956年10月返国的,并即接任中科院力学研究所副所长的领导工作。以后十几年中还参加了我国两弹研究工作,为祖国立下了汗马功劳。他在美国时,在多次和我们探讨回国后将怎样效劳祖国时,他总是希望能建立一个有高水平的大学。他是山东人,特别向往在烟台或青岛办个好大学。那时的国情是政治腐败军阀混战,内外交困,民不聊生。全国没有一个像样的研究所,高等学校连教会、私立学校在内才三十多所,在校大学生也只几万人。所以,那时很多人是教育救国论者,认为国家要脱去贫穷落后只有大办教育,培养几百万大学生。郭永怀不例外,也就是这样想的。但他回国后一看到在中国共产党领导下,短短几年,就已发展生产建设国家,建立了科学院、几百所大专院校和几百个研究所。新中国蓬勃兴盛的景象,使他无比欣慰。当国家要求他主持力学研究所和参加两弹工作时,他当然是欣然应命,努力从事了。

1957年后我已被错划为右派,以"戴罪之身"不便和郭永怀教授保持接触,但他仍委托我做《力学学报》不记名的审稿工作。他的严肃要求、公正无私的作风,在我们长期交往中,是心照不宣的。曾有一位"名牌"大学的所谓知名教授,有一篇论文投给《力学学报》,经我审阅时,发现竟有很多力学的基本概念是错误的,我提出论文中的51条基本错误并认为该文不宜发表。该教授向编委会提出了"左派教授的文章不许让右派教授审查"的非议。郭永怀教授说"我们相信钱伟长的意见是正确的,这和左、右无关",公正地解决了这一无理的纷争。

  我们永远怀念爱国、爱党、爱人民的、公正无私的人民科学家郭永怀教授。

《湍流理论新进展及其应用》前言*

湍流是力学乃至物理科学中最困难的问题之一，而且有很多实际工程的应用。因此湍流研究吸引各国优秀科学工作者在这一领域开展了十分深入的研究，我国学者在这一领域作出了杰出的贡献。

本论文集汇集了近几年来我国科技工作者在这一领域的研究成果，共55篇论文（其中湍流理论39篇、湍流应用16篇）。这些论文在上海大学（2000年5月24～27日）举办的第六届全国湍流与流动稳定性学术会议暨第三届全国工程紊流与流动模拟学术会议上宣读。这些论文充分展现了我国湍流及其应用研究方面的水平，有些成果已处于学科发展前沿。

这次学术会议的另一个特点是将湍流理论研究和工程应用紧密地结合，其标志是第六届全国湍流与流动稳定性学术会议暨第三届全国工程紊流与流动模拟学术会议合并一起召开。这将有利于理论研究和工程应用研究的紧密结合，对推动我国湍流理论及

---

* 《湍流理论新进展及其应用》为第六届全国湍流与流动稳定性学术会议暨第三届全国工程紊流与流动模拟学术会议论文集，2000年5月由上海大学出版社出版。

应用研究具有积极的意义。

最后,对这次会议在上海大学召开表示衷心的祝贺,并祝各位代表在上海身体健康,心情愉快,祝学术会议圆满成功!

怀念钱穆先叔*
——钱穆宾四先叔逝世十周年忆养育之恩

1. 七房桥在六百年前由一个小木工,用了三代人的时间建成了七所大宅院,是一个明清500年间兴盛的封建地主大家族

先叔宾四钱穆在台北逝世已十载,先叔热念祖国,遗愿回归故乡,经各方协助,终于在1992年将骨灰安放在太湖西洞庭山南麓。先叔出生以前,苏南一带曾处于封建农业时代,过着鱼米之乡的富裕生活。鸦片战争开始后,帝国主义侵略,在五口通商不平等条约的压迫下,封建农业经济迅速崩溃,沦为半封建半殖民地的社会,财富不断从上海租界的吸血管中取走,洋油、洋烟、洋火等洋货蜂拥而至。先叔出生时正是19世纪90年代,江南的封建农业社会已经完全衰落,钱氏家族本来聚族来到无锡(当时是金匮县)东南角靠近苏州的河网地区,梁溪以南十公里,在离啸傲泾不远的高地上的七房桥村。这个村的兴起,是在明朝洪武年间。在元兵灭南宋时,这里和苏州、嘉兴等地均曾有反抗,所以杀烧破坏极惨,大量城镇受到毁灭。钱氏家族原居嘉兴北门外,当年曾逃难至太湖边上的晖嶂山,其中有一个十几岁的青年,父母都死于逃难战乱,这个青年到了晖嶂山,为了生活只好入赘无锡南坊前镇的陶家。到

---

* 写于2000年7月。

了40岁时,生了两个儿子,妻子去世后,他就和陶家族长商量,以长子续陶家香火,姓陶;小儿子姓钱,归宗钱氏。家产一切归陶家,并说明钱陶两家不通婚。他那时已经学得了一手好的木匠本领,专长农用水车和脱壳风车,他带着小儿子离开了南坊前镇,顺着梁溪向东,到了啸傲泾。这一片约有万亩高地,当时农业收成并不好,在旱年没车水的水车,收成往往很差。这位木匠就在那里安家,以做水车维生。当时那里的农民很穷,他就做了水车出租,秋季不用时,农民把它送回来,他趁冬季对水车进行维修,在春夏之季农忙时,又负责安装修理,非常受当地农民的欢迎。他去世早,儿子接代,几年后儿子死了,孙子接代。三代以后,到了明代中叶,他的事业已经在该地区远近闻名,而且有着最大的库房,也兼营打壳风车。以后又办了酒厂、酱油厂和南货铺,变成了七房桥的首富。他们就是钱氏家族在七房桥的起源。到明代末年,钱氏家族不仅是首富,而且是有着良田万亩的大地主。

2. 素书堂五世同堂,封建地主家族在19世纪50年代达到全盛时期

明代中期,钱氏家族有七个儿子,这位大地主和大富豪就花了十年时间在啸傲泾北岸离岸约15米的地方修建了七所在那时是非常豪华的宅院。每一宅院都是七进,每进都是七开间,每进之间都有两侧厢房,第二进中间三间是大厅,左右各两间卧房,还有左右各三间厢房,是接待宾客用的。第三进是儿媳、孙子的住房,也是一排七间,还有左右厢房各两间,是厨房和起居室。第四进中间三间是素书堂,是儿孙辈读书用的。第五进是七间和左右厢房,厢房内有很好的厨房和餐厅,每十天由小辈陪长辈在此进餐。第六进是老辈居住和起居用的。第七进是客房,一般亲戚来访,都在这里休息。当然,也有几间仆人的住房。在宅院的两侧有东西两条陪弄,平日人们不走正门,由东西陪弄出入,两个宅院之间有一条共用的排水沟,排水沟上有石板块。两个相邻宅院之间,亦即陪弄

之间有三个通道。每个宅院都有一个后花园。把每个宅院分给一个儿子和他的子孙住,所以每个宅院称为一房。在啸傲泾的两端架了一座桥,人们将这一村子叫做七房桥。七房桥西端约100米处,还有三所宅院称为老大房、老二房和老三房,是洪武年间的老宅院,这是修建七房桥以前的钱家宅院,由修建七所宅院的老祖宗的叔伯兄弟后代住的,也是钱氏家族,但已是极远的远房。七房桥的房屋分配,也很特别,从东向西,第一座给了二房,我们幼时称为婶房;第二座给了大房,老祖宗住在大房的第六进;其次是七房、六房、五房和三房,而四房则在最西端。为什么要这样分配,我在幼年时曾问过先父和先叔,他们没有想到我会提出这样一个怪问题。他们对父母都很孝敬,那时祖父已去世,祖母指出,七个儿子,并不是一个母亲生的,前四人是原配生的,后三人是继母生的。继母和老祖宗当然住最大房里,但七儿子、六儿子、五儿子还没有成亲,虽然分了宅院,但都由奴仆管理,老祖宗不放心,所以把七房、六房和五房的宅院放在中间,而大房、二房、三房、四房分在两侧。这是合情合理的。

　　七房桥五六百年间一直由历代的老祖宗管理,佃户都向大房(代表老祖宗)纳租,也由老祖宗向金匮县交粮,多余的部分,平均分给各房。当然实际上历代都由管账的执行,管账的就住在大房宏议堂东侧一间厢房内,宏议堂实际上就是全族各房议事的地方。

　　到清代同治年间,大房出现一件大喜事,即我的曾祖父生了一个儿子(他是曾祖父三男三女中的老二),这样就形成曾祖父母、高祖父母以及高祖父的父母和祖父母在一起组成的五世同堂。这的确是不常见的所谓吉祥大喜,而且曾祖父当时还在南京中了举人,高祖也是举人,当时清朝正是在帝国主义列强压迫下,军事上屡遭败绩,走投无路的时候,金匮县知事为拍皇帝马屁,粉饰太平盛世,竟请皇帝御赐了"五世同堂"的四字横匾,还给高祖父的父母御赐"贡士及第",这被钱族认为是最大的荣誉。四乡各村镇的封建地主们都来祝贺,金匮县知事也亲临祝贺。据说花了很多钱,热闹了前后约十天,我在小时候,还见到过这一块"五世同堂"的金字匾。

3. 太平天国农民运动和列强侵略使这个地主家庭迅速没落,其中有一部分沦为贫困的乡村知识分子

五世同堂的大庆可能是七房桥最兴盛的时期,但好景不长,不到一年,五世中的老祖宗和最晚辈的婴儿先后去世。五世只剩下三世,接着曾祖父一连生了两个儿子,其中之一,即曾祖父的第四个小孩,就是我的祖父钱季臣。但是同时,太平天国运动占领了南京和苏州等江南地区,江阴、无锡是曾国藩的南大营所在地。苏州的太平天国部队和曾国藩的南大营就在梁溪隔河对垒,太平天国的前线指挥部就设在七房桥的"宏议堂"。那时曾祖父一家老小逃到荡口镇避难,住在亲戚华幼帆家的空余宅院内。荡口那时是苏、锡间的河网地区的大镇,居民约万人,有许多人姓华,也有不少华家和七房桥有说不清的姻亲关系,所以逃难期间,也还太平。荡口对外陆路交通不便,两军也没有在荡口接触,几年后,太平天国运动结束了,但七房桥的佃户有的参加太平军,有的逃亡后不知去向,有的业已死亡,只有十之二三留了下来,这就给地主阶级的七房桥居民造成了很大困难,不仅收不到租,而且还要向县里交粮。从这时起金匮的建制业已撤销,七房桥和附近地区都归无锡管。县里知道这地区的困难,亦年年给予一定程度的减税,但每年都得申请。在19世纪80年代中,太平天国运动结束后,曾祖父就率家回到七房桥,这时四房的宅院已给大火烧毁,幸四房在太平军占领七房桥前,他们的户主已经迁居上海闸北,开了一个纺织厂,他们根本就不想回七房桥了。还有几家在动乱时迁居上海、常熟和苏州经商,也和七房桥脱离了关系。其他如三房和二房,人口本来不多,比较富裕,已经不靠佃户纳租生活。只有大房、五房、六房、七房各户在太平天国运动结束后,生活很困难,少量分到的一房的份额,实在不足以维持生活。我家在初迁回七房桥后,还能维持,但要维持各房的份额,困难万分。当时曾祖父是举人,还有举人的排场,把三个女儿嫁出去,就耗费了很多钱,而且高祖父母和他的父母亦先后去世,也因讲排场耗费了很多钱,最后曾祖父母先后去世时,家中已经空无分文。这时,祖父钱季臣已经是县学秀才,挑起了族长的重担,祖父和祖母已经结婚,祖母是离七房桥30公里处蔡司堂村的一个秀才的妹妹,这位秀才和祖父是县学同窗,而且两家相距不远,所以一说就通。

4. 19世纪90年代,祖父为解决生活困难,全家再度迁居荡口,祖父在荡口受到深刻教育,寻求解决地主和佃户矛盾的办法

在曾祖父去世时,祖父和祖母一共生了八个儿女。有两个女儿早逝,长大的有大女儿、我的父亲和四叔、六叔、八叔,儿子们的学名是声一、宾四、漱六、起八。声一名挚、宾四名穆、漱六名艺、起八名文。在祖父去世时,他们都只是十一二岁以下的小孩。祖父既要管全族,还要管全家,而且还很穷,还要不时去县学,不得已决定把全家搬到荡口,再度借住华幼帆的空宅。华幼帆的妻子是我祖母的姐姐,所以我叫华幼帆舅公。祖父在那里办了一个私塾,声誉还不错,学生也有一二十名,足够糊口生活了。荡口那时还没有新式的小学,但是有新从日本留学归国的华澄波和华倩叔。华澄波是荡口毛司墙门的青年,华倩叔是荡口黄石弄华家的青年,就是现在北京的名画家华君武的堂叔,当时华君武还没有出生。华倩叔是早稻田大学的毕业生、同盟会会员,一心想着革命,但那时只能在黄石弄办个私塾,华澄波则在毛司墙门办了个私塾,这三个私塾当时是荡口镇上万余人口中仅有的三所私塾。华澄波一心想办个小学,荡口镇上没有出头支持的人,华倩叔的私塾办得与其他两所都不同,他自编教材,教格物、数学和中文,这成为荡口人互相传闻的话题。我祖父的习惯是早晨上茶馆,在茶馆里可以得到社会上传闻的各种信息,有时也可以看到上海出版的报纸,而且祖父的名誉好,办事公正,四乡的有些纠纷,也会在茶馆内由祖父公正解

决,而祖父是秀才,有困难也可以找县知事研究解决。那时,这个地区最普遍、最困难的问题,是佃户交不起地租,而地主交不足粮食。祖父和华倩叔、华澄波、华幼帆等都想不出什么办法解决这个矛盾,只有在减租免税上想办法,但这些都是权宜之计,长期下去,政府不可能老免税,地主也不可能长期减租。我父亲和四叔那时十岁上下,他们在荡口小孩中互通有无,与三个私塾的小孩都有各种来往,由他们把华倩叔的数学、格物的内容告诉祖父,祖父亲自去见了华倩叔。从此,祖父与华倩叔、华澄波成了知交,经常讨论怎样解决地租和交税之间的社会困难,对孙中山的平均地权等想法也多次讨论,都认为只有革命胜利才有希望,但又多认为革命不是短期能解决的。他们对于太平天国运动同情的多,但是认为宗教性质太厉害,尤其是太平天国的洋教色彩太严重,他们都认为以宗教为基础的革命,在我国历史上从来没有成功过。所以,华澄波、华倩叔的门上都贴上僧道无门的红字照贴。

5. 祖父实现了有关建立钱氏怀海义庄的意愿,操劳过度而逝世,父亲和四叔在华倩叔、华澄波和华幼帆等人的支持下受到了新式的中小学教育

祖父一家在荡口住了约 15 年,到 19 世纪末对怎样解决七房桥的贫困问题有一定的想法,他下定决心,全家离开了荡口,回到七房桥。他一方面和七房桥的族中各房商量,一方面同无锡县知事商量,同时祖母也和七房桥的各房女主妇进行商量,经过一两年的筹划,提出了一个建立"钱氏怀海义庄"的方法,来解决佃户和地主之间的矛盾。义庄由族长和一位公推的副主任主持监督,由两个或三个账房主持收租和交税以及福利工作。把原先亲自管的用地全部交给义庄管。族人交出田地是自愿的,如哪一房不愿意,则这一份额的地就划归这一房自己管收租和交粮,而且社会福利的权利也没有了。上海的四房最早拥护这个方案,而且申明四房在上海的族人都放弃福利的权利,只要义庄负责管钱家新老坟的维

护和修理；一房、五房、六房、七房也都同意了这一方案，而且拥护上海四房提出的有关坟地的要求。在正式建立义庄时，四房的族长回家参加了盛典，并进一步提出解放家奴的要求。据说在七房桥还有七个家奴，但不称家奴而称"家人"，有三对是夫妇，一位是独身，他们都和主人关系很好，几十年中没有和主人发生过什么矛盾，只是没有姓只有名字，都叫阿根、阿爱等名，生的儿女还是家人。对解放家奴一事大家也都同意了，恢复了姓名，分给一定的土地，并在七房桥两侧修建了丁家村、王家村，让他们独立生活。当然，有两人仍旧愿意在钱家某房工作，明确是主仆之分，给工资，而且不是奴才。我曾祖父有个家人，是陪曾祖父和祖父去南京会试的老家人，他和他的妻子都是几代家人的后代，这时，他们也都逝世，他们的儿子叫阿根，还在祖父处当家人。当时，我祖父决定给他30亩田，在七房桥东侧盖了三间房，让他结了婚，姓华，并请他照顾曾祖父的新坟。20世纪80年代我去七房桥访问，他的儿子成了七房桥村的支部书记，也已是一头白发的老人了，他还亲自引我去看曾祖父和祖父的坟地。最重要的是对佃户减了租，并由义庄派人去江北招来一批新的佃户，不少老佃户也可以扩大所租田地，七房桥各户有劳动力者也可以租田当义庄的佃户。这些田大部分都变成桑田，所以七房桥四周出现了养蚕热，使七房桥又恢复了生气。义庄制定了规定，凡是七房桥的孤独老人及失去父亲的未成年儿女，都可以从义庄领取每月每人一斗米和一贯钱，作为生活福利津贴，这样使生活困难的大批族人得到安置。账务是公开的，族人都可以查询。这样的义庄制度当然必须由县知事同意，因为对克服太平天国后该地区的农业生产困难和生活安定是非常重要的，他也只好同意向皇帝申请，得到了降低纳粮的批准。降低比年年收不上来要好得多，这就是祖父为什么经常到无锡，和县知事商请批准的原因。这一次的批准义庄的过程，都是祖父和华家幼帆、澄波、倩叔等商量的结果，不到一年荡口也建成了黄石弄义庄和华绎之（当时华家的农业企业家，养蜂大王）地产建成的义庄，他们比七房桥更富裕，他们的福利还包括了在荡口办果育小学和华氏有关家族的子女离开荡口去无锡、苏州、常州上中学的补贴。不到三年，无锡、苏州、昆山、常熟甚至像上海附近的太仓、崇明等地也纷纷成立了义庄，义庄成了江南乡间最有力的经济组织，安定了农村，发展了农村经济，在江南兴办小学成了风尚，乡村贫困儿童有了社会保障，奴仆家人不见了。这一点从美国哈佛大学的学者，在无锡一带调查研究钱穆生平中有大量有关江南义庄的材料看，不能说是没有道理的。一直到解放后土改时，七房桥只划出两个地主，三个富农，其余都是贫下中农和村镇贫困户，而且两个地主早已迁到上海成了工商户。

6. 祖父去世，遗下祖母及子女五人，生活极端困难，在荡口华幼帆、华澄波、华倩叔等的帮助下，脱离了困境

祖父在完成这一活动中，劳累了整整三年，义庄建成后不到两年，就积劳成疾，在39岁时离开了我们。这时祖母才40岁，有儿女五人，长女即我的大姑才18岁，四个儿子是我父亲、四叔、六叔、八叔，都不到15岁。家无余粮，生活非常困难。正在这时，荡口的华幼帆、华澄波和华倩叔伸出援助之手，那时荡口黄石弄华家也办了一个义庄，义庄的主持人就是华幼帆和华倩叔，这个义庄还办了一个果育小学，校长是华澄波，就是澄波提出了由义庄出资保送我父亲和四叔在果育小学免费上学的，并和华族子弟一样还可以管膳宿费用和零用钱。这是因为祖父在创办义庄的过程中有功，而且大家都知道我父亲和四叔是有天资的乡间少年，这在当时就解决了很大的困难。同时，七房桥在上海的四房族长，忽然自上海下乡到七房桥访问，还带了一个自汉口来的武汉过江轮渡公司的老板，是四房族长在上海纺织厂的股东，说这位老板40岁，广东人，姓曾，原配病故，未有子女，想找苏州人续婚，所以，想到我的大姑，女大当嫁，他来做媒。经过商量，祖母也同意了，于是就在上海结

了婚，由四房族长的妻子陪送到汉口。当时由四房的婶母带了200元给我祖母，作为安家费用，以后大姑也不时寄钱来七房桥，解决了生活困难。那时一二百元不是个小数目，小学教师一月工资也才八元或十元，一年也不过百余元。在祖父去世后，也有人建议，按怀海义庄的规定，祖母和她儿女都可以申请福利，但祖母认为祖父办义庄绝非为自己，而是为全族贫困无人养育的人们，所以她始终不申请，反而为族人中贫困的人做申请的事务。那时，族人都叫祖母为二婶，二婶是族人中最受尊敬的人，她带着六叔、八叔经常回蔡司堂娘家去，娘家的舅父就是和祖父同学（在县学）的秀才。蔡家也是大族，也和怀海义庄一样办了义庄，解决了困难，乡间经济恢复很快。蔡司堂的居民，也都知道七房桥的二婶，甚至当面不称姑母，也称二婶。那时，华澄波特别看中四叔，想为他的一位表妹说婚，但祖父很早就为四叔与另一位在七房桥南边硕放镇的秀才的女儿定好了婚，所以，只好作罢。但把另一位姓徐的表妹说婚给八叔，年岁也相当，其实她就是荡口镇华幼帆家邻居徐家的小女孩，是当年和八叔、六叔经常在一起玩的小同伴，所以，一说就定下来了。

父亲和四叔在果育小学上了不到一年学，就由荡口义庄把父亲、四叔和其他15名学生一起保送到常州中学上学，一切费用也都由荡口的义庄负责。父亲进二年制的师范科，四叔上了四年制的本科。父亲毕业后，学校校长屠文博认为父亲品学兼优，要把他送到南京高等师范学堂去深造，但父亲认为家庭经济困难，只能回家在当时扩大的荡口果育小学做教师。这时果育小学已改名鸿模小学，学生扩大到十个班，华澄波还是校长，他认为我父亲是当时荡口最合适的教师，因为他学师范科，文才也不差，品德也很好。这样，父亲就在辛亥革命前夕，到荡口鸿模小学任小学教师，月薪八元，当年还在七房桥结了婚。一年后，生了一个女儿，但不到一岁就夭折了。又过了一年，生了我，这已经是辛亥革命以后的事了。

四叔在常州中学,在辛亥革命前夕,已经是全校有名的优等生,瞿秋白与他同班,四叔学习很用功,经常去常州宿儒施之勉(也是常州中学的董事)的家中去借书学习,施之勉对他有不少影响。就在这时,常州中学发生革命前的"学潮",按学校规定,决定开除15人,四叔也在其内。但施之勉觉得钱穆是全校的优等生,应该是可以培养的人才,特为四叔写了一封信,推荐给南京一个中学,申请转学。四叔好像没有去,回到七房桥。接着武昌起义成功,南京亦响应,孙中山到了南京,成立了临时总统府。江苏所有学校都暂时放假,等候南京政府的政策,鸿模也停学了,父亲也回到七房桥。兄弟两人就和族中青年办起团练,响应南京临时大总统,不到两个月,清廷宣布退位,时势大变,正式改为民国。接着学校复课,父亲在七房桥也创办了"七房桥又新小学",聘了毛司墙门华澄波的堂侄华茂萱为校长。接着鸿模小学也复课了,父亲回到荡口,华澄波知道四叔已经回家,就聘四叔到鸿模小学任教。但不到半年,无锡县决定大办小学,在梅村办了一个无锡县立第四小学,华澄波任校长,澄波去梅村任职时把我的父亲也带去了,任教务主任。四叔因为初到鸿模,不便调动,但在两年后就被调去梅村了。

7. 父亲、四叔作为农村教师,相继结婚,七房桥家里失火,全家又迁居荡口镇南端复盛墙门,家道平稳

全家住七房桥老宅,出嫁到汉口曾家的大姑在1914年曾回家一次。这时我父亲已结婚,并有一女一男。祖母和我父亲、四叔、六叔及八叔,还有我母亲和两个小孩住在七房桥。六叔和八叔在荡口鸿模小学上学,父亲和四叔在梅村第四小学任教,四兄弟只有寒、暑假才回家住几天。大姑母提出了四叔应该早日完婚,当时四叔是祖父在世时就和祖父的同窗秀才硕放镇南边的金娥墩邹家的女儿订婚。大姑和四叔在家时姐弟之间关系非常好,大姑母的话,四叔没有不听从的,所以,立刻就同意了,就在寒假中结了婚。四

婶原是邹家的一个能干各种家事的能手,来了以后是祖母的好帮手。为此,我母亲从素书堂东隔壁的一间卧室中搬了出来,带了我的姐姐搬到宏议堂第三进的东侧第一间卧室居住。这间房原来是祖父的三兄的儿子思寿堂叔的住房,那时思寿堂叔一家都去了上海,在一家纺织厂里管账。好在这间房走东陪弄离第四进素书堂很近,祖母带着我住了素书堂的东隔壁那间住房。四婶的新房就在素书堂东侧的第一间卧室。在放假时,六叔、八叔返家后就住在素书堂后半间书房里,外半间就是全家围聚的地方,也是会客的地方。暑期时父亲和叔父们都在这一间谈话、下围棋和演丝竹。父亲是玩笙的,四叔玩笛,六叔玩箫,八叔拉一手二胡,我和祖母有时给他们打碗起拍子。那几年家里虽然清寒,但的确是其乐融融。父亲开始要求四叔给我改作文,作文其实是我的日记,这是我的一种作业,还有一种作业,是要我为祖母记家账,这一作业对我来说要难得多,日记我可以找我认识的字记,记账则不能自己选择,祖母说一般油盐酱醋,学一次就记得了,但衣料和杂物等很多字我不知道怎样写,只好用同音字替代,尤其是人名字,十之八九我完全不知道怎样写。我最不愿意记账,而四叔最有耐心给我改这些错别字,而且在改正中,四叔父一定要讲这些字的组成笔画的特点和意义。几个月后,我在记账中学到了汉字的结构特点、最有用的形义和音义、偏旁等这些过去完全不懂的东西。半年后进步很明显,以至四叔就不再和我讲错别字,逼着我学写字。为了省纸钱,四叔父给我一块方砖,他把方砖一面磨光了,然后给我一支毛笔,沾着水在方砖上写,一个字要写几十遍,指出我字中笔画布局架子的毛病,一个字一定要写到十分合格的架子才许写第二个字。在这样严格训练下,我的写字得到长足的进步。他说,这只是学写字的第一步,要写出真正合格的好字,一定要长期练帖。他曾要求我学临碑,但我并不喜爱,后来只好不了了之。第二年暑假,他回家说我作文还要练,但是他不给我改作文,而让八叔给我改,他说自己的作文是老式的，最近八叔以"捌手"为笔名在《小说月报》上发表许多短文，写得都很好，用的写法是新式的，所以让八叔教我，让我好好学。八叔用"捌手"的笔名写的短文很多，《小说月报》每期都有三四页，都没有题名，八叔给了我两期《小说月报》，说你看这些短篇，共有五十二篇，五天以后你给我每篇增加一个短题，越短越好，能用一个字代表一篇短文也可以，但题和文的主要内容应该是相同意义的。这样的作文我从来没有做过，初学以为很容易，一钻研，却远非易事，弄了三天，总算交卷。待八叔一篇一篇地给我讲，每一篇原意是什么，为什么要写这篇短文的目的，也指出我的题目都不切原意，按我的题目，含义不明，会有多种不同的解说，有的可能和短文原意风马牛不相及，应该怎样写，教得一清二楚。一连讲了两天，才讲了一半。最后让我把后面一半重新写，两天后再谈。这次谈话给我的教育很大，使我晓得世界上的问题非常复杂，人们认识是很不相同的，并不像人们想象的那样简单。

我很喜欢他们下围棋打谱，我也一定会坐在边上看。以后慢慢地我也看懂了围棋斗的是什么，斗的不是简单地吃掉几个子，甚至是杀掉一块棋，斗的是全局。要想取得全局胜利，一定要顾大局，一定要占先，让对方跟着你走。看棋到真的看懂时，是对看棋人的品格锻炼最重要的时候，因为这时很容易站在输方，甚至指手画脚，让输方按你的想法走下去。我在父叔等人下围棋时看棋，就不会进入这种发疯的场面，我在看棋中得到很好的训练。

素书堂的书橱给了我很多读书的机会，在暑期中，素书堂是我的天下，什么都看，不懂的也看，当然，我对《三国演义》之类的书看得很早，也看得很多，其他《史记》、《汉书》之类在我长大一些时也看，当然，在看这样的书时无意中会养成读别字的习惯。有一年四叔父发现我在家什么都看，他就告诉我他小时候，也是什么书都想看，就养成了读别字的习惯，他说这些字，意义完全懂得，但读音则是自己无意中创造的，习惯养成了就会影响你和别人的交流。他给我买了本教我读音的字典,使我在七岁时就懂得用字典的方法,改正了我从古书中自己创造的读音,当然,那时我学的是苏州地区的音,后来到了北京亦造成很多困难,这种困难在参加了学生的歌咏团后才逐步解决,但即使这样,我现在还有许多单字音咬得不准。

8. 是什么原因促成四叔花了两三年时间写出《刘歆刘向父子年表》和《先秦诸子系年》的

祖父去世后,我家无产可分,所以一家四兄弟,我母亲、四婶母、大妹和我及后来生的弟弟,全家都居住在祖屋素书堂东侧六间房屋内,父亲和四叔从常州中学回来后,正处辛亥革命时期,父亲、四叔是七房桥民团的负责人,六叔、八叔都在荡口果育小学读书,后来升入苏州二中和常州中学读书,只有寒暑假才回家。家庭的主要支出是两位小叔父的学费,家里住祖房,不花钱,家里的主要收入是母亲、四婶和祖母的一年一度的春蚕,租了十亩桑田,桑田在平时种上一些油菜和大豆等作物,每天用家里粪便加些河水浇灌,既肥了蔬菜,又肥了桑树。一次春蚕,可以收入二三十元,因为我家里没有劳力,不养秋蚕,而把桑叶卖给养秋蚕的农户,也能有一二十元的收入,一年的家用就是依靠这些收入过的。父亲和四叔的学校工资,每月也才七八元,除了在校伙食费外,大概还有五六元,都用来供两位小叔父上中学。这样过了三年以后,素书堂失火,我家六间房烧得只剩我母亲住的在第三进上东头的一间房。第四进一排七间房还有东厢房全部烧光。所幸素书堂的大部分藏书和四婶的大部分嫁妆都抢救出来了,祖母的许多箱子和杂物完全烧光。我在梦中被西厢房的堂房伯母抢救到她的床上,我照样睡着没有醒,一直到火延烧到西邻时,他们才从床上发现还有一个熟睡的小孩,把我抱到另一邻家中,救了我一命。这次火灾使我家失去了继续在七房桥居住下去的基本条件。父亲和四叔也回来了,共同研究怎样处理后事。按四叔的意见,父亲在梅村当老师,可以迁居到梅村,但梅村是较小的中等城镇,找房不易,人地生疏,生活不便。四叔那时是果育小学的老师,从前祖父一家在荡口住过十年,情况熟悉,况且还有华倩叔、华澄波、华幼帆等老朋友和老亲戚的帮忙,能找到合适的房子。他估计荡口街上肯定有这样的房子,只是租费可能高一些,但这是可以谈判的。所以四叔连夜回荡口去了,他给他的学生讲了这件事,不到一天,有好几个学生提供了各种信息,他一处一处去看了一遍。在镇南有个宅院,过去是个大家庭,现在大部分人都去了上海,这个大宅院只有一位老太太住在里面,带着一个小孙子,就是四叔的学生。这所大宅院叫复盛墙门,其东边有独立的宅院,有两进向南的平房,一共有十六间,其中第一进三间是大厅,另外三间铺了地板,其余都是砖地,有个不小的后院,有口井,有两棵桃树,正结着鲜红桃子,很是诱人。这位老太太知道四叔是个有才的教师,还从上海的儿子那儿晓得我的祖母和父亲,很想和祖母那样的人做伴。便特别说明本来她家想把三间房子修成地板房,但是,后来他们三个儿子都带着家里人到上海去了,地板材料放在那里四五年,没有再修,如果我家要,她可以送给我家,做个见面礼。所以我们只出很少钱,就把向阳的房间修成地板房。她还叮咛,这个院子让我们住,房权是她家的,但不收费,算作为她家看房子。这个独立的宅院没有大门,从复盛墙门的大门进出,可能不方便。她自己现在也不大进大门,而进出西边侧门,方便得多。她建议在该宅院南边围墙开个门,就方便得多。以后,复盛墙门的大门也不开了,他家走西侧门,我家走新开的门,两家在后园相通,一样方便,两全其美。这些当然都是对四叔的优待,不久,我们就决定搬到荡口南街复盛墙门住。听说这女主人的丈夫原来是荡口有名的蜜蜂大王华铎之在荡口养蜂农场的主管人员,当时已经去世了。华铎之是荡口镇南街的大富翁,上海华铎之蜂蜜公司的老板。他不购土地办企业,有十几条一二千吨的养蜂轮船,远到海南岛和长江、洞庭湖等地采蜜,主要则在太湖四周采蜜。他们农场里有很多果树和养鸡场，荡口半条街的人，都在他的农场和公司中工作。华铎之在荡口鹅真荡里曾有一爿造船厂，还创办果育小学，后扩大改名为鸿模小学。我家大约在1918年迁居荡口，从此脱离了七房桥，但父亲因为族内活动很多，还经常在假期中去七房桥，但三位叔父就很少再去了。

1919年秋，四叔接受后宅（现名硕放）邹家即四婶娘家的邀请，筹建后宅小学并任校长职务。我那时大约六七岁，四叔主动要求把我带去上学，由我祖父的老家人阿庚来照顾我生活，阿庚是小学的校工。白天上学，由四叔照顾，三餐和晚间由阿庚负责，前后在后宅小学住了两年。四叔在后宅从无到有，盖了一排课堂小楼，修了一个很大的操场，还建了一个图书馆。现在这个小学成为后宅中学了，学生有500人之多，图书馆操场还在。在修建这些设施时，四叔动员学生、家长参加，操场原来是一片桑田，只用一个月的功夫，把桑树拔掉压实平整就完成了，这在后宅建立了一个榜样，还开了个庆祝会。他曾从上海请了三位老师，都是很好的老师，一个姓蔡的和一个姓赵的老师在1927~1928年蒋介石清党时，被说成是共产党而在无锡杀了头。现在看来他们都是上海工人运动中的知识分子，是四叔在常州中学学习时的同学，或是当时的同学介绍给他的。他们可能在上海活动太多，待不下去而到无锡乡间避难。蔡、赵之类，可能根本是假姓名。特别是赵先生，对我很好，我经常去讨教，尤其是绘画，他画得一手水墨画。四叔那时一心想办好学校，后因患初期肺疾，迁居图书馆楼上休息疗养，孤寂时临许氏《说文》，学写篆体大字。那一段时间四叔读了许多以前未见之书。两年后，我父亲离开了梅村小学，被无锡荣巷荣家办的公益学校聘为教务主任。该校只有小学五年级、六年级两班和初中一、二、三年级三班。父亲把我带了去，也算是考进去的插班生，插小学六年级，考试只考作文，这对我应该没有问题，我最怕的是数学，如这门课要考，肯定考不取。我和荣毅仁是同班，但并不熟悉，因为他身高，又是走读的，所以接触很少。在公益学校读了不到一年，学生为了北伐而罢课，荣毅仁的父亲是办这个学校的校董，他认为办这所学校是为公益，而不是为政治，就命令停办，从此父亲就带着我回到荡口。这年春天，无锡办中学的风气大兴，办了好几所中学。一所是省立第三师范学校，地方上钱钟书的父亲钱基博（是复旦大学的教授）推荐四叔去当国文教师。又设立了无锡县中，县中就设立在原来的县学里，在学前街。第三师范就和县初中隔河相对，我父亲被聘为县初中的教务主任兼舍监，校长姓朱。我父亲和四叔八月底就到校了，县中在暑期中建造了一座两层的教室楼和宿舍楼，第一层是四班课堂，两班初一，一班初二，一班初三，楼上是宿舍，师范是四年制。所有学生都是新生，教师也都是新教师。那时无锡还在孙传芳军阀统治下。在县初中后边办了一个叫竞志女中。四叔在第三师范的第一个教学任务就是钱基博提出的，希望四叔在师范中开一门以《论语》为中心的课程。四叔在这以前，从来没有研究过什么问题，只是教些小学生，或忙着建校建房子、请教师的工作，这一次破天荒要他开一门有关《论语》的课，这和他在梅村小学与朱怀天一起咏诗后，在无锡出一套诗集的情况完全不一样。他虽然同意了这个要求，但觉得难办，这必须编新的《论语》教材。他过去在祖父私塾中念过《论语》，大都可以背诵，别人是否看过《论语》，他也不清楚。他和我父亲商量后，觉得《论语》在许多方面是值得研究的，有些方面和传统的讲法，也可以提出不少看法，所以可以写本讲义，叫《论语新编》或《论语新议》。不过一定要收集一下有关《论语》的研究书刊，这一点可以请六叔帮助。我父亲要在县初中初二、初三讲中国历史，正为没有参考书而发愁，他想请六叔在上海旧书铺里找一本《资治通鉴》，作为备课之用。那时六叔已在常州中学毕业，在商务印书馆当编辑，他是有能力找到的。四叔也请六叔找一些有关《论语》的参考书，并且告诉六叔，他可以请商务印书馆其他编辑协助，也可以去访问一下复旦大学的钱基博教授。结果是六叔父不仅访问了钱基博,而且还访问了顾颉刚,还找到好几种有关《论语》的书籍和一部明版的《资治通鉴》,价钱不贵,只要十块大洋。这时父亲和四叔的中学教师月工资都已是二三十元了,买这样的书是不成问题的。四叔觉得师范学校图书馆应该买有关《论语》的书,就寄了五十元给六叔,不日这些书都寄了回来。(这部《资治通鉴》后来丢散了,未料想四叔在香港旧书铺里竟见了这部书,就又买了回来,不久前四婶已经将该书带回国内,转交给了我。)当时四叔就用这些参考书写了一本《论语文解》的讲义,在师范讲了两年。一年后又作了修改,在上海商务印书馆出版了。这应该是四叔著作中的第一本,而它和朱怀天两人所写的诗集《二人集》,应该是第二本,这本书是在无锡出的,迄今到处找不到。真正的学术著作应该是《论语文解》。从此以后,四叔走上了学术研究的道路。

1927年,北伐胜利,江苏的北伐军首先占领了宜兴,一个晚上战胜了孙传芳军阀,占领了无锡,第三师范、县立初中都关闭了。四叔和父亲都回荡口,这半年是我家最安乐的时期,一家都住在一起,复盛墙门那位老太太与祖母成了亲密朋友。无锡、苏州的许多中学、师范进行改组。隔了一年半,苏州的江苏省第二中学改组为苏州中学高中部和初中部,互相独立,另外成立了苏州师范。苏高中成立后,校长、教师都是新聘的,理科教师几乎清一色都是东南大学的讲师,文科教师都是在地方上聘的,像四叔就被聘为国文首席教师,沈同洽是英语首席教师,吕叔湘是历史首席教师,杨人缏是外国史首席教师等等,后来这些人都是解放后各大学的名教授。无锡第三师范恢复原建制,校长换了人;具初中改为县立中学,成了初、高中六年制的中学,解放后改为无锡第一中学,规模扩大了,搬到城北。另外为了满足乡村教育发展的需要,成立了乡村师范学校,我父亲成为乡村师范的校长。在无锡师范和县中停学的时候,桐城派宗师唐文治在县初中的县学东边,利用旧房办了一个国学专修科,唐文治眼睛失明,在那儿讲课,人们说这是"唐瞎子"上课。父亲说唐文治是有学问的人,我在家里学不了什么东西,让我登记成为国学专修科的一名学生。那时"唐瞎子"正在讲《醉翁亭记》,讲这篇文章修改的经过,这些讲法使我在七十多年以后,还深记在心。这是我的一个短暂的生活过程中的插曲。但是,我学会了桐城派朗读的精华,一直到我进了大学,才改为默读的学习方法。

那年(1928)秋季,我考上了苏高中,但只考了最后一名,据闻我的考分很差,就是国文的文章写得好,可能得首名,才被破格录取的。也有人因为四叔是首席国文教师,认为有漏题可能,苏高中校长曾派人到无锡调查,据报我的国文本来是不差的,其他课目,只有历史还不差。可是这次中外历史、地理是一起考的,中国史只占四分之一的分量,所以也显示不出来,这样还是以殿军录取了。父亲在八月底把我送到苏州,那天也是我和父亲的最后一次见面。那时我家里对于我的出路正在进行着热烈的讨论,祖母和母亲觉得我家经济情况不是很好,在北伐军攻占无锡以后,学校关了门,父亲、四叔都有一年多没有收入,幸逢六叔、八叔中学毕业,而且都找到了职业,尤其六叔在商务印书馆当上了编辑,每月40元的工资,比父亲、四叔原来当中学教师还高。六叔和八叔在1926年底同时结了婚,祖母决定分家,八婶和六婶都很能干,八婶是华澄波的表妹,在荡口关系很多,找到镇北一所住房,迁出了复盛墙门。祖母和父亲住在一起,四婶留在复盛墙门,房子很宽裕,生了个儿子,一切似乎很好,但祸从天降,北伐军从宜兴来,一夜之间打败了孙传芳军阀,孙军败北,抢劫了荡口镇北端。新婚的二位叔父首当其冲,损失很重。1928年1月,四叔的儿子忽然夭折,四婶在五月忽然病逝。我作为唯一的侄子,为此充当了嗣子。我考取苏高中后,家里发生了争论,祖母和母亲认为高中毕业后应该早日找个职业,这对家庭最合适。父亲和四叔则认为自己一家兄弟,为了生活都只读了中学,像华澄波、华倩叔等都读了大学,并且还留了学,他们都目光远大,而自己虽然也很努力,但终究只是个中学教师,自愧落后,所以立誓要把我送入大学,希望我努力学习。父亲非常明确地说:无论家庭多么困难,都希望我能成为第一个大学生,有苏高中这样优越的师资条件,只要我努力学习,大学总是有望考取的。家庭经济虽然困难,但总是能供应我的大学学费,而且还希望能弄到助学金和奖学金。但不幸的是一个月以后,荡口派专人来报父亲逝世的消息(时父亲39岁,母亲41岁,我15岁,有弟一妹二都不满11岁,四叔34岁,祖母60岁),我立刻回荡口,四叔隔日也回家了,在荡口亲友的帮助下办了丧事,大家研究了我家的生活和以后的出路问题,四叔和华澄波、华倩叔多方协助,华倩叔首先提出他家在黄石弄的空房五间让母亲和弟妹住,不要租钱,而且当日就搬家,祖母也先和母亲住在一起。要求四叔早日续婚,后由华倩叔作媒,和苏州张一鲐的幼妹张一贯结婚,当时张一贯是苏州某小学的校长。在婚后,祖母去苏州住。华澄波还主张我母亲和弟妹们都可以提出要求七房桥的钱氏怀海义庄按规定给予生活津贴,每人每月一斗米和一贯钱(一元钱)。母亲有了华倩叔的不要租费的房子,这一元钱也能应付了。关于我的问题,四叔父决定包下来一直到读完大学为止。他说,我父亲生前曾和他商量这个问题,钱家一定要在第三代有个大学生。这样祖母也没有意见了。

　　四叔父在荡口办完丧事以后第二天,曾和我一起拜访了华倩叔,这一次访问,四叔决定研究诸子百家和西汉时为什么流行五行阴阳学说,为什么有了《史记》还有一部《汉书》,《汉书》和《史记》同样讲前汉历史,但是许多地方历史一样,观点讲法有差异等问题。华倩叔认为是对待皇权和神权上观点的差异,这种差异,在殷、西周和春秋、秦各代,都没解决,百家的差异,亦在于此。秦起用了商鞅,严厉法家统治,秦国统一了全国,但法家的法权和皇权有矛盾。秦的焚书坑儒,并不坑儒一家,而坑了百家。但在统治阶层的骨子里，五行阴阳观点还很普遍，它代表神权观点，神主宰一切，皇帝称为天子，代表神，但其行动还要服从神的意愿。殷朝甲骨文就反映了这一事实，西汉换了朝代，但骨子还是这样。司马迁在《史记》里讲了汉代皇帝不少坏话。统治阶层争权夺利，像皇权神权的斗争，一天也没停过。要弄清这一问题，要反复研究《史记》、《前汉书》和《后汉书》的差异，特别要注意汉武帝这一阶段历史，注意盐铁论的大辩论，说来说去，这是神权和皇权的斗争，要注意刘歆、刘向父子的事迹，他们是这场斗争的关键人物，但史料上有许多对不上号。其实最后结果是独尊儒家，加强了皇权。后汉的儒家学说和孔孟之道不完全一样。在那时，《论语》、《孟子》等书可能篡改，现在很难辨明了。这一场论谈，华倩叔很认真，四叔不时提一些问题，华倩叔越讲越深入。天黑了，华夫人要我们留下吃饭，四叔道谢，说要赶班车回苏州，明晨还有课。

9. 四叔自认为救国之道在于加强中国文化教育，逐步成了中国文化的代言人

在父亲去世半个月后，我又回到苏高中，当时四叔是首席国文教师，自己很用功，根据华倩叔和他谈话的范围，四方收集资料，在上海的六叔是他最好的帮手。苏州有很多有见识的文人，如顾颉刚、张一麐等，他们家里都有藏书，研究三代和春秋战国、先秦、两汉诸子百家的言论和事迹。苏高中三元坊前，有个苏州图书馆，藏有很多这方面的书，而且这个图书馆和苏高中只一墙之隔，不到十分钟就能到达。当时苏高中的吕叔湘等对中国文化也有兴趣，他们成立了一个很密切的团体，首先推出一本高中国文选，作为一年级的语文教材，主讲人就是四叔。这本教材自三代起一直到南宋为止，每一阶段选两三篇有时代性的代表文章，这本教材重点是讲清每篇文章是在什么时代背景下写出来的，在当时起了什么样的作用，文章中所讲的问题的实质是什么等等，使学生学会了写文章要有的放矢。在作文中往往结合当时的重大问题，反对不着边际

的空论。第一篇我记得是选了《尚书》中的《甘誓》，教材中特别说明这是大禹在河南把南方苗族赶到长江流域去时一次誓师大会的动员令，这篇《甘誓》，是使中国形成了中国，把东南西北四方形成东夷、南蛮、西戎、北狄四个方国的历史性誓师大会。有中国就有四方，这是中国立足之本等。其后还选了屈原的《九歌》、庄子《逍遥游》的一段、孟子《见梁惠王》一节、《阿房宫赋》、诸葛亮的《出师表》、扬雄的《答孙会宗书》等，当然也包括曹植的《七步诗》及《木兰辞》等，都是按历史顺序排的，对一些成语，也都有注解。可惜四叔只讲了一年，自第二年起他就离开了苏高中到厦门集美师范，第三年就由顾颉刚把他推荐到燕京大学去了。燕京是美国在中国设立的学校，据说四叔进校门第二天，就向学校提出了学校建筑上不应用A、B、C、D等洋名，他提出了M楼应该改称穆楼，办公楼应该改为临湖轩等，教师宿舍区可以叫南区，他说这是培养中国学生的地方，应该用中国文字来培养，用洋文只能为洋学生服务，说美国学校的建筑没有用汉文命名的。司徒雷登校长接受了这个建议，都改用了中文，未名湖就是那时定下来的。四叔到了燕京，讲先秦两汉史，同时在《燕京学报》上发表了有名的《刘歆刘向父子年表》。当时，顾颉刚是主张中国上古史都是传说神话的疑古派，编有一本杂志叫《古史辩》，他的观点和四叔的观点完全相反，但顾颉刚还是极力推荐在《燕京学报》上发表，而且认为是有重要历史价值的研究文章，可见当时的学术民主之风是很不错的。

1931年，我在苏高中毕业了，虽然那时很用功，但数学、物理、化学等还是由于初中、小学基础差而很困难，我最怕的是分数和小代数、平面几何等。高中要学三角、大代数和解析几何，对我都非常困难，只有生物学，我喜欢显微镜中的图像，那时我们喜欢细胞，叫教生物学的吴老师为"细胞"，叫他的儿子（是同班同学）为"小细胞"，我们是喜欢才这样叫的。在苏高中我喜欢的教师是地理教师陆侃舆，他是第一本中国分省地图的创作者，上地理课主要是教我们怎样看地图，要我们画一省一省的分省地图，山、河、湖、城市、铁道、公路的表示方法，让我们懂得比例尺寸、经纬线、回归线以及海道和边界等知识，每画一省，一定要注明城市、河、山、湖的名称，还要上色。我们第一次理解汉、满、蒙、回、藏的区域，知道了五口通商的意义，知道香港、澳门和辽东半岛、台湾原来都是被列强侵略割让的领土等。尤其是比例尺的运用，学了不少平面几何，并懂得了相似形的重要性了。学地理可以用死记的办法进行，本来我在学国文的时候，也是用的这个办法，这本事我用得得心应手，所以地理学得很好，这对我一生都是很有用的，现在我每到一处心目中就会有幅地图。毕业后，按四叔的要求，到上海去，多考几个大学，六月份在上海住了一个月，住在六叔的商务印书馆宿舍内，看报纸招生广告，只要没有冲突的考试，都去报名考了，一共考了五个学校和吴蕴初的清寒奖学金。一个月后，一个个学校发榜，居然都考取了，清寒奖学金也考取了。每年可以得到300元的奖学金。四叔父从北京来信，他很高兴，认为我没有使我父亲的希望落空，本来家里祖母、母亲都认为南京中央大学是最好的选择，离家近，又在江南，其他各校都在很远的地方，北方不吃米，可能不适应。但是四叔父却认为清华大学最好，他那时也在清华兼课，还被胡适聘请为北大教授讲中国通史，这是中国大学内第一次有中国通史这门课。以前只有断代史，而且主要只讲先秦、两汉和唐宋史。这是胡适倡议的，但没有人敢讲。清华有位陈寅恪教授，他是留美学者，他敢讲，但不愿意用通史这个名字。四叔提出应该讲这门课。所以，传闻那时北京大学开设两个中国通史课，一是胡适在每星期二、四上午讲的，不发讲义。一是四叔在每星期三、五下午讲的，也没有讲义。两人讲了几周后，震动了北京史学界，听课的人越来越多，后来一般课堂容纳不下，只好改在北大红楼中的礼堂讲，胡适和四叔讲的东西，听课的人都互相传说，听的人越多，越有人传给胡适和四叔听，按理说，胡适在美国学过历史，他有一套那时国际上公认的系统观点,这方面四叔是差得很多的,但在史料的选择方面,四叔因从事了五六年关于春秋、战国、先秦、两汉的诸子百家的资料工作,熟悉的程度,胡适是无法和四叔唱对台戏的。半年以后,胡适就停课不讲了。中国通史就成了我叔父的独家舞台。这期间,四叔和陈寅恪来往很多,四叔非常尊敬陈寅恪,陈寅恪的博闻强记是史学界大家所赞仰的,四叔在这方面也不错,所以两人关系很好。那时四叔每星期四在清华工字厅住一夜,下午则去红楼上课,陈寅恪亦住工字厅东侧,两人交往甚密。有一天,陈寅恪说起入学考试中的国文考试题,他和杨树达教授都主张出对对子的考题,他们和杨树达在几种选择中,选中了孙行者,本来是针对胡适之的,但答卷中竟有学生答了祖冲之,他们认为祖冲之也不错,而且把这个学生写的《梦游清华园记》的考卷找了出来,是一篇很妙的赋,这篇文章他主张给100分,四叔一看很像是我的笔迹。隔了一个星期后,陈寅恪又公布了历史试卷,考题也是他出的,只有一个题,即要写出廿四史的全部书名、作者、卷数和注者,结果很多考生考得很差,只有一个考生考了个满分。后来查出来,这两个满分的考卷都是我的。《清华周刊》上也登出了《梦游清华园记》这篇赋。四叔很高兴,写信说其他学校都不要去,直接到清华大学来,可以进历史系,也可以进中文系,说杨树达和陈寅恪还不知道我是他的侄子,相信他们都会欢迎我去的。我就在这种情况下去了清华。其实其他课程只考了20~30分,但总分还是不错的。

我是1931年9月16日到北京的,那时四叔还没有离开燕京,住在燕京,在清华、北大兼课,我按四叔安排,到北京后,先找西城白塔寺西廊下一号的汤用彤家,在汤家住了一夜,汤老是北大文学院院长。我不会讲北京话,汤老很慈爱,让他的大儿子在清晨叫了辆洋车,亲自把我送到清华园。记得那时洋车出了西直门后,是顺着火车道的小路走,越走越荒凉。如果没有人送,我真不知道怎样处理这局面。到清华园火车站,才进了学校南门,又走了一阵,才见到二校门。报到后,由苏高中毕业的校友接待,那是清华物理系的四年级学生殷大钧和三年级学生何凤元,他们见我很瘦小,不到1.50米高,又不会说北京话,主动将我安排和他们住在一个宿舍。他们知道我是那个写《梦游清华园记》的新生,也知道陈寅恪很欣赏我的廿四史的答案,是双百分的新生。当天下午就陪我去燕京见了四叔。那时四叔在清华也很有名。他们也见到了四叔,四叔也感谢他们,希望他们多照顾一下我这个小孩。其实那时我已18岁了,只是生得瘦弱而已。后来才知道,他们都是当年清华地下党的领导,殷大钧后来在联合国成立大会(1945年)上是中国团的中共代表,讲得一口好英语;何凤元是解放后首任民航局长。那天晚上,他们给我讲了清华的科系情况,他们说杨树达和陈寅恪都是清华文学院的名教授,和同学关系都很好,也介绍了文学院的其他学者,如冯友兰等。到第二天早晨,报纸上登载9月18日东北沦陷的惊人消息,学生议论纷纷,要求抗日,反对不抵抗的投降政策,要上街游行,要到南京去请愿等等。罢了课,学生组织了军事训练、卧轨请愿等一系列活动,这是在中小学中从来没有见过的气氛。我也非常激动,连文科和历史也不想学了。那时清华还没有工学院,殷大钧和他们这些校友就指点我转入物理系,而且说注册选系是注册中的主要大事,我可以不选历史或中国文学系,选物理系就可以了,不过物理系历来收的学生不超过10人,我这一级一共招了132名新生,报到的只有108人,实际落实的只有99人,要进入物理系可能有困难。他们和我制定了一个找吴有训主任磨的计划,我去登了记,第二天吴有训就接见了我,说我数学、物理考得很差,都只有十几分,历史、国文都是满分,我的文章全校都知道,还是学历史好。我说东北沦陷后,觉得中国没有大炮、坦克、飞机不行,吃了几十年败仗,历史打不了仗,坚持要进物理系。吴有训这时不答应,甚至说陈寅恪、杨树达和他都是熟识的,就没有听说过历史、国文不能救国。这样我每天守在吴有训教授办公室不走,泡了一个星期,还是未获同意。后来殷大钧他们出主意让我去见理学院院长叶企孙教授,谁也想不到叶企孙教授和大家想的完全不一样,他认为青年学习志愿和国家前途结合起来是国家有希望的一个重要环节,应该鼓励。还说改学科学对学生来说是有困难,但这不是不能克服的,因为各学科只要学到家,其基本原则都有相同之处,其不同之处只是素材不同罢了,只要决心努力,没有不可克服的困难。他说,他去劝吴老师,让我试读,给我个机会,希望我能努力克服这些困难。但他指出,不要因为不学历史了,使陈寅恪老师不高兴,因为他非常希望我进历史系,我在"九一八"事变后,没有去登记选系,可以和叔父商量,只要有叔父出面,他们关系很好,问题是可以解决的。在这次见面以后,我觉得叶企孙是一个非常爱国的物理教授,而且知识面很广,对青年很关心。叶企孙后来为我国科学界培养了许多有贡献的科学家。我在当天就到燕京见到了四叔,说了我要学习物理的心愿,想不到四叔不仅没有阻止,反而非常高兴,说我父亲在生前只希望我能上大学,那是因为我家从来没有人上大学,都只是中学毕业生,都不过是当中小学教师。因为家里非常穷困,要改变家庭的处境,才是这样想的,上大学只是为了自己家庭。现在我进了大学,而且清华有很多大学问家当教授,清华用的庚子赔款,不受国内政治影响,最近赶走国民党派的罗家伦校长,换了个梅校长,内部没有明争暗斗,学费很便宜,每学期只交十元,我又有了奖学金,所以他非常放心。我要改学物理,这是科学救国的思想,比为了自己的出路上大学不知强多少,他对我的成长很高兴。至于陈寅恪教授的事,他说他会去打招呼,为国家的前途,多一个有远大抱负的人,谁都会高兴的。他还说我太像我的父亲了,说父亲处理事情都是考虑到各方面关系的,安排十分妥当。而他就没有这样的能力,想做一件事,也很努力,但就不会考虑这些人事关系。几日后,传来消息说,四叔和顾颉刚找了陈寅恪,大家觉得为了国家改学物理,应该支持。我也被物理系吴有训教授收为物理系的试读生,但一年级学年考试一定要数、理、化三门课都得70分以上才可成为正式生。不少人为我的冒险担心,我的身体和精力能不能过这个关,四叔也有这种担心。每个星期都要问一下受得了吗?吴有训的大学物理课讲得很好,和中学的物理教师很不一样,每堂课讲一个问题,这个问题的来龙去脉和每一阶段历史上发生怎样的错误概念,后来用什么实验改正了这些错误概念,这些概念又怎样在实际问题中得到应用的等等,讲得非常清楚。有时还要讲一些这些概念适用的限度。每星期讲五次,每次一个钟点,星期五这一课在最后一刻钟或二十分钟,还要出一个概念题进行测验。我也很用功,但用的是学中文的死记硬背的办法,七八个星期过去了,测验没有一次是及格的。吴老师找我去谈了几次话,说我这些学习方法不合适,死记硬背就是学历史也不合适。贵在学懂,懂了就会记得,而且是活的,死背不懂容易忘记。他指导我,上课连笔都可以不拿,仔细听,下课后,应该花两三分钟时间,回忆一下这堂课讲的主题是什么,晚上把当天课上学的内容写个简要记录。如果不懂可以记下来,要有一本小本,把每天不懂的写下来,有空翻翻,把懂的划去,时间长了那些不懂的东西,在学了新东西后又懂得了,不一定要学懂了一切才学下去,可以把不懂的东西背下来,只当它是对的,在以后经常用这个背下来的东西帮助你学新东西时,那些不懂的东西也懂了。他还告诉我实际在我学中文或历史时有不少也是这样学的,只是不自觉而已。这样,在吴有训的不断教导下,我渐渐改进了学习方法,困难也渐渐少了。第二年起就转成了正式生。我们这班第七级物理系的学生,一共也只有十名同学,毕业时还有七名,一位因病去世,一名转了系,去学经济了,另一名因为家庭关系,出国留学了。

四年大学期间,并不平静,有榆关抗日、有喜峰口战役、有百灵庙战役等。1933年的何梅协定,中央军撤离黄河以北时,曾停了两个月的课,四叔和大多数教师都回江南去了。我和四叔、祖母和张一贯婶母全家都回到苏州,碰巧周培源教授和他的新婚夫人都逃难住在苏州一个宅子内,从那时起认识了周培源教授和他的夫人及他从宜兴来的妹妹。周培源和四叔也是那时候才认识的。物理系毕业后,就有两个选择,首先是我考取了中央研究院物理研究所的实践研究生,每月工资100元,全国只考取了一人,所以,这是一个好机会。其次,我也考取了清华物理系研究生,每月只有60元津贴,说起来60元对我个人是足够用的了。但是家里还有母亲和三个妹妹,我的弟弟是1930年夭折的,大妹在苏高中读书,四妹和遗腹子七妹也有10岁上下了,都在荡口,依靠义庄的津贴和在四叔的帮助下生活。祖母一半时间在北京四叔家住,一半时间和我母亲住,婆媳之间的关系是在艰苦生活中结成了组合的习惯,谁也无法解除她们那种说不清的习惯关系。四叔说,我读了大学,了结了父亲和他的心愿,而且也超出了他们的心愿。现在看得很清楚,不进研究院,还不算完成学业。家庭生活的问题,还是由他来管,反正祖母和母亲没有法子分开,我只管读下去。这时吴有训还给我申请到商务印书馆的高梦旦奖学金,每年300元,可以连得三年。这样加上我在清华研究生的奖学金,可以对付生活了。我就选择了留在清华,读物理系研究生。四叔父认为我这一决定很有远见,不要见小利忘大义,通过学习提高学术水平,才是最重要的。

  不料在读研究生时,1935年底,冀东日本人用汉奸殷如耕搞所谓冀东自治运动,从而引发"一二·九"学生运动。"一二·九"、"一二·一六"两次大游行遭到宋哲元的军警镇压,接着就是大罢课,组织宣传队四处宣传抗日。我和物理、化学系的同学为主组织了自行车南下宣传队,那时上海和南京的学生组织了示威游行,到了南京,砸了教育部,被蒋介石镇压了。1936年1月15日在南京,全国学生代表听蒋介石的训话,清华大学派了学生会的代表四人去南京听训,我们这个宣传队受北京学联的委托去反对学生伪代表,于1935年12月22日从北京出发,骑自行车经过两星期奋斗,经天津、德州、济南、徐州,在1月13日到了南京,而且在北京、天津发表了反对伪代表的公开声明。一路上,南京派的军警,在蚌埠和浦口拦截,但我们走了小路,未能拦住。14日到了中央大学,与学生会见了面,晚上到了金陵女子文理学院,印好了传单,但在15日上午全体被捕。这时,梅校长、四叔、顾颉刚和苏高中的前校长派人营救,说服了当局,全体22人通过铁路押送到郑州,到郑州把自行车也还给了我们,送出郑州后,自由返回清华。据说,他们证明我们大多数都是理科学生,而且有好几个都是研究生和优等生,完全是出自爱国之心,要求抗日,不是共产党,只要蒋介石领导抗日,他们不会来反对的。

1936年,学生运动不断,到12月12日,发生了西安事变。宋哲元也提出了抗日的要求,好不容易逼着国共合作,到1937年走上了"七七"事变联合抗日的道路。

"七七"事变后,清华被占了,我和四叔没有立刻离北京,我住在四叔家。当时四叔一心一意在修改已写成的《诸子系年考》。他每篇稿都要改很多遍,不只是改几个字,而是一大段一大段地彻底改写,写完由一位文书(姓贾)给誊抄,然后再改。这时还不断阅读许多旧书古籍。北京旧书商多,旧书不断送来,这比图书馆还方便,一天要工作十余小时。他在马大人胡同后门十二号,住在后门第二进,他一个人住东厢房,四婶住西厢房,文书住中厅东侧,我住中厅西侧,有很大的书架隔开。我那时正在研究稀土光谱,白天到北京北海图书馆找资料,晚间在家研究,也很忙碌。我发现四叔父经常工作到深夜两三点,这样一直到1937年年底。当时,祖母和母亲都在荡口,南京沦陷后音讯都没有了,四叔动员我乘船到上海去探探讯息,如有可能最好走小路去一次荡口,我同意了。从北京到天津英租界,从英租界乘太古怡和的英商船去上海,到了上海后一打听,有运煤船从上海在晚间到十六圩(即现在的张家港)去荡口。那天晚上天很冷,船离开了上海后,进入长江更冷,在甲板上遇着一个也是去无锡的旅客,双方都觉得很熟悉,原来就是在公益学校的同学荣毅仁,他和船员打了招呼,和我进入了装煤的底舱,这底舱一点不冷,但又黑又脏,半夜到了十六圩,我们下船用渡船上了岸,他带我走到了八㵎镇。我这才知道他已经是第二次这样回无锡了。他说他父亲在无锡还藏在亲戚家里,也不敢露面,怕被日本人抓去当汉奸。他在上海,这运煤船是他家公司的,今年很冷,煤是从租界运出去的,不仅民间需要,日本驻军也需要。日本人对这种运煤船,睁一只眼,闭一只眼,因为日本运输力不足,借助于这种运煤船解决困难。他还告诉我,这时荡口还是无锡、常熟、苏州逃难者的集中地,不只安全,而且还很兴旺,只是北有日军,要留意。他还告诉我说这里河里的死尸,都是日本人打死的老百姓。他说到荡口有航船,这里也有轮船,日军对轮船查得很紧,日军认为乘轮船的都是上等人,都和蒋介石或英美洋行有关系。他还说,你不要戴眼镜,穿棉袍很合这里乡下人的习惯,只要不坐轮船,而坐人力的小船,一个多小时就可到荡口北街了。这样使我在早晨九点就见到了祖母、母亲和八叔、六叔、八婶、六婶,还有一家来乡下避难的上海的姑父母。这时荡口住满了各地来的避难人,各家都住宿难民,还都平安无事,不过也听见了许多日军的暴行,但听说苏州的日军暴行相对少些,因为,苏州的乡绅中有一位留日学生,参加了日本的浪人组织,而且级别很高,这位浪人比日军占领军司令的级别还高一些,由他和日本占领军的司令交涉,日军司令还听他话,从而保住了地方的一些安宁,但他不出头做汉奸。听说日本为了占领军的需要,正在修复沪宁线的火车,并传说苏州到上海的车很快就要通车,有不少人劝我等火车通后再回上海,这样我在荡口过了个年,到正月十五离开荡口。那时苏州到上海火车也通车了,和北京到天津一样,因为英美还没有参战,火车上外国人很多,日军对老百姓也没有太多暴行。我回到北京后不久,四叔的《诸子系年考》已经再度修改完毕,他正准备到上海交稿(商务印书馆预约的)。当时商务印书馆在上海英租界里,正准备迁到香港去。四叔到上海后,想到荡口和苏州去看望祖母,并想在苏州找个房子住下,然后只身去西南联大。我在天津找到天津耀华中学的教师工作,工资很高,每月 90 元(那时耀华是英租界的贵族中学),而且叶企孙教授正在天津,帮助办理在北京、天津两地尚未撤离的教师学生到内地去的工作,实际在支持冀中区抗日游击队的工作。我们学校物理系、化学系有好几个研究生或教师在做这个抗日地下工作。我们约定在 1938 年年底以前撤离天津,合伙从天津到香港,转道越南再到昆明西南联大去。我利用在天津耀华中学的工资,就筹足了盘缠费。叶先生在 1938 年 8 月去香港,想通过蔡元培、宋庆龄筹足一笔资金支持冀中区抗日游击队,我和汪德熙和苏元赫等四人是 12 月 20 日离开天津的。四婶母和在北京的三位堂弟、一位堂妹也定了在月内离北京到上海转苏州去,与我们同船到昆明去的很多是北京的大学生、教师和一些家眷。船上很热闹,在香港换了船,在越南上了小火车,1939 年元旦到达了昆明,又见到了叶企孙老师和四叔父。

在昆明时期,我和原清华大学的同学孔祥瑛再次相遇,同时叶企孙教授在 2 月被聘为中央研究院评议会秘书,必须去重庆上任,他把有关热力学的课程任务交给了我。我本来是以研究生复学的名义在西南联大学习的,现成了教师,但工作不重,高梦旦的奖学金也照发给我了,同时也准备考第七届中英庚款留学生,公开招考报名后,定 6 月考试,我有很好的备考机会。到考试的时候,昆明考区报考了四百余人,重庆成都和西安都有考区,全国考生有两千人。那时四叔在昆明,他和傅斯年有矛盾,傅斯年因为四叔在北京时和胡适唱对台戏的问题一直对四叔有意见,他是看不起当时的北京教授中的几个土生土长没有留学过的文人的,如蒙文通在抗战以后就辞去了北京大学的职务,到迁往成都的齐鲁大学任文学院长。四叔也是一个连大学都没有上过的教授,傅斯年对四叔横加攻击，一方面说钱穆抗战后，一年多居住敌区不到校，一方面还说他在宿舍里丢了钱，钱穆有嫌疑。四叔一怒之下辞了职，罗忠恕听说此事后就请四叔上成都齐鲁大学去。那时，我刚参加完中英庚款留学生的考试，孔祥瑛在西南联大毕业了，我们决定结婚。我们的婚礼很简单，不行老式婚礼，只请了老师和同学们一席喜酒，而且时间很紧，三天前通知，由物理系的傅承义和化学系汪德熙他们操办了一切，中文系、物理系的系主任和教授、同学们都参加了。主婚人是四叔，四叔为此而晚离开昆明。介绍人、证婚人是朱自清和吴有训，在酒席上宣布一下就结了婚。在这一点上，四叔很满意。女方代表是祥瑛的叔父，他是清华的地理学教授，因为有病没有来昆明，但是两家都通了话，所以四叔一人主婚代表了男女双方。过了十天，中英庚款留英公费生就发榜了，联大考取了八名，我是其中之一，这八名在联大都认识，在联大的教师宿舍内都住在一个院子里，而且都参加了我的婚宴。四叔办完我的婚事后就先返苏州看了我的祖母和四婶，住在耦园的房子（现在是一个开放的园林建筑），当时，祖母和四婶一家住在里面，一直住到解放。

四叔大概在半年后就到了罗忠恕的华西大学文学院。华西大学本是加拿大多伦多大学医学院在成都设立的医学院，以牙科闻名，在抗战时增设了文学院。罗忠恕是文学院教授，也是四川省立图书馆馆长。四叔到华西大学以后，华西大学很尊重他，设立了一个中国文化书院，讲中国文化，他是这个书院的院长。从此他为传播中国文化，做了很多工作。蒋介石在青木关建立中央训练团时，就请了不少文化人士在那里讲学，冯友兰等都在里面，四叔在那里讲了不少次。毛主席指责反动文人钱穆，就是指这件事。其实傅斯年是导致这事的祸首。他和傅斯年对抗，傅斯年在台湾还红时，他就一直留在香港艰苦地生活，办了新亚书院。一直到傅斯年在台湾去世后，四叔才辞了中文大学新亚书院的职去台湾养老。

我们考取了中英庚款公费生，第一年因为欧战开始，没有去成，第二次因为反对中英庚款办的护照有日本的签证而退掉轮船船位又没有去成，第三次才于1940年9月从上海去加拿大。当时英伦三岛受德国火箭攻击，而加拿大还没有独立，属英联邦，许多英国学者都到了加拿大，所以我们转到加拿大去受学。在上海登船以前，四叔特别从苏州来到上海送行，和我在上海复旦大学上学的大妹、那时在上海的四叔在清华的学生胡嘉以及华澄波的侄子华锡和一起照了张相，这张照片我一直保留到今天。四叔这时又提起父亲在世时希望我能上大学的事，说他们兄弟都没有上大学，处处被人看低，现在我不仅上了大学，而且在七房桥可能是第一个出洋留学的。希望我好自为之，为我们家争气。其实我出国，绝对不是为了自己、为了家庭，而是为了国家，我是想学科学、走科学救国的道路。

　　1946年，我从美国辞职回国，用的是返国探亲的名义。5月到上海，那时，日本已经投降，四叔家已经住在苏州。1948年春，四叔任无锡江南大学文学院院长，他的大儿子钱拙亦在江南大学学习，而且是地下党员，但他不知道。四婶和其他堂弟妹则住苏州，祖母已经去世，母亲和七妹还住荡口华倩叔的家，华倩叔、华澄波、华幼帆都去世了，我就带了七妹到了清华大学，一月后孔祥瑛带着我出国后才出生的儿子钱元凯也来到清华。那时清华正在复员，国民党接收大员把值钱的家具地板都接收去变卖了，发了接收财。清华可以说是四壁皆空，我们一批先到校教职员，夜以继日地加以整理修理。9月又开学了，接着解放战争开始。三年后，南京解放，四叔到了广州，广州解放，四叔又前往香港。四叔在香港还在宣传他的中国文化。那时，张一贯在苏州病逝了，四叔的子女们：钱行在苏州某中学任教师，钱逊在清华入了党。四妹钱易在上海同济大学毕业后也到了清华土木系，那时土木系主任是陶葆楷，是无锡陶家的，就是那个南坊前镇钱陶不能通婚的陶家，陶葆楷还有个姊姊叫陶葆柽，是清华八级的化学系毕业生，和当时的物理系青年教授任之恭结了婚,解放后去了美国,"文化大革命"后任之恭夫妇回国访问,深受国内欢迎。钱易就在陶葆楷的土木系任教师,后来送出国去学了环境工程。六妹钱辉一直在洞庭东山任小学教师。

  我在一次到香港时,无意中知道四叔是中文大学新亚书院创始人,我去参观了钱穆图书馆,才知道四叔辞职后曾访问了美国哈佛等校,和现在的四婶在香港结了婚,已迁居台湾。中文大学的校长为让我和叔父见面,就请我去讲学,同时也请四叔去中文大学讲学,使我们在相隔四十年后,得以重新见面。四叔问到家中的一切,其实,那时六叔、八叔都已逝世,堂弟都已经结婚,不少人入了党,六叔的儿子钱慈明还是无锡轻工业学院的党委书记。八叔一直没有儿女,八婶解放后在荡口还是五保户。我希望他回家看看,但他是《毛泽东选集》上称为反动文人的人,他不敢回家,他说他还不能被人相信。他现在在写一部《朱子新义》,快要出版,这可能是最后一本书了。他知道他的《八十忆双亲师友杂忆》内地有翻版。他对于毛主席决定抗美援朝和反击印度的行动是很拥护的,认为这是大长了中国人的威风,对于毛主席的诗词也很赞赏,还要我找一本带到香港来。但是,他就是不敢回大陆。以后我们还在香港见过几次面,钱易也曾作为我的秘书去过一次香港与父亲见面。他还是怀念祖国、怀念家乡的一切的。有一次他特别告诉我,我父亲的明版《资治通鉴》失踪已久,一次忽然在香港的一个旧书铺中见到了,他买了下来,现在在台湾素书楼,以后一定想法还给我,这是我父亲的东西,应该是我的传家宝。十年前,四叔逝世了,我没有能在他逝世前再见上一次面。

  四叔是一个有浓厚中国文化修养的人,他深爱着祖国,只是种种经历,使他成为游子。现在四婶把他的遗著整理出版,让人家能够从书中看到他的全貌,我们应该感谢在台湾的四婶。

对于新疆大开发的几项建议*

前言

本建议包括新疆大开发的五方面的基本建议,它们都涉及开发新疆的基本问题。不解决这些问题,新疆就谈不上开发,新疆广大群众就无法奔向小康,进而富裕起来,民族矛盾也无法解决。如果不在这 20 年中解决这些问题,新疆人民就无法从农业社会向信息社会和知识经济社会转化。这五个问题是:

1. 水源的开发和保护。

2. 发展节水农业和节水牧业。

3. 为了解决农产品和牧业产品向内地运输的问题,以及国防建设的需要,必须建设的三条铁路大动脉。

4. 为了提高农产品和牧业产品的经济价值,应该以棉纺、毛纺为重点发展纺织工业。同时为了发展节水农业和节水牧业,应该积极在新疆发展喷灌机械及其他工业,发展水力发电给电网及成套的喷灌网络,为农业和牧业服务。

5. 建设有新疆特色的历史文物风景旅游点,包括:① 吐鲁番、鄯善、交城、楼兰古城等旅游点。② 阿尔泰山脉友谊峰下的冰川群,铁热克提湖、熔网古湖等高山湖群,夏季牧场,以及阿尔泰东

---

* 写于 2000 年 8 月。

侧成吉思汗三世的古石堆墓为一体的夏季旅游区,风景奇美,有东方瑞士之称。③ 以喀什为中心,包括清真寺、香妃墓及和田地毯业、维吾尔族居民区等。

1. 水源的开发和保护

新疆以干旱闻名,由于长年雨水失调,如今日益缺水。新疆南北有额尔齐斯河和伊犁河流向境外,额河年流量约 80 亿方,伊犁河约 40 亿方,由于源头的山区森林在近年来过度砍伐,流量日益减少,而且流域中既无良好水库,又无发电及良好灌溉措施,几乎全部白白无偿送往国境以外。最近实施的"1515 工程"的额河修建了一个容量不大的水库和调水 25 亿方向南供克拉玛依和乌鲁木齐(调水中流失也很大),除此之外,并无其他措施,伊犁河除有少量灌溉工程外也无其他根本措施。为此,特作如下建议:

① 在额河中下游按梯级开发原则在哈巴河以下、巴尔津以下和巴尔津阿尔泰之间修建一个 30～40 米落差的水电站,让额河水在国内发电后再流往国外[注1]。所发电力可以用来在额河提水喷灌福海两岸和额河北岸牧区;并用来发展额河北岸的玉米生产,解决冬季牧场的饲料问题,从而解决牧民的冬季定居问题。在额河两岸建造更多的水库,以在国内蓄水,以备大量发展北疆的喷灌之用。② 建议投资建立喷灌技术公司(生产聚乙烯管道、不锈钢喷水喉以及修建灌区,建立水塔和维护服务之用)。③ 为了发展这一方面的工程材料还应该建立就地取材的高质量的水泥厂[注2]。④ 建议即日起,在阿尔泰、富蕴以北地区严禁采伐森林,并发动造林。

注1:额河区域修建水库有三种可能:① 在阿尔泰以东、富蕴以西的山区水库中,可以扩建以隧道串联的蓄水水库。② 在哈巴河(额河支流)上游修建哈巴河水库(现有的水库为地方修建,为了节约费用,不很合用,流失较大)。③ 在现在额河上区水库和乌仑古河之间,有一个很大容量的低地,在福海以东可以研究全部或部分修成新的水库,这个水库可以用来灌溉乌仑

古湖以南的准噶尔盆地之用。

注2：阿尔泰山脉的西南区域，是石质山冈，盲目采伐已经毁掉一大片森林，几十平方公里内已经毫无生机（不可能再造林，也无法成为牧区），也许可能用以生产水泥。

伊犁河有两大源头。东源发生在天山山脉巴音郭楞蒙古自治州内天鹅湖冰大板附近，在天山中西流，经好几个县，到达伊宁后流入到境外称伊犁河，是唐僧取经走的路。在伊宁地区会合了从帕米尔高原东流入我国境内的特克斯河，在特克斯和巩留地区都可以修水库，这些水库的修建可以灌溉该地区很多农户区。建议：① 严禁在天山冰大板方圆 100 公里内伐木。这片森林是伊犁河的水源林，而且这里是石山和寒冷高山，林业不易再生，离乌鲁木齐很近，这也是乌鲁木齐和天池的生态林。② 应该修建梯级水电站，不使 20 亿方水白白流向境外。

塔里木河是从帕米尔高原流入我国南疆的一条大河，塔里木河的源头很多，分布从喀什到库尔勒市约 600 公里之广，现在完全属于自流状态。大量流水渗在塔里木盆地的边缘沙漠区域。50 年前，除流入博斯腾湖外，还流入胡杨通道和若羌的巴音郭楞蒙古自治州，晚近，塔里木河的水已经进不了胡杨通道，胡杨亦已死光。建议：① 塔里木河的主干道应该修建正规防渗河堤或河岸（约长 4 000 公里），防止河水渗到沙漠中去。② 喀什居民区内应该建立自来水供应管道，既能保证水的供应，又能保证卫生，同时防止了无谓的流失。③ 保证胡杨通道的供水水道，使若羌发挥更重要的作用，这点在将来国防建设上很重要。

寻找昆仑山北麓塔克拉玛干沙漠南侧之间从和田、于田、民丰、且末、若羌一带的地下水资源，并开发利用。这一地区的地下水估计很多，可是在地下较深处，估计在 400 米以下，和田已经发现有丰富的地下水，只要 200 米以下就能得到水，但要现代化钻井才能开发。油田现在亦已利用了这一水资源。这些水是西藏高原中部和西部的雪山向北一侧的雪水从昆仑山南侧渗入地下，流入这一地区地下而形成的，储藏量很大。我们应该探测开发这一巨大资源，用来开发这一广大干旱地区的生活用水和生产用水。建议：① 从和田开始每50公里，作一探测井，一直到若羌，也不过20个探井。有了这一探测，我们就可以开发二十多个居民点。② 这些居民点的生活用水可以用管道供应，并推广喷灌技术。该地日照很好，昼夜温差大，只要有水，就能得到很好的农业收成。

从额河和塔城交界地区到阿拉山口、葱岭以及伊犁河出口的边界地区有许多小河，是从我国流向哈萨克斯坦共和国境内的。哈萨克斯坦在靠我国边境的几十公里的范围内，有大大小小几百个水库，其中最大的是阿拉木图西北的巴尔喀什湖，其大小有我国的太湖那么大。其次还有额河口外的斋桑泊，就是李白的出生地叶羌，即原来的鲜卑族聚居地区，这原来是我国领土，后来划出去的。建议在我国边界内所有流向哈国的小河流，不论大小都修建水库，或导向我国边境后方的较大水库。其中尤其是阿拉山口和葱岭后方的赛里木湖和精河，有不少小河原来是流向这两个湖的，但现在大部分都在山区流域中流向境外去了。我们可以非常容易地把小山溪的流向改变一下，让它们流向赛里木湖和精河。这两个湖泊都是高山湖泊，我们可略一加高下游河堤，就能增大容积。只要采用管道及喷灌技术，就能大量增加下游的垦区，即天山北麓和精河以东南地区的垦区。这一区域原来种植大量西瓜，也有可能发展水果生产和粮食生产。

乌仑古河发源于青河以北和阿尔泰东边的森林地区，但曾过度采伐，水源产生春汛现象，而且乌仑古河自高地流向福海时，流经有80公里的一段好像是高30米的人工高堤，在高堤以北是一片寸草不长的低地，其南侧为准噶尔盆地的边缘，在乌仑古河和福海连接地区是一个军垦农场（好像是农七师），这个农场有约一万亩地，都用漫灌的办法进行灌溉。每亩田每年要用1 000立方水，浪费很大。而且这样灌溉一定要平整土地,而在这区域土地东一片西一片很分散,并没有大片平地可供漫灌。我们参观现场时,经常遇到各块田地间的土路上满地是水,车子都通不过。福海是一个修在高地上的大水库,年久失修,靠西靠南一角,已经有水外溢。我建议重修乌仑古河的堤岸以及福海的堤岸,用水管引出乌仑古河,用喷灌技术开发南侧的大片准噶尔盆地北部区域,同时用水管从福海向西引出,用喷灌方式灌溉福海西边的大片长期荒芜的戈壁滩。这是巴尔津以南的丘陵地带,不用平整,就能把它变成冬季牧场,找到冬季牧场的牧草生产地。这样可以大大增加阿尔泰地区的牧业生产(可以增加 4 倍以上),甚至可以把一些冬季的定居点设立在额河两岸,用这些地区冬贮牧草。

2. 发展节水农业和节水牧业

前面已经提到了发展喷灌技术的必要性。据闻石河子农场和奎屯地区的农八师已经在发展喷灌技术,虽取得了一定成果,但还有技术问题、产业化问题没有解决,也可能没有得到普遍重视,还没有听说用它建立新式的牧场。同时还需要研究喷灌的时间问题。我们晓得新疆是干旱地区,日照很好,白天和晚间温差大,整个地区长期没有发展农业,因此病虫害很少,这是为什么棉花能得到好收成的主要原因,这也是为什么瓜果能够优质生长的主要条件。既要喷灌,又要有好的日照,其必要条件是喷灌必须晚间进行,如果日间进行,日光就让喷灌的水点和雾吸收了,减低了日光的能量;同时,不少水点还没有着到地就给日照蒸发了,没能起灌溉的全部作用,我在农八师垦区中看到的就有这种情况。有些地形环境下,喷灌区还必须用水塔,水塔可以在白天用水泵提水,晚上放水。不同地形应有不同的有效网络分布,所以需有不同的设计。为此,应该有管道网络设计和建设的服务公司,使喷灌区的建设耗资最少,效率最高。新疆冬季的气温一般都在零度以下,喷灌都停止使用了,所以在冬季以前必须放空管道中的全部积水,无需有防冻措施。因此,必须建立喷灌技术公司,管理聚乙烯管道及接头、不锈钢喷头和水塔、水泵的安装、管道的网络设计以及维护工作。同时,各项费用可以由垦区分期付款解决,但牧区所费则必须考虑到牧区的现状,分期付款有不同的办法,或者由政府负担前期款项。这些公司可以让沿海地区来承包建立。

按原则讲,滴灌比喷灌更加节水,但滴灌的基本建设耗费巨大,效率高一倍,投资高三倍(管道多),在我国还不宜采用。

全国西北以及华北、东北为了节水,都应该推广喷灌,因此设立喷灌技术公司是必要的。

另外,在南疆设立打井公司也是必要的,各个地区的地下水深度可能不一样,一般在 200~500 米之间,若羌以东可能还要深一些,但是为了开发昆仑山北边的资源,这是必需的。

3. 修建三条铁道大动脉

新疆只要解决喷灌问题,农业和牧业生产就能大规模发展,例如北疆的牧业,只要有足够冬季的饲料,立刻就能翻一番。如果引进好羊种,如克什米尔的羊种,羊毛业就能大发展,如果引入青海野生羚羊或和本地羊杂交,就能得到好羊绒的羊种,价值就能大大提高。又如北疆哈巴河还有约 200 万亩的待开发的平原可以种植小麦(和加拿大小麦区的条件类似)。大量的农牧产品必须与外地的生活产品如乌鲁木齐的煤交换,铁道就是必要的。建议考虑修建北疆和大陆通道相连的铁路。即从乌鲁木齐经石河子、奎屯(这一段可以用国际大道)、克拉玛依、布尔津,并连接哈巴河到阿勒泰市、富蕴、青河的铁路,以及从克拉玛依到塔城支线的铁路,这一铁路亦是国防所必要的。也可以用作为开发铁热克提湖区以及友谊峰下的冰川群和高山湖群旅游区之用。

自伊宁和乌鲁木齐连接的铁路据说已经决定修建,我认为这是很重要的,但对如何离开大山,我觉得还有更好的线路。按现在的公路,由于赛里木湖山口和伊宁之间落差很大,这一条路虽然可以不修隧道，但爬高的困难很大，运行费用也很大。我认为在伊宁东北山区开一隧道要方便得多，其位置应该在离伊宁30～40公里处，出口在阿拉山口和精河区域，隧道长度大概在10～20公里之间，水平高度大概比伊宁高出30～100米，比精河低2 000米。按现在我国隧道工程技术，开这样的隧道并不算很困难，但伊宁车站不一定很靠近伊宁，可以比伊宁市现有水平高100米左右，用公路连接，这是完全可能而且合理的。还有一条铁路，可以通特克斯区域的东南山区，打一隧道与阿克苏、喀什相连，这样对于搞活南疆经济有很大好处。

最后是否可以在南疆和田、民丰、且末、若羌寻找地下水源成功以后，考虑从喀什市出发修建一条铁路，连接南疆、若羌、青海海西蒙古族自治州格尔木市，然后在巴颜喀拉山北麓沿着黄河上游向东进入甘肃、青海、四川交界处的南屏一带，连接四川广元和成都。这是一个待开发的资源非常丰富的区域，是一条富有战略意义的铁路线，在西端是印度称为拉达克的我国领土（这是克什米尔和我国并未划界的区域），印度对克什米尔一直有野心。我国如果从四川修铁路连接起来，就可以用四川的多余人口充实发展这一区域，从而充实西藏西端的班公湖这一区域。这一线的中段经过柴达木盆地南边，有了这一铁路，柴达木的资源可以直接支援四川的工农业建设，从而从西南出海口北海港连向世界各地。其次这一条铁道有西藏作屏障，非常安全，离资源又近，有大量的文化较高的四川人民的支持，可以发展军事研究事业，如航空、航天、核技术和各种国防工业，是真正的"三线"，是最有前途的大西北战略地区。顺着这条铁路还应该建立天然气管道，把天然气输送给四川和重庆等地区，将来成都、重庆是开放地区。这条铁道沿线不一定宣传开放或者可以是半开放地区。我国总得有一个发展得很好的"三线"地区。

（注：北疆冬季很冷，气温经常在零下30℃左右，而额河以北地区的取暖比较困难。只有很少的煤能从乌鲁木齐用汽车运去。一般老百姓都只能用柴烧，甚至有的蒙古包靠烧牛粪度日，所以，禁伐林木很困难。北疆保护森林首先要解决乌鲁木齐煤的北运问题，这也是建议建设北疆铁路的一个重要原因，再拖下去，阿尔泰山脉林木很快就要用完了，北疆的自然环境就很难改善。由于冬季燃料困难，在额河以北的冬季牧场，因供暖不足羊牛群冻死的不少，一般都要冻死三分之一左右。有些年份，减产甚至可以超过一半。如果有了煤，羊圈只要有适当的取暖措施，只要有足够的冬贮饲料，羊群就能成倍增长，牧民就能很快富有起来。而北疆牧业是主要产业。联合国于五年前就在该地区推广牧民定居试验，而这个计划的成功关键，就在于怎样解决冬天燃料和取暖保护幼羊的问题。）

4. 初级发展阶段的基础是农牧业。在这一基础上，应该注意为提高农牧业生产水平的服务业，即喷灌技术服务的工业生产、打井工程、农牧产品的深加工企业、纺织业和皮革制品业以及发展境外的市场

为了使农牧业得到更大的发展，新疆应该发展对农牧业产品深加工的工业。例如，新疆地区昼夜温差大，日照足，使许多病虫害找不到生长环境，只要改善干旱环境，农牧业就能得到丰收，棉花就是一例，其实瓜果蔬菜等都有这种特点，如百合、土豆等，我们应该广泛试种，可以得到奇效。棉花还有推广余地，如果有长纤维好品种，还可以大量推广，并设法出口，开发国际市场是可能的，美国南部的棉花，现在就垄断着国际市场。同时，我们可以在新疆发展一定规模的棉纺业，作为工业化的起点。可以根据中东各国和巴基斯坦、孟加拉等回教国家的服装的需要和市场，设计生产棉纺或棉花—人造纤维混纺为主的各种棉纺制品或混纺制品，直接打入这些和新疆近邻国家的市场，甚至直接做成各地区人民习惯的服装，在打入市场后，逐步设计各国人民爱好的款式，领导各国人民的时装潮流。同时，也可以按旅游旅馆的需求，生产大量符合规

格的床单、被单、枕套等,为发展当地旅游业用,也可以供应西北地区甚至全国各地的旅游业用。按国际规定,旅游旅馆的每个床位每天都必须换清洁的床上用具,因此,旅游旅馆每个床位都必须有三套床上用具。所以,这有很大市场。新疆完全可以从这一市场需要出发,发展一些棉纺或混纺工业,这样就不需要把新疆棉花全部按原材料运送到全国去,只要把加工好的床上用品运出去。只要价格合理、质量保证,这是完全合理的经营方式,而且有一部分还可以在邻近各国找到市场,这一方面的前景很好,关键是要有人去打开这一市场。

其次,在阿勒泰市现在就有一家皮夹克公司,用当地的羊皮制成皮夹克或羊毛皮夹克,在五年前我曾去参观过这家工厂,规模不小,成品主要销售到俄罗斯(主要是莫斯科和圣彼得堡),价廉物美,很受欢迎。这一企业完全有条件扩大生产,因为哈萨克斯坦和中亚诸国以及西伯利亚和海参崴等地区,还有很大市场,甚至像波罗的海、波兰、罗马尼亚诸国也同样有市场。俄罗斯当然还有羊皮帽的需要,如果能引进克什米尔的羊种和我国绵羊杂交,则可以保留绵羊毛多的优点又可以得到克什米尔毛长的优点,对毛纺业有很大好处。如果进一步把青海羚羊和阿尔泰的绵羊杂交,则可能得到既有好羊绒又有好羊毛的品种,则可能得到优质羊皮,成为全世界最大羊皮生产国。为此,建议现在就设立阿尔泰羊种研究中心,研究这一问题。

建议在库尔勒、库车和阿克苏一带山区大量营造干果林,十几个世纪前,这一地区是唐僧进入印度的路,有很丰富的干果林,以后康熙让从俄罗斯逃回到热河的蒙古族居住在这里以看守准噶尔部落的纷争,蒙古族不懂森林的重要性,三百年来破坏了森林,现在应该恢复这些干果林,即核桃林、栗子林等,这些干果既是欧洲、美国社交活动(咖啡茶会)的必需品,有很大的商品价值,也可以为退耕还林的水土保持生态工程服务,还可以建立干果加工业,规模可很大，普遍造福于农民。在美国有干果托拉斯（制成罐头或瓶装）可以借鉴。

要发展喷灌技术，有很多经济技术和经营服务的问题要解决，这些问题在全国尤其在华北各地都有实用价值。有人提出用滴灌办法解决节水灌溉，其实滴灌的投资要大一倍以上（主要是管子要多得多），对于水源要求也高。以色列用滴灌，因为他们那里水源更缺乏，同时他们的经济水平高，投资没有问题，规模也远远小于我们的一个省。喷灌投资较低，但仍旧高于漫灌。葡萄牙北部山区，因为生态环境的问题，也在实施退牧还林政策。实际上退牧还林即用喷灌牧场代替自然牧场，把建立喷灌设备和农民重建山林用合同的形式来实现退牧还林。我觉得我国可以派团去访问一下，研究一下他们的政策、办法和喷灌技术等问题。

组织打井公司和自来水公司来系统改变南疆的水源，改善居民的供水问题，尤其是昆仑山南麓的打井问题，可以开辟大片新的农业区，从而实现南疆的建设。

现在新疆的瓜果业，并没有用现代技术使它们成为国际商品。以哈密瓜为例，至少先可以人工选择大小尺寸一样，再经过一定薄膜涂外皮（用浸泡完成）的方法，进行保鲜处理，同时每一个瓜都贴上一个商标，用航空运往泰国和日本市场销售，甚至在扩大生产以后，可以运往美国和欧洲市场，一定能成为一种热门商品。西瓜价太低，达不到这一要求，但哈密瓜经过宣传，完全可以达到这一要求，至少我国港澳地区以及日本、韩国和东南亚这些与中国文化有关的地区，一定能做到。可以组织专门公司来经销。

其他如和田的地毯，只要改变制作思想，就是一种很好的商品。过去作为赠送的礼品，越做越大，如果作为一种旅游商品，即纪念品，保留一定民族特点（也可以设计新的图案），不要太大，便于携带，有方便的包装，并有托交邮寄运输等服务，就可以大量销售给国际游客。也可以注意制作成外宾习惯在家庭中使用的挂毯、沙发前用的小型地毯和其他小型地毯。当然,大型地毯也可以有,但销售的量是不大的,应该重视中产家庭的商品需要,对国内游客同样应该注意这个问题。地毯制作可以是普遍的家庭作坊,但销售应该以公司的形式进行,因为这里有服务的问题,家庭作坊的服务不可能达到来客满意的水平。这种经营体制,在瑞士的钟表生产业中,就发挥了良好的效果。为了保证有优质的地毯,必须有优质的毯线和优质的染料,建议建立毯线厂,向家庭作坊提供毯线(可以有各种等级的毯线)。

吐鲁番有大量的葡萄,建议发展葡萄酒业,这一酿酒业可以请山东烟台的张裕公司在吐鲁番建立吐鲁番张裕公司或哈密张裕公司,或与张裕联营的公司。当然首先应该有经济研究,看是不是合理。这一公司也可以在伊宁建立。

所有军垦农场都应该发展现代化养鸡业和养猪业,为此,可以建立现代化饲料工业和屠宰业。鸡蛋和鸡可以进入本地市场,猪肉可以供农场职工和蒙古族居民,有些内脏等可以包装后在国内其他省市超级市场销售,蛋品和羽毛只要是大规模的,都是商品。羽绒制品对寒冷地区还是很重要的商品。

假如我们能够把青海羚羊驯养,则我们可以在新疆大量驯养,它的羊绒是世界上最名贵的保暖材料,可以大量出口。

以上只是从农牧业的产品略一提供的单子。只有设法把现有的半自然经济状态的农牧业变成以商品为目标的现代农牧业,新疆才有条件发展现代化工业。这个社会转变需要人们从实践中完全转变思想才能完成,要有足够的时日来完成。以我们现有状况,至少要有五到十年的努力才能实现。江苏南部乡镇企业的兴起就是一例,他们用了差不多十年到十五年的时间。

至于现代工业,则在这个时期的后期才能启动。在农牧发展的过程里,在少数大城市应该大力发展高等教育,培养本地人才,逐步发展,这样也有利于改善民族关系。

当然在发展初级阶段，对电力、通信、水利、建筑、公路、铁路以及石油天然气的开发建设都应该积极进行。为了发展农业，也应该发展有关喷灌设备的制造工业，如聚乙烯管道的制造等。甚至为了广泛开发天然气，也可以考虑建设钢铁管道工厂。在新疆各区使用天然气的问题也很重要，但这也要逐步走。如北疆地区我主张先用铁道调用乌鲁木齐的煤炭。说到这里，新疆的煤炭自燃现象已经历了几个世纪，建议把制止煤炭自燃作为新疆开发中的一个重要项目。这是应该能够完成的，只要逐一封闭民间坑道就可以了。不过这是一个规模很大的工程，要考虑一些工程规模的措施。

总之，从半自然农牧业发展为商品经济的农牧业，至少需要五年到十年的时间，这一阶段中要重视教育，培养现代化的科技人才，在接近现代化农业的基础上才能建设现代化的工业生产。其实在农牧业生产发展后期，就能开始发展如在北疆和天山区域有丰富储藏的有色金属工业。为此，目前我们就应该加强地质调查研究，根据情况和需要来研究发展战略，务使充分发挥其自然优势。例如，北藏昆仑山南麓有丰富的硼砂矿，也是国际上唯一的大硼砂矿资源，伦敦市场的硼砂原料价格一直是由土法运出的西藏硼砂决定的，其实这是极有价值的航天火箭燃料（氢化硼）。现在我国国力还够不上，将来先要研究从硼砂生产氢化硼，怎样贮存氢化硼，怎样不使其爆炸，都需要研究。还应研究硼化物的其他用处，它可能还是一种很好的化肥。所以这里先要有人进行科学研究，才值得大规模开采。

新疆和甘肃一带还富产很多种稀土金属，但在稀土金属的化合物的应用价值方面人们都还不清楚，如有没有农业上的化肥价值，有没有在染料上的实用价值，有没有在激光的发光作用方面的特殊价值等。在国外研究得很少，那是因为稀土金属在国外是稀有的材料，人们不研究，是因为研究出来了而并没有大量原料，就没有实用价值。以前在方毅同志鼓励下,我们已经把全部14种稀土金属都分离了出来,而且都已大量生产了。但美国只买了一些,就不要了。所以,如稀土、硼钨等,国家都应该设立研究所,或者鼓励高等学校设立研究机构研究其使用价值,这才能使这些人类不太知道用处的财宝发挥其作用,攀枝花的钒钛就有这一问题,发现了还是没有价值。

5. 建设有地方特色的旅游业

新疆有不少有地方特色的旅游资源,有些还很少为人们所知晓。

北疆阿尔泰山脉中苏友谊峰前高山湖泊群和冰川群的森林牧场旅游区,它在夏季秋季很像瑞士式的风貌,是亚洲深处一个瑞士式的风景区。著名的高山湖泊(约海拔1 000米附近)有铁热克提湖和爆吸古湖(大约有江苏高邮湖那样大小),其余还有一百多个小湖,还有二百多个冰川,从友谊峰下来注入各个湖泊。全区还有一片尚未破坏的森林(约50公里的半径),森林边缘有许多夏季牧场,再往外圈的森林,已经完全采伐掉了,现在没有路,也没有桥,没有像样的旅游旅馆,只有几十人能睡的木板屋、木板床,山区的西南部分森林已伐完,一大片(几十公顷)的黑石山已经无法恢复。我们只要开发几个重要的高山湖泊,可以有游艇,在湖旁修建一些现代的旅游宾馆,不要港式的繁华宾馆,只要有100~200个床位的平房旅馆(在美国有很多这样的简单旅馆),只要供吃供住供欣赏远处山坡上的一片片森林(各种颜色)和一片片黄的、绿的牧场就可以了。游冰川只要有缆车,还有一些分散在各处的旅游点。总之,这是一处在亚洲深处的待开发的旅游点,只要有人去照些相,报上一宣传,立刻就可以成为一个热门的旅游点。为此,还应该建设一条长约100公里,从巴尔津到某一高山湖泊的公路,这条路山岗不多,要穿过一些哈萨克族的夏季牧场和森林及没有桥也能过吉普车的小溪(我就曾坐吉普车去的,那时根本还没有公路,这样的路要花 3 小时)。在巴尔津可以修一个简易机场,从乌鲁木齐到巴尔津只要一小时航程,所以从香港去只要半天约 5～6 小时就能到达终点。当然,在巴尔津应该有旅游部门设立的汽车运输站,甚至旅游旅馆。这样只要 2～3 天就能游览一次,这在香港一定能成为热门旅游点。

当然,巴尔津是原来汉唐时期一个额尔齐斯河的渡口,"津"在汉唐早期就是渡口之意,中国早期有四大渡口,即天津、河津和蒲津,都是黄河渡口,巴尔津是汉唐时渡过额尔齐斯河去叶羌的渡口,现在叶羌在哈萨克斯坦境内。在巴尔津也可以参观,清河县境内有成吉思汗的三世孙的石堆墓,他生前是成吉思汗在中亚建立的一个汗国的汗皇,死后的墓在阿尔泰山脉的森林边缘东侧。在这个游览区还可以出售阿尔泰地区的有名的玉石首饰,这是很热销的旅游商品。

第二个有特色的旅游区是乌鲁木齐以东的广大地区,这是大家所熟知的旅游区,其一是天池,是乌鲁木齐近郊的旅游点,其次是以东的吐鲁番盆地,有低于海平面的拉克逊盆地,有名的地下水道"坎儿井",有葡萄园,有火焰山,有发现大量女干尸的鄯善古国,有玉门关外西域道上的第一座石窟艺术,有 13 世纪古城"交城"遗址,还有有名的在风口上建造的大型风力发电站。在吐鲁番市设有旅游旅店,但规模不够,至少应有 200～300 个床位,同时应有汽车供应出外参观,现在车的数量不够。建议在吐鲁番设立旅游机场,这里离西域有名的古城楼兰不远,大概在吐鲁番西南方 150 公里沙漠中,只要在楼兰附近也设一机场,就可以开放这个独一无二的 3 世纪的古城遗址。这里的机场只要是简易的支线机场,我国自制的 100 人座位的支线飞机,就能满足这一要求。

第三个旅游区是喀什周围地区,喀什的旅游点有清真寺、香妃墓、和田地毯和维吾尔族聚居区(希望首先改造喀什的自来水供应,不然卫生问题会给来此旅游的外宾造成很大错觉),当然也可以看看离得不远的油田、油田公路和阿克苏市。和田的地毯作坊也可以参观。小型挂毯等也是外宾喜欢的旅游产品，甚至维吾尔族的民族服饰和帽子都是旅游产品。这些都是有民族特色的旅游资源，只要交通问题解决，都是很有价值的。

这里必须指出在乌鲁木齐还有一些旅游资源：① 有很好的恐龙化石，但没有博物馆，应该建立博物馆，陈列出来，中外游客都是欢迎的。② 有很丰富的地质宝石收藏（有关地质部门），应该陈列出来，可供旅游参观，也可以作为旅游商品出售。③ 纪晓岚读书处应该开放作旅游点，纪晓岚是清代有名的被充军到乌市的文化人。在伊宁也有许多关于收复伊犁的古迹，尤其是左宗棠的古迹，但考虑到中哈关系，是否对外开放，应予考虑。新疆旅游资源丰富，但旅游设施太差，交通也不便，应该给予通盘研究开发。新疆是民族地区，长期以来一直为许多国家所垂涎，所以在开发旅游业时，在宣传上应该注意民族关系，也应该注意睦邻关系。

如何培养有创新精神的人[*]
——在上海大学中层干部会议上的讲话

今天的话题是什么叫创新,怎样培养有创新精神的人,我想应该把这个问题纳入我校教育教学改革的目标中去。我们从四校合并以来,又进行了一系列的改革,为进一步深化教育教学改革创造了一定条件。比如院系调整,推行学分制、选课制、短学期制等,而更深层次的教学改革还是怎么教与学的问题。上海市最近二三年里花了十几个亿把上海大学新校区建起来了,现在要进一步改造我校的旧校区。这说明上海市委、市政府和上海市人民对我们学校是寄予厚望的,为我们创造了更好的条件进行改革,希望我们为上海市、为国家培养更多优秀的人才。

前几年国家颁布的《高等教育法》里明确提出:高等教育要培养有创新精神的人。什么叫创新精神?创新首先要有科学性。"法轮功"不是创新,水变成油也不是创新,这些都是伪科学。创新对各个学科同样重要,理工科要创新,文科、经济、社会、管理学科都需要创新。创新的对立面是守旧,有创新精神的人与没有创新精神的人不能同日而语。没有创新精神的人主张单纯传授知识,知识是人家创造你来传授,所以我们教育界曾认为教师只是传授

---

[*] 原载《上海大学》2000年9月1日。

知识,与现在教师要培养有创新精神的人,性质完全不一样。

什么是创新精神?创新精神不是拍脑袋,科学创新要搞清有什么局限性。科学实践告诉我们,真理有普遍性,也有局限性,超过这个局限,这条真理就成了谬误。自然科学中的定理就有很多限定,所以实验时必须在符合必要的条件时都能重复。"法轮功"不能重复,"水变油"也不能重复,一些特异功能没办法试验,所以它们是伪科学。科学就是在同样条件下,谁都可以通过实验来证明的。什么叫科学发展进步了呢?就是某些条件变了,把从前的科学真理加以改造,突破原有的局限这叫进步,叫创新。创新是生产和实验,自然界经验的总结,这总结是有条件的,社会在发展,生产在发展,实践也在发展。发展就是不断的创新。

所有的科学都有创新问题,创新就是要认识到条件不一样,所有客观规律都是有条件的,我们永远按不同条件进行改革,进行创新,我们的科学技术也是一样。例如,力学中牛顿三定律是有局限性的;能量传播在原子里不是连续性的;热力学适用的范围都是可逆反应,有很多不可逆反应不可以用。科学的进步就在于不断修正,根据不同的条件来修正,所以绝对真理是没有的,都是相对真理。人们总是想努力把相对真理修正得符合其他各种条件,这过程就是我们努力的方向,所有的革新、改革都是这条路,改革就是创新,因为原有的一套不符合社会条件,不符合整个科学发展条件,我们必须改革,建立新的学科。例如生物学就是一步步来的,开始有达尔文进化论,后来又有遗传学的一套讲法,以后逐步研究细胞。自然科学与工程学里很多学科又是交叉的,例如,第二次世界大战后发展起来的导弹和宇航,就是综合性的交叉的学科。科学是这样的,你能实现的,我达到你的条件,我同样能实现。科学的创新是这样的,就是在不同条件下达到我们所要求的目的,要看见我们有落后性、不完备性,就要去充实它、完备它,使之得到更往前走一步的条件,比如计算机。真正有创新精神的人必须眼观四方,对于各种进步都要去了解,来为自己的工作服务。我们现在的问题是太强调专业了,对于别的专业毫无兴趣,这种状况很难培养有创新精神的人。创新精神有一条,要借别人的刀来杀自己的猪,所以对科学各方面的进步都要很注意,只有这样的人才有更多的创新精神。刚刚我讲的几个例子,就是告诉大家创新有个必要条件,不能太专,要扩大我们的视听范围。二次大战以后,创新的发展是两个方面,一个是计算技术出现的信息技术,影响到各个学科;第二个就是生物技术,有时叫细胞工程,或分子生物学等等。我们必须全力推进创新精神的培养,有创新精神的人就是不断学先进的人,有些人连新的也不学,怎么培养有创新精神的人?自己没有创新精神,是很难培养学生的。创新决不是拍脑袋,要汇集各方面的创造,为我们的目的服务,要了解我们的科学技术里有什么不恰当的地方,还有没有解决的问题,才有可能去解决。

自然科学技术需要创新,社会科学同样要有创新精神。老一辈的无产阶级革命家为我们做出了创新的典范。毛泽东同志把马克思主义的普遍真理和中国革命的实践相结合,走农村包围城市,最后夺取政权的道路,这是极大的创新。邓小平的建设有中国特色社会主义的理论,是对马克思主义的创新和发展。他还对我们高等学校提出要有两个中心,一个是教学中心,传授知识,还有一个是科研中心,科研就是创新。清华大学校训叫"自强不息",自强不息就是每个人要努力克服困难,进行科研,同时进行教学。教学一定要有科学实践、有创新精神,晓得发展方向的人才能搞好,有创新精神的人就是不断学习新东西的人。我们有不少教师还在学习,学习好的东西,总的来说,我们学校还是有一些这样的教师,可是这还不够。要有大批具有创新精神的教师,才能培养有创新精神的学生。

文科也有创新,有很多问题值得研究、需要解决。比如我们学外语的目的,我看决不只是为了与外国人做生意,而是可以与外国同行沟通，了解他们的工作情况，他们在创新什么，他们已经走过怎样的道路。已经得到公认的，我们不要再走、再花力气了，引进就行了。我们的外语教学怎么办？外语教学现在不成功，学生有意见。我们有些教师英语不行，长期抱着一本过去编好的教材在教书。我们现在就想解决这个问题，要帮助这些教师过外语关。

我们应该让学生晓得我们这个学科里永远有许多问题没有解决，人家在用各种办法解决。我们要培养学生能自己挑选问题，做科研，这是为了培养自己，你做过一次就会有体会，做与不做是大不相同的。人家已经解决的问题也应该学，不晓得什么问题已经解决，你还在做，这是白费心机。可是一定要晓得他们是怎么解决的，在哪儿做的，方向是什么，解决什么问题，用什么办法解决。要掌握这些内容，供你参考，进而发现他里面有不好之处，解决得不太好等等。有的人说你没给我课题，我无法做。课题不是人家给的，而是自己找的，找题目是科研工作的重要部分。我主张我们应该培养博士生自己出题，这是很重要的一条。题目是自己找的，其实每人身边有很多题目要解决，只要我们努力去做。你没有题目就不是一个好的教师。我们的学生在新的岗位上不一定从事所学的工作，很多人是改行的，更需要你学会处理问题的方法，要自己学，所以自学是非常重要的。培养创新精神的人有一条要自学，创新是有目的的，创造一种新的手段，来解决一个生产上发展过程中必须解决的问题，或者解决本行科学发展的问题。你需要各种知识的援助，应该广泛地晓得各方面的发展，隔行如隔山，这不是一种好现象。哈佛大学的一位教师费耐尔，是学电子的，他跟生物系等其他学科的几位教师在一起座谈时，讲各自的学科里需要解决的问题，这问题可以跟别的学科的问题放在一起研究，后来他成了信息论的创始人。还有一个学科叫系统工程，也是这么出来的，是Seminar出来的，不同系的教师碰在一起研究这个问题，这是管理学科最需要的东西。

创新精神不一定是一篇论文的问题,论文是一种表达方式,你的创新可以申请专利,现在我们学校申请专利的人也不多。

现在我们教师中有个很不像话的问题,就是照本宣科。因为讲了二三十年的书,已背得滚瓜烂熟,背也已经背出来了,所以有些人放下书本讲了,但他并没有把教材内容消化,消化成自己的学问来讲,讲得有声有色。你应该晓得你讲的学问里头有多少是条件,还有多少是尚待解决的问题。比如我国的金融在发展,很多的问题都有待于研究。现在正在开发西部,河北省不属于大西北,河北要不要开发,也要开发,它具有区域性的问题,叫区域经济。区域经济的规划和发展是一种很值得研究的问题。我们这个学校有经济、有管理、有法律,还有那么多的工程学院,没有研究不了的问题。我国水资源的问题怎么解决、水污染问题怎么解决,也是个大问题。这种研究也需要创新精神才能研究。

今后我们怎样培养有创新精神的人?第一,要培养一支具有极大的创新精神的教师队伍。我们以后教学改革的重要问题就是要把学生培养成有创新精神的人,而具有创新精神的教师是首要的条件。我还主张我们对毕业生的出路问题作调查,看哪些人在工作岗位上有创新精神,得到表扬。我们国家需要有创新精神的人。我们要感谢上海市的各级领导对我们学校的支持,为我们创造了必要的条件,现在我们的关键在于教学内部改革。第二,要认真总结我们的经验,再来指导实践,把培养创新精神的工作做得更好。我们以后要自己树立典型,首先,我们必须把课堂教学与自学结合起来,不能以课堂教育为主,自学是更重要的,要教会学生自学。你讲义教材都有了,可以教学生自学,我们得相信我们的学生能自学。自学有问题,需要帮助他们解决,帮助的过程就是教学的过程。很多课程,你要安排自学的时间,为自学作指导。尤其是基础课,更需这样做,使学生认识到不懂是最好的起点,把问题记下来,经常去翻翻这些问题,将你现在懂得的划掉,到一学期下来看看还有多少不懂的,可能在新课程时碰到。

我是不相信有天才的,我相信勤奋,首先在于勤奋学习。我相信只要刻苦钻研地学,这学生一定会很好。学习要懂得科学的分析方法,教师讲案例,就是教学生认识能力、分析能力,考虑问题应该有几个过程,这就是要调查研究,毛主席一直说,调查研究很重要。

本科生教学中要多加讨论,讨论中启发大家思考问题,让他们由等待问题变成主动找,并且要他们学会讨论,不提问题不是学习,要培养他们新的思路,鼓励他们提问题,有些问题我们教师没有办法回答,一种是他们没有学到这个地步,另一种是我们教师自己不是很清楚,这个问题你提得很好,大家可以讨论。还有实验要加强,在实验室里,学生不是照教师指示的做一遍,要让学生了解做这个实验的目的。现在上实验课大家提出要先进设备,实验室不一定要这样,我在清华读书的时候,吴有训老师教大学普通物理,他亲自管实验,第一堂实验课,他给学生约10厘米长的一把尺,去量一根长木条,量三遍,是不是一样,是不是有误差,合理误差是多少,是有规律的,他告诉我们所有实验测试都有误差,天下没有绝对正确的实验,所以实验数据都在两条误差线之内。这样的实验是最基本的训练,并不是费钱的。我们每个实验都有目的,培养学生认识什么样的规律,目的是培养有科学性质的人,用科学的精神、意识来指导你的工作,这科学想法是通用的,社会科学与自然科学是一样的。

搞文科的人也有问题,比如我曾经说,文科曾研究了普通性的问题,还有许多外来语是怎么来的,比如乘出租车叫"打的",饼干叫"曲奇",日本人把原子叫"阿丁"。我们文化里头,诗词很重要,诗词讲韵律,有待学习和研究的还有许多。再比如,自古以来台湾就是中国的领土,是否可以编本台湾历史、台湾开发史或发展史,这个就是创新。又比如,文学院的社会学系和社会发展研究中心,主要研究当今的社会问题,现在社会发展中最关键的是经济全球化的信息社会问题,这个问题很值得研究。从农业变成工业社会是费孝通研究的问题,现在我们已进入工业时代,怎么样进入信息社会,这个变化使社会阶层的关系都在变化,应该研究这个问题。法学方面也有许多问题可研究。

我们面临的问题是学校要创新,教学要创新,本科教学要提高质量。我们毕业生离校后,可以了解他们毕业的情况,用来完善我们的改革。相信一定会有很多有益的意见。因为我们目前没有脱离开原来的教学形式和方法,各学科之间老死不相往来,不能互通,不能互相帮助,学生毕业后,不一定找得到对口的专业,很多人需改专业,为什么不调查我们的学生毕业后,别人用了以后怎么样? 先了解这些毕业生到哪儿去了,然后到那地方去访问他们的领导,了解毕业生情况。我们还可以问毕业生或把毕业生召回来,开个座谈会,问学生走上工作岗位后有什么问题,用人单位有什么需要,我们应该怎样改革。要创新就得这样。我们的产品就是学生,学生的就业情况就是一种市场行为、社会行为,满意不满意,有什么问题,将来如何加强我们的教育,我们很少有人做这种工作,这是真正办教育的重要一条。我们学生学习的东西应该还要多一点,不要太狭窄,狭窄了适应力就差。基础课与专业课的关系,我们正在调查,基础课学好了,学别的东西也容易。

研究生就是专门培养有创新精神的人,研究生要会研究,会研究的最大问题是会做题目,知道什么该研究,什么不该研究,哪儿需要,哪儿不需要,科研工作并不是教授给你题目,是你自己找来的题目。优秀的科研人员应该满脑子都是问题,应该了解自己这个学科哪些方面还很薄弱。本科生毕业后,他应该有问题,这就很不错了,研究生毕业更需要这样。所以研究生研究几个问题是必须要培养的,自学当然很重要,研究生将来毕业后、工作以后仍要进行自我解答。现在世界上科技杂志有两万多种,许多专业都有杂志,这个杂志使你可以了解你所提问题的最新进展情况,我为什么做,用什么办法解决,有的以老的解决办法来作台阶,有的是开辟了一个新的园地,想了新办法来解决。科研有三种:一种是新的理论和方法,解决新的领域中的新问题;第二种是用新的理论和方法,解决了一些原来不能解决的问题;第三种是运用老的理论,在应用方向前进了一步,解决一些产业中的应用问题,这也算是科研工作,也是一种创新。我们鼓励教师和学生积极开展各个层次的科研工作。

我倡议这几点:第一,今后每两个星期或三个星期,请一位教师谈你这学科里近来干些什么,发展什么,已经发展得怎样,它的重要性,还需讲他自己的想法,向全校做报告,让各路教师都了解各个学科发展情况,也就是让搞计算机的人了解半导体,不然计算机不会发展到现在这样。不要隔行如隔山,我们学会借用人家的刀杀我们自己的猪,这样的工作每两星期一次,30个星期就15次。我校学科多得很,让大家交流,促进我们共同思考问题;第二,关于研究生培养问题,首先尽量引导他自己寻找问题,现在我们研究生来了都是教师出题目让他做,那样不行,要让他自己选择,教师可以给他范围,教他怎样去查找文献、阅读文献,让他自己总结,该怎么做就怎么做,让他自己出题。那范围也可以由他自己安排,有时这个范围里教师没有做过,也可通过带研究生,自己也得到这方面的知识,可以扩大自己的眼界,知识面扩大是很有意义的,搞科研必须扩大知识面,要不就不叫博士了。一定要推广自学,举办研讨班。有的研究生已经决定了题目,想象他该怎么做,叫开题报告,大家可以讨论,促进互相交流,讨论可以产生很有益的思路,产生思想火花,这是创新的很重要的一个条件,创新必须交流,关起门来创新不了;第三,应该引导研究生自觉地查找很多文献,指导他怎样阅读文献。有的文献你只需看了题目和摘要就够了,有的文献要精读,反复地读,必须看看它的绪论,看它为什么做这个题目,其他人用了什么方法,作者有什么创新;最后看结论,结论是解决了什么问题,还有什么问题没有解决。有的只需要看研究设备是怎么回事,为什么这个实验能解决问题,他的贡献在哪儿,他用什么方法进行计算,有什么困难,为什么过去没有解决、现在解决了,仔细地看他每一步用什么样的巧妙办法,然后这种办法可能用来解决你的问题,所以阅读文献就是等于调查研究。今后,我们必须让学生自己朝创造方向发展,不是教师叫怎么做就怎么做,要让学生自己去做,教师决定他合适不合适做这个问题,例如课题的理论难度是否太大,做题目所涉及的设备要求是否太高,现有的条件不可能解决,等等。还有,题目是否太大了,三年里可能完不成任务,要缩小范围做,经过他自己的努力,保证能做出来,但不要走过场。

博士生导师自己一定是有科研任务,才能培养出有创新精神的人。我首先主张我们的博士生论文要公开,公开可以请其他院校的教师来帮助我们提高质量,我们要听取他们的意见。我想要扩大我们的博士生导师队伍,博士生导师不一定是教授,有科研项目的人都可以让他做博士生导师。现在博士生导师可以由学校聘,我们叫现职博导,现职博导不是一个职务,但有责任。我们要努力争取增加我校博士点,没有博士点的学科可以挂靠在邻近的博士点上,这样一来,希望我们能进一步改进我们的教学质量。

教学质量的提高在于教师队伍的改造,所以我们下一步对教师进行一些进修的帮助,使他能做科研,他没有博士学位不要紧,有这个能力就行。最近要从两个方面去做,第一是网络、计算机的培训,要求应该实用,能够获得需要的信息来源,做科研最关键是信息;第二是要懂得外语,学外语的目标不是达到专业外语水平,而是要求你看得懂人家的文献,这要求不高,要通过短期专业训练能翻看文献。所以,我们完全可以从实用出发学一点外文,做到能看文献,并且你要学,不学不行,我们不是做外交人员,也不是去外国做生意,我们学是为了我们的需要。

我想我们的改革已到了一个新的阶段，我们外围的环境在变化，行政环境比以前好了，硬件比从前好了，国家给了不少钱，现在就是要我们把软件搞好，我们必须要培养有创新精神的人，而不是只会背书的人，更不是培养守旧的人。

中国魔方的构造特性及其不唯一性问题的研究[*]

1. 引论

河图洛书、八卦和中国魔方是我国古代有关数字和图形的三大创造。其中河图洛书和八卦的研究长期以来受到普遍重视,在 16 世纪曾有德国学者指出八卦是世界上最早使用二进位制的创始者,比欧洲早了 30 个世纪。现代科技中,二进位制是电子计算机工作原理的重要数学基础,1946 年它由电子计算机创始人著名数学家冯·诺伊曼(Von Neumann)教授所引入,业已受到普遍重视。但对中国魔方,后人鲜有重视并注意研究,晚近顾毓琇教授等人开始对 $3\times3, 5\times5, 7\times7, 9\times9$ 等数码较小的魔方进行了研究,但是对于魔方一般的构造规律很少涉及。对各级魔方的不唯一性问题,也没有系统研究。

各级魔方是由 $1, 2, 3, \cdots, n^2$ 等 n^2 个数字排成的一个方阵,其中 n 为奇数($3, 5, 7, 9\cdots$,不包括 1),但这个方阵必须满足下列四个条件:

(1) 方阵中各个横行数码之和必须等于 $\frac{1}{2}n(n^2+1)$;

---

[*] 写于 2000 年 10 月。原载《跨越世纪》,该书 2003 年由上海大学出版社出版。

(2) 方阵中各个竖列数码之和必须等于 $\frac{1}{2}n(n^2+1)$；

(3) 方阵中左上角到右下角的对角线上各数码之和等于 $\frac{1}{2}n(n^2+1)$；

(4) 方阵中左下角到右上角的对角线上各数码之和等于 $\frac{1}{2}n(n^2+1)$。

换句话说，凡 $1,2,3,\cdots,(n^2-1),n^2$ 的方阵（n×n）中，每一横行、每一竖列、每一对角线上数码之和都相等，并等于 $\frac{1}{2}n(n^2+1)$ 者，这个（n×n）方阵才是我们要研究的（n×n）魔方。

所以（n×n）魔方有下列各种特性，(n=3,5,7,…为奇数)：

(1) (n×n)魔方有 n 个横行和 n 个纵列；

(2) (n×n)魔方所有横行和所有纵列都由 n 个数码组成，数码之和都相等，其和值都等于 $\frac{1}{2}n(n^2+1)$；

(3) (n×n)魔方两条对角线上的数码之和各有和值 $\frac{1}{2}n(n^2+1)$；

(4) (n×n)魔方共由 n^2 个不同数码组成，即 $1,2,3,4,\cdots,(n^2-1),n^2$；

(5) (n×n)魔方的中心项和(n×n)魔方的 n^2 个不同数码的平均值相等，其值为 $\frac{1}{2}(n^2+1)$；

(6) (n×n)数码最大值为 n^2。

有关(n×n)魔方的构造特性将在后文讨论。

2. (3×3)魔方：一种最简单的中国魔方，(3×3)魔方有 8 种不唯一性

下列(3×3)魔方是中国魔方，见图 1。

中国魔方的平均值是 5，在图的中央，黑体字表示，它的最大数

中国魔方的构造特性及其不唯一性问题的研究

码为9,最小数码为1,横行、纵列及对角线之和都是15。

有边界数码8个,边界数码有4对,对岸数码之和都是10,即

$$1+9=2+8=3+7=4+6=10 \quad (2.1)$$

6	1	8
7	5	3
2	9	4

图1 中国魔方

同时边界数码中有两种横边之和两种纵边之和都等于15,即

$$6+1+8=2+9+4=15 \quad （横边） \quad (2.2)$$
$$6+7+2=8+3+4=15 \quad （纵边） \quad (2.3)$$

其实在(2.1)式上加上中央数码5,即得

$$1+5+9=2+5+8=3+5+7=4+5+6=15 \quad (2.4)$$

它们分别代表魔方中间纵列,左下角到右上角的对角线,中间横行,左上角到右下角对角线的各数码之和。所以图1的中国魔方完全满足第一节所述的魔方条件的。

现在研究一下中国魔方的唯一性问题,即研究一下有多少种不唯一性的(3×3)魔方。这里必须指出5这个中央值和平均值在各种魔方仍旧是中央值和平均值,它是位置不变和数值不变的一个数码。其他数码的排列可以利用1+5+9中间纵列绕中央码5顺时针转动90°,转动180°,转动270°,得到A_2,A_3,A_4三种排列不同的(3×3)魔方,见图2。

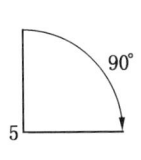
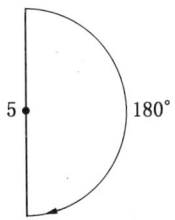
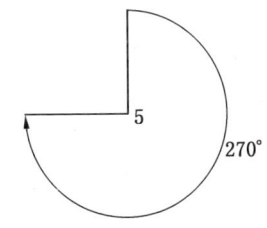

A_2

2	7	6
9	5	1
4	3	8

A_3

4	9	2
3	5	7
8	1	6

A_4

8	3	4
1	5	9
6	7	2

A_2 的顶行和底行对换，中行不变 → A_5

A_3 的右列和左列对换，中列不变 → A_6

A_4 的顶行和底行对换，中行不变 → A_7

A_5

4	3	8
9	5	1
2	7	6

A_6

2	9	4
7	5	3
6	1	8

A_7

6	7	2
1	5	9
8	3	4

图 2　旋转和上下或左右对换所得(3×3)魔方 A_2，A_3，A_4，A_5，A_6，A_7

最后我们从 A_1 的左右两边列对换求得 A_8 的(3×3)魔方。

A_1

6	1	8
7	5	3
2	9	4

左边和右边对换，中列不变 →

A_8

8	1	6
3	5	7
4	9	2

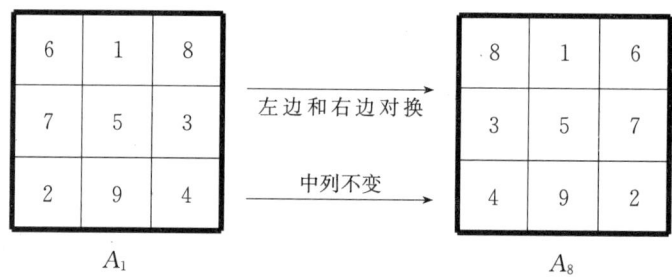

图 3　A_1 的左边和右边对换，所得(3×3)魔方 A_8

从上述变换中，我们求得了 A_1，A_2，A_3，A_4，A_5，A_6，A_7，A_8 8 种不同的(3×3)魔方。这就是说，(3×3)魔方共有 8 种排列的不唯一性。其外，我们还有多种对换同样不破坏(3×3)魔方的特性，或重复使用这些对换，但其结果，没有超过 A_1，A_2，A_3，A_4，A_5，A_6，A_7，A_8 这 8 种(3×3)魔方的。

3. (5×5)魔方的构造特点及其不唯一性的研究

(5×5)魔方可以分成两个部分：一部分是居中的核心部分，它是一个(3×3)的方阵;另一部分是16个待定的边框空格的数码,其中包括4角空格数码。如果把两部分数码合在一起,共有16+9=25数码。核心方阵和(3×3)魔方的空格都是9个,但它们的中央码不同,(5×5)魔方的中央码是13,(3×3)魔方的中央码是5,如果把(3×3)魔方的9个数码各增值13-5=8,所得结果作为(5×5)魔方的核心方阵的9个数码,即得8个(5×5)魔方的8种核心方阵(见图4)。

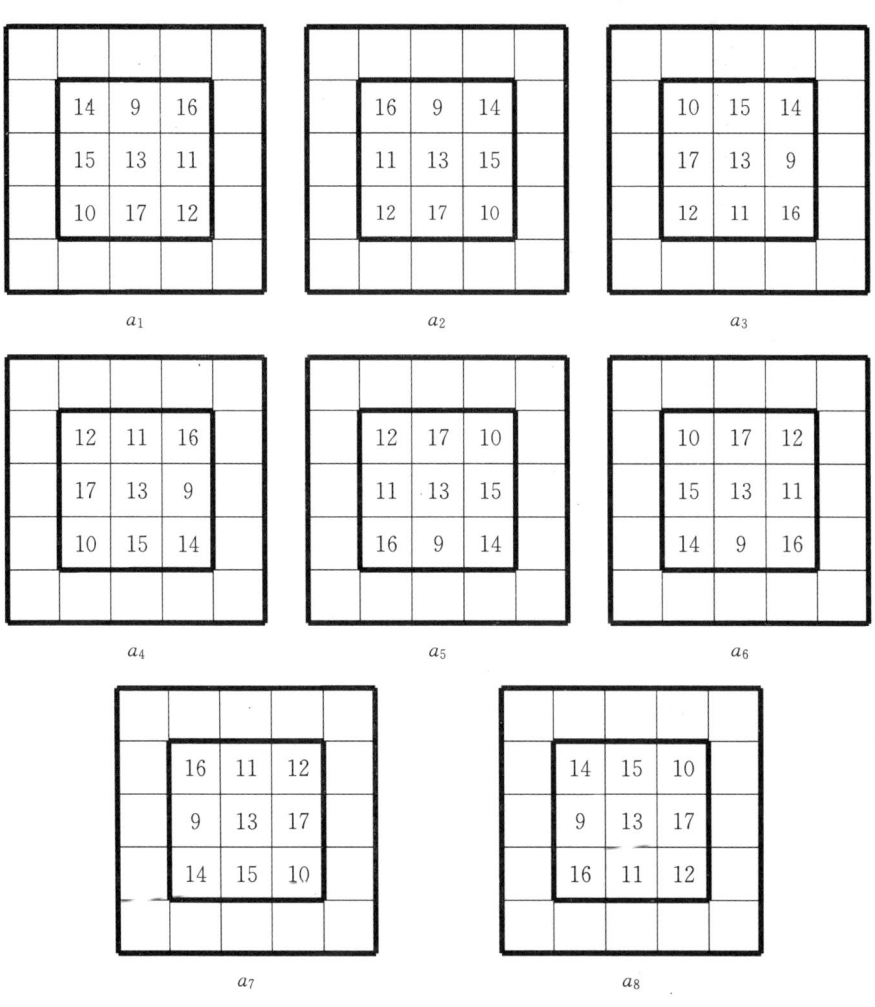

图4 (5×5)魔方的8种核心方阵

所有这些核心方阵,排列不一样,但用相同数码 $9,10,\cdots,17$。而且中央码都是 13,所有横行码之和、纵列码之和、和对角线之和都是 39。它组成的是一个方阵,不是魔方。因为魔方必须是 1 到 n^2 的一组方阵,而方阵可以是 n^2 个任意数码。

下面将研究(5×5)魔方的边界框架的数码,它们共有 16 个数码,即 $5^2-3^2=16$。很易看到它们有两组数,一组 8 个,其数码为 $1,2,\cdots,8$,另一组数码为 $18,19,\cdots,26$。它们的编排有个特点,这两组数码,应该在边框的对岸位置,应该使(5×5)魔方的所有单行、单列、对角之和都是 65,而且核心方阵的单行、单列、对角和都是 39,其差为 $65-39=26$。所有边框对岸两数码之和就是 26。我们可以用下图(图 5)来表示这些对岸数对:

1	2	3	4	5	6	7	8
25	24	23	22	21	20	19	18

图 5 (5×5)魔方上的对岸数对(上下对和值等于 26)

其余,边框上四边的 5 个数值必须等于(5×5)魔方的单行单列和对角数码之和,等于 65。根据这两个条件,我们在数码 1 在魔方顶行中央的条件下,得到下列 4 种边框排列(见图 6)。

19	20	1	2	23
18				8
21				5
4				22
3	6	25	24	7

$\bar{a}_1$

18	19	1	3	24
20				6
21				5
4				22
2	7	25	23	8

$\bar{a}_2$

中国魔方的构造特性及其不唯一性问题的研究

19	18	1	4	23
20				6
21				5
2				24
3	8	25	22	7

$\bar{a}_3$

18	19	1	5	22
20				6
23				3
2				24
4	7	25	21	8

$\bar{a}_4$

图 6 (5×5)魔方边框数码的 4 种排列,$\bar{a}_1,\bar{a}_2,\bar{a}_3,\bar{a}_4$

我们必须指出,图 6 中的边框安排,不可能有(1,6),(1,7),(1,8)等的形式,这是可以证明的,在这些边框安排中,为了节省篇幅,本文将不再详尽研究。但在这类边框编排中,还可以有多种不唯一性。例如(1,2)级的(图 6 的 $\bar{a}_1$)中,上下边界有 3 对岸码(20,6)(1,25)(2,24)是可以有 6 种排列,并不影响魔方的特色。图 7 表示出这 6 种不同安排。

亦可以说,这三对数码在进行这 6 种不同安排时,只要魔方的其他数码不变,并不影响魔方的特性,这是 6 种独立的不唯一性。进一步讲,边框左右两侧的中间 3 对数码,也有同样的 6 种独立的不唯一性。最后,如果把整个边框分成 8 部分,其中 4 个是角上数码,另 4 个边框上 4 组 3 码连在一起的集团,这 4 个角码,和 4 个边框上的集团,很像(A_1)这个(3×3)魔方,有 8 种不唯一性。所有以上所讲的三类不唯一性都是独立的,所以,(5×5)魔方边框的不唯一性为 6×6×8,核心(3×3)方阵有 8 种不唯一性,所以每一(5×5)魔方共有 6×6×8×8 种不唯一性,但是(5×5)魔方边框共有 4 种不同安排(见图 6),所有(5×5)魔方共有 6×6×8×8×4=9 216 种不唯一性,在那么多的(5×5)魔方中,我们将 4 种边框和核心方阵 a_1 组成的(5×5)魔方为(5×5)主流魔方 B_1,B_2,B_3,B_4(见图 8)。

20	1	2
6	25	24

20	2	1
6	24	25

1	20	2
25	6	24

1	2	20
25	24	6

2	1	20
24	25	6

2	20	1
24	6	25

图 7 (5×5)边框(图 6,$\bar{a}_1$)中,上下边界中间 3 对数码的 6 种不同安排,并不影响魔方的特性

19	20	1	2	23
18	14	9	16	8
21	15	13	11	5
4	10	17	12	22
3	6	25	24	7

B_1

18	19	1	3	24
20	14	9	16	6
21	15	13	11	5
4	10	17	12	22
2	7	25	23	8

B_2

19	18	1	4	23
20	14	9	16	6
21	15	13	11	5
2	10	17	12	24
3	8	25	22	7

B_3

18	19	1	5	22
20	14	9	16	6
23	15	13	11	3
2	10	17	12	24
4	7	25	21	8

B_4

图 8 (5×5)主流魔方的四种边框 $\bar{b}_1$、$\bar{b}_2$、$\bar{b}_3$、$\bar{b}_4$ 组成的 B_1,B_2,B_3,B_4

4. (7×7)魔方的核心方阵及其边框

为了研究(7×7)魔方的构造,我们必须计算下列数字:

(1) (7×7)魔方的中央值为 $\frac{1}{2}(1+7^2)=25$;

(2) (7×7)魔方的单行及单列和或对角线和为175;

(3) (7×7)魔方的核心方阵为(5×5)魔方各数量所需增值为 $25-13=12$;

(4) 边框中对岸数码的和为 $175-65=110$;

(5) 核心方阵的最小数为 $1+12=13$,最大值为 $25+12=37$;

(6) 边框数码表(图9);

1	2	3	4	5	6	7	8	9	10	11	12
49	48	47	46	45	44	43	42	41	40	39	38

图9 (7×7)魔方边框的数码对

(7) 选用有关的(5×5)主流魔方 B_1, B_2, B_3, B_4 加增值以后的核心方阵。

根据上述7项数据,我们将用 B_1, B_2, B_3, B_4 作为(7×7)主流魔方的核心方阵(见图10)。

	31	32	13	14	35	
	30	26	21	28	20	
	33	27	25	23	17	
	16	22	29	24	34	
	15	18	37	36	19	

b_1

	30	31	13	15	36	
	32	26	21	28	18	
	33	27	25	23	17	
	16	22	29	24	34	
	14	19	37	35	20	

b_2

b_3:

	31	30	13	16	35	
	32	26	21	28	18	
	33	27	25	23	17	
	14	22	29	24	36	
	15	20	37	34	19	

b_4:

	30	31	13	17	34	
	32	26	21	28	18	
	35	27	25	23	15	
	14	22	29	24	36	
	16	19	37	33	20	

图 10 (7×7)主流魔方的四种增值核心方阵,b_1,b_2,b_3,b_4

现在让我们研究以(1,2,3),(1,3,5),(1,4,7)为基础的边框构造,它是(1,2),(1,3),(1,4)为基础的(5×5)魔方的边框构造的延伸,我们将称它们为(7×7)魔方的主流边框结构(见图 11)。

$\bar{b}_1$:

40	41	42	1	2	3	46
39						11
38						12
43						7
6						44
5						45
4	9	8	49	48	47	10

$\bar{b}_2$:

38	39	41	1	3	5	48
40						10
42						8
43						7
6						44
4						46
2	11	9	49	47	45	12

39	38	41	1	4	7	45
40						10
42						8
44						6
3						47
2						48
5	12	9	49	46	43	11

$\bar{b}_3$

39	40	44	1	5	9	38
43						7
47						3
48						2
4						46
8						42
12	10	6	49	45	41	11

$\bar{b}_4$

图 11 （7×7)主流魔方的四种边框构造：$\bar{b}_1,\bar{b}_2,\bar{b}_3,\bar{b}_4$

这里必须说明，以包括 1 在内在等差三码为基础的边框构造(1,5,9)的组合为最大的等差组合。其他如(1,6,10)，(1,7,11)等都是不存在的。其原因是 1+5+9=15 是最大的和值。其他 1+6+10=17，1+7+11=19，都超过 17。我们只证其和为 17 值时，对岸的 7 项和值，不可能达到 65。当其和值是 17 时，其对岸的三项和值是 150-17=133。对岸的其余 4 项的和应该是 175-133=42。我们从其他的待用码 12,11,10,8,7,6,4,3,2 中最大的码值为 12,11,10,8=41，还不到期望值 42，所以是不可能的。所以图 11 中仅有 $\bar{b}_1,\bar{b}_2,\bar{b}_3,\bar{b}_4$ 为仅有的主流(7×7)魔方的边框值构造。

下面我们将列举一些不正规的(7×7)魔方的边框构造，即不是以等差三项为基础的(7×7)魔方边框构造（见图 12)。

39	40	42	1	2	4	47
38						12
41						9
43						7
6						44
5						45
3	10	8	49	48	46	11

$\bar{b}_5$

40	39	41	1	2	5	46
38						12
41						9
43						7
6						44
3						47
4	11	8	49	48	45	10

$\bar{b}_6$

40	39	41	1	2	6	45
38						12
42						8
43						7
3						47
4						46
5	11	9	49	48	44	10

$\bar{b}_7$

38	41	42	1	2	7	44
39						11
40						10
45						5
4						46
3						47
6	9	8	49	48	43	12

$\bar{b}_8$

38	40	41	1	3	4	48
39						11
42						8
43						7
6						44
5						45
2	10	9	49	47	46	12

$\bar{b}_9$

38	39	41	1	4	5	47
40						10
42						8
44						6
7						43
2						48
3	11	9	49	46	45	12

$\bar{b}_{10}$

38	39	40	1	3	6	48
41						9
42						8
43						7
5						45
4						46
2	11	10	49	47	44	12

$\bar{b}_{11}$

39	38	40	1	4	6	47
41						9
42						8
43						7
2						48
5						45
3	12	10	49	46	44	11

$\bar{b}_{12}$

38	39	41	1	3	7	46
40						10
42						8
44						6
2						48
5						45
4	11	9	49	47	43	12

$\bar{b}_{13}$

图 12　其他不规则的(7×7)魔方边框构造(四边的和值=175,对岸两码之和=50)(边码：1～12,38～49)

图$\bar{b}_5$到$\bar{b}_{13}$共 9 个不正规的边框构造,都是满足边框要求的构造,其三码之和都小于 11,如$\bar{b}_{13}$,$\bar{b}_{12}$三码之和 1+3+7=11,1+4+6=11,但在$\bar{b}_5$,$\bar{b}_6$,$\bar{b}_7$,$\bar{b}_8$ 这个系列中,三码的最大值是 1+2+7=10,同样我们从$\bar{b}_9$,$\bar{b}_{10}$中,可发现最大的三项和值都是 10,在这些系列中,没有能找到像$\bar{b}_{12}$,$\bar{b}_{13}$那样,其和值超过 11 的三码。

我们必须指出,(7×7)魔方可以用 b_1,b_2,b_3,b_4 中的任何一种核心方阵和$\bar{b}_1$,$\bar{b}_2$,…,$\bar{b}_{13}$的任何一种边框构造结合而成,所以,我们可以有 13×4=52 种不同的(7×7)魔方。

当然我们将主流核心方阵 b_1, b_2, b_3, b_4 和主流边框 $\bar{b}_1, \bar{b}_2, \bar{b}_3, \bar{b}_4$ 顺序搭配而成的(7×7)魔方为主流(7×7)魔方(见图13)。

40	41	42	1	2	3	46
39	31	32	13	14	35	11
38	30	26	21	28	20	12
43	33	27	25	23	17	7
6	16	22	29	24	34	44
5	15	18	37	36	19	45
4	9	8	49	48	47	10

C_1

38	39	41	1	3	5	48
40	30	31	13	15	36	10
42	32	26	21	28	20	8
43	33	27	25	23	17	7
6	16	22	29	24	34	44
4	14	19	37	35	20	46
2	11	9	49	47	45	12

C_2

39	38	41	1	4	7	45
40	31	30	13	16	35	10
42	32	26	21	28	18	8
44	33	27	25	23	17	6
3	14	22	29	24	36	47
2	15	20	37	34	19	48
5	12	9	49	46	43	11

C_3

39	40	44	1	5	9	38
43	30	31	13	17	34	7
47	32	26	21	28	18	3
48	35	27	25	23	15	2
4	14	22	29	24	36	46
8	16	19	37	33	20	42
12	10	6	49	45	41	11

C_4

图 13 (7×7)主流魔方的 4 种(基本表现为<1,2,3>,<1,3,5>,<1,4,7>,<1,5,9>都是等间隔的):$C_1 C_2, C_3 C_4$

现在让我们研究一下(7×7)魔方的不唯一性。在上节,我们导出(5×5)魔方有 8×8×6×6×4=9 216 种不唯一性。所以(5×5)核心方阵有 9 216 种不唯一性。下面我们将用上节相同的方法研究一下边框的不唯一性,从 $\bar{b}_1$ 到 $\bar{b}_{13}$ 中有 13 种边框。每一种边框,在上边框中间 5 项,有 5!=120 不唯一性,同时左右边框的中间5项也有5！=120不唯一性。如果,四边中间各项之和不变,则四角和中间边框的调正和(3×3)魔方相同,共有8种不唯一性,所以每种边框的不唯一性为120×120×8=115 200种不唯一性。最后,把核心方阵和有关边框合在一起,得(7×7)魔方的不唯一性为13×115 200×9 216=13 801 881 600种,约达138亿多,这是一个天文数字。

我们在以后讨论中,将不再详尽研究其不唯一性,只要记得,每一结论都有很大的不唯一性就可以了。我们在(9×9),(11×11),(13×13),(15×15)等魔方中,只讨论4种等间距标志码所形成的主流魔方就很满意了。

5. (9×9)主流魔方

(9×9)主流魔方的边框标志值,分别为(1,2,3,4),(1,3,5,7),(1,4,7,10),(1,5,9,13)4种,所有(9×9)主流魔方的共有特征为:

(1) 最高码为81,最低码为1,平均码为41;

(2) 边框每边9个数码之和都是369,边框数码中对岸数码之和都等于82;

(3) 全局中横行码之和、竖列码之和以及两对角码之和均为369;

(4) 核心增值方阵各为有关(7×7)魔方图 13 C_1, C_2, C_3, C_4 图增值16求得;

(5) 边框的数码见图14。

1	2	3	4	5	6	7	8	9	10	11	12	13	14	15	16
81	80	79	78	77	76	75	74	73	72	71	70	69	68	67	66

图14 (9×9)主流魔方的边框数码表

现将(9×9)主流魔方的4种结果列出如下：

69	70	71	72	1	2	3	4	77
68	56	57	58	17	18	19	62	14
67	55	47	48	29	30	51	27	15
66	54	46	42	37	44	36	28	16
73	59	49	43	41	39	33	23	9
8	22	32	38	45	40	50	60	74
7	21	31	34	53	52	35	61	75
6	20	25	24	65	64	63	26	76
5	12	11	10	81	80	79	78	13

D_1

66	67	69	71	1	3	5	7	80
73	54	55	57	19	21	64	9
72	56	46	47	29	31	52	26	10
70	58	48	42	37	44	34	24	12
68	59	49	43	41	39	33	23	14
8	22	32	38	45	40	50	60	74
6	20	30	34	53	51	36	62	76
4	18	27	25	65	63	61	28	78
2	15	13	11	81	79	77	75	16

D_2

66	67	68	70	1	4	7	10	76
5	55	54	57	17	20	23	61	77
3	56	47	46	29	32	51	26	79
2	58	48	42	37	44	34	24	80
74	60	49	43	41	39	33	22	8
73	19	30	38	45	40	52	63	9
71	18	31	36	53	50	35	64	11
69	21	28	25	65	62	59	27	13
6	15	14	12	81	78	75	72	16

D_3

				1	5	9	13	
			未能取得其解					

D_4

图 15 (9×9)主流魔方的三种边框构成及其有关增值核心方阵

6. 魔方的乘方

魔方可以用乘法求得。例如(9×9)魔方可以用(3×3)魔方乘另一(3×3)魔方求得。(15×15)魔方可以从(3×3)魔方乘以(5×5)魔方求得，也可以用(5×5)魔方乘以(3×3)魔方求得。(21×21)魔方可以用(3×3)魔方乘(7×7)魔方求得，或用(7×7)魔方乘

(3×3)魔方求得,(25×25)魔方可用(5×5)魔方乘另一(5×5)魔方求得。依此类推。

现在让我们先以乘法求(9×9)魔方。我们可以把(9×9)魔方分成9个增值(3×3)魔方。见图16。

如果(3×3)魔方取 A_1,也可以取 $A_2,\cdots,A_8$,增值后(这里增值是按 A_8 的项值决定的),很容易看到,各个(3×3)增值方阵都处于1～9,10～18,19～27,28～36,37～45,46～54,55～63,64～72,73～81 九个区段,这保证了这 81 个数是 1～81 的(9×9)魔方的数项。

既然(3×3)魔方有 8 种构造。这样合成的(9×9)魔方共有8×8×8×8×8×8×

(3×3)魔方增值 (8−1)×9	(3×3)魔方增值 (1−1)×9	(3×3)魔方增值 (6−1)×9
(3×3)魔方增值 (3−1)×9	(3×3)魔方增值 (5−1)×9	(3×3)魔方增值 (7−1)×9
(3×3)魔方增值 (4−1)×9	(3×3)魔方增值 (9−1)×9	(3×3)魔方增值 (2−1)×9

图16 一个(9×9)魔方分成9个增值(3×3)魔方

8×8×8 种不同的选择,也就是说,对于这一种选择增值而言,我们就有 $8^9=134\ 217\ 728$,但增值方案有 8 种布局,它们每一种是每一种 $A_1,A_2,\cdots,A_8$ 而定的,所以这种(9×9)魔方共有 $8\times 8^9 = 1\ 073\ 741\ 824$ 种构造。其中以 A_8 为基本的(9×9)魔方见图17。

我们也可以从(5×5)魔方和(3×3)魔方的乘积中导出(15×15)魔方。在这个问题上,有两个方案,第一方案是用九个(5×5)魔方拼成一个(15×15)魔方,第二个方案是用 25 个(3×3)魔方拼装成一个(15×15)魔方。

(15×15)魔方也可以用 25 个(3×3)魔方增值后拼排而成。即图18、图19。

71	64	69	8	1	6	53	46	51
66	68	70	3	5	7	48	50	52
67	72	65	4	9	2	49	54	47
26	19	24	44	37	42	62	55	60
21	23	25	39	41	43	57	59	61
22	27	20	40	45	38	58	63	56
35	28	33	80	73	78	17	10	15
30	32	34	75	77	79	12	14	16
31	36	29	76	81	74	13	18	11

图 17　以 A_8 为基础的 (9×9) 魔方的构造

(3×3)魔方增值 (21−1)×9=180	(3×3)魔方增值 (22−1)×9=189	(3×3)魔方增值 为 0	(3×3)魔方增值 (2−1)×9=9	(3×3)魔方增值 (19−1)×9 =162
(3×3)魔方增值 (6−1)×9=45	(3×3)魔方增值 (14−1)×9=117	(3×3)魔方增值 (9−1)×9=72	(3×3)魔方增值 (16−1)×9=135	(3×3)魔方增值 (20−1)×9 =171
(3×3)魔方增值 (23−1)×9=198	(3×3)魔方增值 (15−1)×9=126	(3×3)魔方增值 (13−1)×9=108	(3×3)魔方增值 (11−1)×9=90	(3×3)魔方增值 (3−1)×9=18
(3×3)魔方增值 (8−1)×9=63	(3×3)魔方增值 (10−1)×9=81	(3×3)魔方增值 (17−1)×9=144	(3×3)魔方增值 (12−1)×9=99	(3×3)魔方增值 (18−1)×9 =153
(3×3)魔方增值 (7−1)×9=54	(3×3)魔方增值 (4−1)×9=27	(3×3)魔方增值 (25−1)×9=216	(3×3)魔方增值 (24−1)×9=207	(3×3)魔方增值 (5−1)×9=36

图 18　(15×15) 魔方由 25 个 (3×3) 增值魔方的拼装图

中国魔方的构造特性及其不唯一性问题的研究

188	181	186	197	190	195	8	1	6	17	10	15	170	163	168
183	185	187	192	194	196	3	5	7	12	14	16	165	167	169
184	189	182	193	198	191	4	9	2	13	18	11	166	171	164
53	46	51	125	118	123	80	73	78	143	136	141	179	172	177
48	50	52	120	122	124	75	77	79	138	140	142	174	176	178
49	54	47	121	126	119	76	81	74	139	144	137	175	100	173
206	99	204	134	127	132	116	109	114	98	91	96	26	19	24
201	203	205	129	131	133	111	113	115	93	95	97	21	23	25
202	207	200	130	135	128	112	117	110	94	99	92	22	27	20
71	64	69	89	82	87	152	145	150	107	100	105	161	154	159
66	68	70	84	86	88	147	149	151	102	104	106	156	158	160
67	72	65	85	90	83	148	153	146	103	108	101	157	162	155
62	55	60	35	28	33	224	217	222	215	208	213	44	37	42
57	59	61	30	32	34	219	221	223	210	212	214	39	41	43
58	63	56	31	36	29	220	225	218	211	216	209	40	45	38

图 19　由 25 个(3×3)增值魔方拼装的(15×15)魔方

我们必须指出用魔方乘法求得高阶魔方,如(9×9),(15×15)等满足魔方的基本要求,即：

(1) 其数项自 1 到 n^2 共 n^2 个不同的数项。

(2) 每行之和、每列之和及每对角线之和均等于 $\frac{1}{2}n(n^2+1)$。

但并不能分解为 $(n \times n)$ 魔方的边框和它的 $[(n-2) \times (n-2)]$ 增值核心方阵。

当然也必须指出,它们也保证了一些 $(n \times n)$ 魔方的基本特点:

(3) 中央数项同时也是平均数项为$\frac{1}{2}(n^2+1)$。

(4) ($n\times n$)魔方的边框中两对角之和为n^2+1。

我们也必须指出图 19 的三个核心方阵和图 15 三种布局在一起组成(9×9)魔方 4 种不同布局的形式,也就是说是 4 种构造。

图 19、图 18 的(15×15)魔方也只是两种构造,用魔方乘法可以求得的魔方是很多的,现在把它们列表如下(图 20):

	(3×3)	(5×5)	(7×7)	(9×9)
(11×11)	(13×13)	(15×15)	(17×17)	(19×19)
(21×21)	(23×23)	(25×25)	(27×27)	
	(33×33)	(35×35)		(39×39)
		(45×45)		(49×49)
(51×51)		(55×55)	(57×57)	
	(63×63)	(65×65)		(69×69)
		(75×75)	(77×77)	
(81×81)		(85×85)	(87×87)	
(91×91)		(95×95)		(99×99)
		(105×105)		
		(115×115)	(117×117)	(119×119)
(121×121)		(125×125)		
	(133×133)	(135×135)		

图 20 在(3×3),(5×5),(7×7),(11×11),(13×13),(17×17),(19×19),(23×23)魔方已知的条件下,用魔方乘法可以求得的高价魔方

我们将用 A_8 作为(3×3)魔方,B_1 作为(5×5)魔方,拼装方案如图 21:

中国魔方的构造特性及其不唯一性问题的研究

(5×5)魔方 b1 增值(8−1)×25＝175	(5×5)魔方 b1 (不增值)	(5×5)魔方 b1 增值(6−1)×25＝125
(5×5)魔方 b1 增值(3−1)×25＝50	(5×5)魔方 b1 增值(5−1)×25＝100	(5×5)魔方 b1 增值(7−1)×25＝150
(5×5)魔方 b1 增值(4−1)×25＝75	(5×5)魔方 b1 增值(9−1)×25＝200	(5×5)魔方 b1 增值(2−1)×25＝25

图 21 (15×15)魔方由 9 个(5×5)增值魔方的拼装图

把图 21 中相关的数码代入后,即得(15×15)魔方的第一种形式(图 22):

196	197	176	177	194	21	22	1	2	19	146	147	126	127	144
181	189	184	191	195	6	14	9	16	20	131	139	134	141	145
198	190	188	186	178	23	15	13	11	3	148	140	138	136	128
183	185	192	187	193	8	10	17	12	18	133	135	142	137	143
182	179	200	199	180	7	4	25	24	5	132	129	150	149	130
71	72	51	52	69	121	122	101	102	119	171	172	151	152	169
56	64	59	66	70	106	114	109	116	120	156	164	159	160	170
73	65	63	61	53	123	115	113	111	103	173	165	163	161	153
58	60	67	62	68	108	110	117	112	118	158	160	167	162	168
57	54	75	74	55	107	104	125	124	105	157	154	175	174	155
96	97	76	77	94	221	222	201	202	219	46	47	26	27	44
81	89	84	91	95	206	214	209	216	220	31	39	34	41	45
98	90	88	86	78	223	215	213	211	203	48	40	38	36	28
83	85	92	87	92	208	210	217	212	218	33	35	42	37	43
82	79	100	99	80	207	204	225	224	205	32	29	50	49	30

图 22 以 A_8 和 B_1 为基础,由 9 个(5×5)魔方增值拼排
而成的(15×15)魔方构造

我们必须指出,图 17 所示的(9×9)魔方,图 19 所示的(15×15)魔方和图 22 所示的(15×15)魔方都具有魔方特征,即各魔所有横行的数码之和,各纵列的数码之和,以及两个对角线的数码之和都相等,而且都等于该魔方的平均数码乘 9[(9×9)魔方]或乘 15[(15×15)魔方]。

例如,以(9×9)魔方而言,纵列、横行和对角线之和都等于 369,而(15×15)魔方的纵列、横行、对角线之和都等于 113×15=1 695。

所以,它们都是魔方的一种构造。

但是,这些魔方都不能分解为核心方阵,和有关的边框构造,即边框的对岸数码之和都等于该魔方平均值的两倍。在图 17 的(9×9)魔方的边框对岸值之和共有 64+36=100,69+29=98,8+76=84,6+74=80,53+13=66,46+18=64,以及 66+52=118,67+47=114,26+60=86,22+56=78,35+15=50,30+16=46,共有 12 对不等于 82。

图 19 的(15×15)和图 23 的(15×15)同样有这种情况,这里不再详谈。

所以,以魔方乘法所得高次魔方,有完全的魔方特征,但不能分析成核心方阵和边框构造。

7. ($n \times n$)主流魔方的一般规律($n=3,5,7,9,11,13,15\cdots$)

我们在上文中,已经详尽地研究了 $n=3,5,7,9$ 的主流魔方(4 种)的情况,其特色有两种已经完全可以总结。共有下列四项:

(1) ($n \times n$)主流魔方的单项平均值

$$单项平均值 = \frac{1}{2}(1+n^2); \qquad (7.1)$$

(2) 单行数码之和、单列数码平均值以及对角线数码之和均为 $\frac{1}{2}(1+n^2)n$；　　　　　　　　　　　　　(7.2)

(3) 边框对岸值之和为 $(1+n^2)$；　　　　　　(7.3)

(4) 把 $[(n-2)\times(n-2)]$ 主流魔方改为 $(n\times n)$ 主流魔方的核心方阵各所需增值：

$(n\times n)$ 的核心方阵所需增值 $=2(n+1)$。　　(7.4)

现在将把 (7.1),(7.2),(7.3),(7.4) 4 种特征值归纳如下（见图 23）。

n	平 均 值	单行之和	边框单岸值之和	核心方阵增量
3	5	15	10	
5	13	65	26	8
7	25	175	50	12
9	41	369	82	16
11	61	671	122	20
13	85	1 105	170	24
15	113	1 695	226	28
17	145	2 465	290	32
19	181	3 439	362	36
21	221	4 641	442	40

图 23　$(n\times n)$ 魔方的 4 种特征值表

下面我们将根据 $(3\times3),(5\times5),(7\times7),(9\times9)$ 主流魔方左下角和右下角的数码，编出下列数码表（见图 24、图 25、图 26）。

n	A_n	B_n
3	2	4
5	3	7
7	4	10
9	5	13
11	6	16
13	7	19
15	8	22

图 24　以(1,2,3,4…)为基础的主流魔方的左角码 A_n 和右角码 B_n

n	A_n	B_n
3	2	4
5	2	8
7	2	12
9	2	16
11	2	20
13	2	24
15	2	28
17	2	32

图 25　以(1,3,5,7…)为基础的主流魔方的左角码 A_n 和右角码 B_n

n	A_n	B_n
3	2	4
5	3	7
7	5	11
9	5	16
11	7	19
13	17	24
15		

图 26　以(1,4,7,10…)为基础的主流魔方的左角码 A_n 和右角码 B_n

8. (11×11)主流魔方

(11×11)主流魔方有 3 种,其基础分别为(1,2,3,4,5)、(1,3,5,7,9)和(1,4,7,10,13)。其核心方阵是图 15 的 D_1,D_2,D_3 增值 20 而成。见图 27。

106	107	108	109	110	1	2	3	4	5	116
105	89	90	91	92	21	22	23	24	97	17
104	88	76	77	78	37	38	39	82	34	18
103	87	75	67	68	49	50	71	47	35	19
102	86	74	86	62	57	64	56	48	36	20
111	93	79	69	63	61	59	53	43	29	11
10	28	42	52	58	65	60	70	80	94	112
9	27	41	51	54	73	72	55	81	95	113
8	26	40	45	44	85	84	83	46	96	114
7	25	32	31	30	101	100	99	98	33	115
6	15	14	13	12	121	120	119	118	117	16

E_1 基础为$(1,2,3,4,5)$的$(11×11)$主流魔方

102	103	105	107	109	1	3	5	7	9	120
111	86	87	89	91	21	23	25	27	100	11
110	93	74	75	77	37	39	41	84	29	12
108	92	76	66	67	49	51	72	46	30	14
106	90	78	58	62	57	64	54	44	32	16
104	88	79	69	63	61	59	54	43	34	18
10	28	42	52	58	65	60	70	80	94	112
8	26	40	50	55	73	71	56	82	96	114
6	24	38	47	45	85	83	81	48	98	116
4	22	35	33	31	101	99	97	95	36	118
2	19	17	15	13	121	119	117	115	113	20

E_2 基础为$(1,3,5,7,9)$的$(11×11)$主流魔方

102	104	105	107	108	1	4	7	10	13	110
113	86	87	88	90	21	24	27	30	96	9
111	25	75	74	77	37	40	43	81	97	11
8	23	76	67	66	49	52	71	46	99	114
6	22	78	68	62	57	64	54	44	100	116
5	94	80	69	63	61	59	53	42	28	117
3	93	39	50	58	65	60	72	83	29	119
2	91	38	51	56	73	70	55	84	31	120
106	89	41	48	45	85	82	79	47	33	16
103	26	35	34	32	101	98	95	92	36	19
12	18	17	15	14	121	118	115	112	109	20

E_3 基础为(1,4,7,10,13)的(11×11)主流魔方

图 27 (11×11)的 3 种主流魔方

9. (13×13)魔方的构造

用第 7 节相同的方法,我们可以求得以(1,2,3,4,5,6),(1,3,5,7,9,11),(1,4,7,10,13,16)为基础的(13×13)魔方。

所有(13×13)魔方的平均值是 85,每行、每列以及对角线数码的和都是 85×15=1 105。边框对岸的和都是 170,它们都有很多不同的构造。

10. (15×15)魔方的构造

(15×15)魔方的构造可以按前面几节所用增值核心方阵和边框组合而成,其数码平均值是 113,各行、各列和对角线数码之和都是 113×15=1 695。边框上对岸两值之和都等于 226,边框中大数分别为 225,224,223,222,…,198 等 28 个数码,其小数为 1,2,3,4,5,…,27,28 等 28 个数码。

151	152	153	154	155	156	1	2	3	4	5	6	163
150	130	131	132	133	134	25	26	27	28	29	140	20
149	129	113	114	115	116	45	46	47	48	121	41	21
148	128	112	100	101	102	61	62	63	106	58	42	22
147	127	111	99	91	92	73	74	95	71	59	43	23
146	126	110	98	90	86	81	88	80	72	60	44	24
157	135	117	103	93	87	85	83	77	67	53	35	13
12	34	52	66	76	82	89	84	94	104	118	136	158
11	33	51	65	75	78	97	96	79	105	119	137	159
10	32	50	64	69	68	109	108	107	70	120	138	160
9	31	49	56	55	54	125	124	123	122	57	139	161
8	30	39	38	37	36	145	144	143	142	141	40	162
7	18	17	16	15	14	169	168	167	166	165	164	19

F_1 基础为(1,2,3,4,5,6)的(13×13)主流魔方

146	147	149	151	153	155	1	3	5	7	9	11	168
157	126	127	129	131	133	25	27	29	31	33	144	13
12	135	110	111	113	115	45	47	49	51	124	35	158
10	34	117	98	99	101	61	63	65	108	53	136	160
8	32	52	103	90	91	73	75	96	67	118	138	162
6	30	50	66	93	86	81	88	77	104	120	140	164
4	28	48	64	76	87	85	83	94	106	122	142	166
156	134	116	102	92	82	89	84	78	68	54	36	14
154	132	114	100	74	79	97	95	80	70	56	38	16
152	130	112	62	71	69	109	107	105	72	58	40	18
150	128	46	59	57	55	125	123	121	119	60	42	20
148	26	43	41	39	37	145	143	141	139	137	44	22
2	23	21	19	17	15	169	167	165	163	161	159	24

F_2 基础为(1,3,5,7,9,11)的(13×13)主流魔方

146	147	148	149	150	151	1	4	7	10	13	16	153
11	134	128	129	131	132	25	28	31	34	37	126	159
6	43	110	111	112	114	45	48	51	54	120	127	164
5	40	49	98	100	101	61	64	67	104	121	130	165
3	37	47	63	91	90	73	76	95	107	123	133	167
2	35	46	62	74	86	81	88	96	108	124	135	168
156	34	118	105	93	87	85	83	77	65	52	136	14
155	144	117	102	92	82	89	84	78	68	53	26	15
153	143	115	99	75	80	97	94	79	71	55	27	17
152	141	113	66	70	69	109	106	103	72	57	29	18
150	140	50	59	58	56	125	122	119	116	60	30	20
149	44	42	41	39	38	145	142	139	136	133	36	21
17	23	22	21	20	19	169	166	163	160	157	154	24

F_3 基础为 $(1,4,7,10,13,16)$ 的 (13×13) 主流魔方

图 28 (13×13) 的 3 种主流魔方

204	205	206	207	208	209	210	1	2	3	4	5	6	7	218
203	179	180	181	182	183	184	29	30	31	32	33	34	191	23
202	178	158	159	160	161	162	53	54	55	56	57	168	48	24
201	177	157	141	142	143	144	73	74	75	76	149	69	49	25
200	176	156	140	128	129	130	89	90	91	134	86	70	50	26
199	175	155	139	127	119	120	101	102	123	99	87	71	51	27
198	174	154	138	126	118	114	109	116	108	100	88	72	52	28
211	185	163	145	131	121	115	113	111	105	95	81	63	41	15
14	40	62	80	94	104	110	117	112	122	132	146	164	186	212
13	39	61	79	93	103	106	125	124	107	133	147	165	187	213
12	38	60	78	92	97	96	137	136	135	98	148	166	188	214
11	37	59	77	84	83	82	153	152	151	150	85	167	189	215
10	36	58	59	66	65	64	173	172	171	170	169	68	190	216
9	35	46	45	44	43	42	197	196	195	194	193	192	47	217
8	21	20	19	18	17	16	225	224	223	222	221	220	219	22

G_1 基础为 $(1,2,3,4,5,6,7)$ 的 (15×15) 主流魔方

198	199	201	203	205	207	209	1	3	5	7	9	11	13	224
211	174	175	177	179	181	183	29	31	33	35	37	39	196	15
210	185	154	155	157	159	161	53	55	57	59	61	172	41	16
208	40	163	138	139	141	143	73	75	77	79	152	63	186	18
206	38	62	145	126	127	129	89	91	93	136	81	164	188	20
204	36	60	80	131	118	119	101	103	124	95	146	166	190	22
202	34	58	78	94	121	114	109	116	105	132	148	168	192	24
200	32	56	76	92	104	115	113	111	122	134	150	170	194	26
14	184	162	144	130	120	110	117	112	106	96	82	64	42	212
12	182	160	142	138	102	107	125	123	108	98	84	66	44	214
10	180	158	140	90	99	97	137	135	133	100	86	68	46	216
8	178	156	74	87	99	97	137	135	149	147	88	70	48	218
6	176	54	71	69	67	65	153	151	169	167	163	72	50	220
4	30	51	49	47	45	43	197	195	193	191	189	187	52	222
2	27	25	23	21	19	17	225	223	221	219	217	215	213	28

G_2 基础为 $(1,3,5,7,9,11,13)$ 的 (15×15) 主流魔方

图 29 (15×15) 的 2 种主流魔方

11. $(k\times k)$ 魔方边框布局的一般研究(k 为奇数)

有了上述研究,我们可以肯定地建立 $(k\times k)$ 魔方(k 为奇数)边框的一般构造。在这种边框建立以后,我们依次建立 $n=1,2,\cdots,k$ 各级边框,但这种边框是建立在各级的不同中心值(即平均值)的基础上的。这些中心值分别是 $5,13,25,41,61,85,\cdots,\frac{1}{2}(k^2+1)$。

我们可以将各级边框分别增值 $\frac{1}{2}(k^2+1)-5$,$\frac{1}{2}(k^2+1)-13$,$\frac{1}{2}(k^2+1)-25$,$\frac{1}{2}(k^2+1)-41$,$\frac{1}{2}(k^2+1)-61$,$\frac{1}{2}(k^2+1)-85\cdots$ 的办法求得 $(k\times k)$ 魔方从外到内各层圈的数值。从而求得 $(k\times k)$ 魔方的构造。

图 30 符号说明:

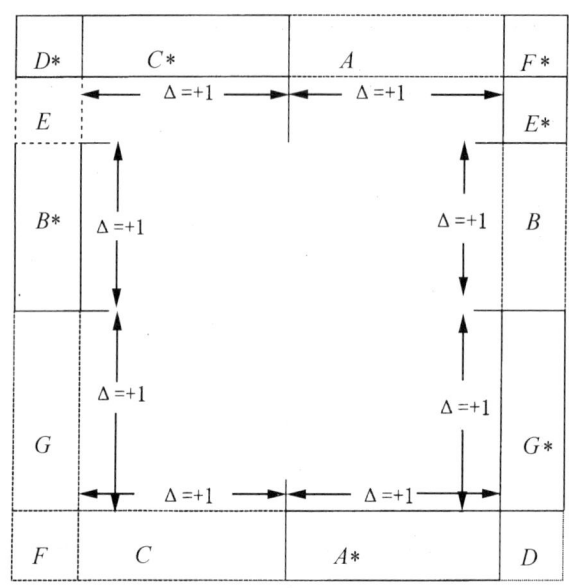

图30 以 $\left[1,2,3,4,\cdots,\dfrac{1}{2}(k-1)\right]$ 为标志的 $(k\times k)$ 魔方边框布局

A 代表1为首项，$\dfrac{1}{2}(k-1)$ 为最后项，顺时针向逐项增1（即 $\Delta=+1$）的数项系列。共 $\dfrac{1}{2}(k-1)$ 项。

B 代表 $\dfrac{1}{2}(k+1)$ 为首项，$(k-2)$ 为最后项，顺时针向逐项增1（即 $\Delta=+1$）的数项系列。共 $\dfrac{1}{2}(k-3)$ 项。

C 代表 $(k-1)$ 为首项，$\dfrac{1}{2}(3k-7)$ 为最后项，顺时针向逐项增1（即 $\Delta=+1$）的数项系列。共 $\dfrac{1}{2}(k-3)$ 项。

D 代表右下角的数项，其值为 $\dfrac{1}{2}(3k-5)$。

E 代表左边上角下方第二位数，其值为 $\dfrac{1}{2}(3k-3)$。

F 代表左下角的数值,其值为 $\frac{1}{2}(3k-1)$。

G 代表 $\frac{1}{2}(3k+1)$ 为首项,$2(k-1)$ 为最后项,顺时针向逐项增 1 的数项系列。共 $\frac{1}{2}(k-3)$ 项。

$A^*, B^*, C^*, D^*, E^*, F^*, G^*$ 分别为 A, B, C, D, E, F, G 的互补数项,亦即

$$A + A^* = B + B^* = C + C^* = D + D^* = E + E^*$$
$$= F + F^* = G + G^* = k^2 + 1$$

这里必须证明,图 30 中顶端横行各项之和,右边列和左边列各项之和,以及底横行之和都必须等于 $\frac{1}{2}k(k^2+1)$,但只要证明:顶端横行各项之和以及右边列各项之和等于 $k(k^2+1)$ 就足够了,因为其他各项和都可以根据互补关系证明。

顶端横行各项之和可以用下式表示:

$$\sum A + \sum C^* + D^* + F^* = \frac{1}{2}k(k^2+1) \qquad (\text{I})$$

右边列各项之和也可以用下式表示:

$$\sum B + \sum G^* + E^* + F^* + D = \frac{1}{2}k(k^2+1) \qquad (\text{II})$$

其中 $\sum A$ 为 A 中各项之和,$\sum B$ 为 B 中各项之和,$\sum C^*$ 为 C^* 各项之和,D^*, F^*, E^* 和 D 见前文(即图 30 的符号说明)。

为计算 $\sum A, \sum B$,我们有

$$\sum A = 1 + 2 + 3 + \cdots + \frac{1}{2}(k-1) = \frac{1}{8}(k^2-1) \qquad (\text{I}_a)$$

$$\sum B = \frac{1}{2}(k+1) + \left[\frac{1}{2}(k+1) + 1\right] +$$

$$\left[\frac{1}{2}(k+1)+2\right]+\cdots+(k-2)$$

$$=\frac{1}{2}\left[\frac{1}{2}(k+1)+(k-2)\right]\frac{1}{2}(k-3)$$

$$=\frac{3}{8}(k-1)(k-3) \tag{II$_a$}$$

为了计算 $\sum C^*$ 和计算 $\sum G^*$, 必须计算 $\sum C$ 和 $\sum G$

$$\sum C=(k-1)+[(k-1)+1]+[(k-1)+2]$$

$$+\cdots+\frac{1}{2}(3k-7)$$

$$=\frac{1}{2}\left[(k-1)+\frac{1}{2}(3k-7)\right]\frac{1}{2}(k-3)$$

$$=\frac{1}{8}(5k-9)(k-3) \tag{I$_b$}$$

$$\sum G=\frac{1}{2}(3k+1)+\left[\frac{1}{2}(3k+1)+1\right]+$$

$$\left[\frac{1}{2}(3k+1)+2\right]+\cdots+2(k-1)$$

$$=\frac{1}{2}\left[\frac{1}{2}(3k+1)+2(k-1)\right]\frac{1}{2}(k-3)$$

$$=\frac{1}{8}(7k-3)(k-3) \tag{II$_b$}$$

根据互补关系

$$\sum C^*=(k^2+1)\frac{1}{2}(k-3)-\sum C$$

$$=\frac{1}{8}(k-3)[4k^2+4-(5k-9)]$$

$$= \frac{1}{8}(k-3)(4k^2-5k+13) \qquad (\text{I}_c)$$

$$\sum G* = (k^2+1)\frac{1}{2}(k-3) - \sum G$$

$$= \frac{1}{8}(k-3)[4k^2+4-(7k-3)]$$

$$= \frac{1}{8}(k-3)(4k^2-7k+7) \qquad (\text{II}_c)$$

利用（I_a），（II_a），（I_c），（II_c）中的$\sum A, \sum B, \sum C*, \sum G*$以及图30的符号说明中的其他符号，我们很容易证明（Ⅰ），（Ⅱ）两式。

下面我们将研究以$1,3,5,7,\cdots,k-2$为标志的$(k \times k)$魔方边框布局（见图31）。

图31符号说明：

A代表1为首项，$(k-2)$为末项，顺时针向每项增2的数项系列。共$\frac{1}{2}(k-1)$项。

B代表左下角的数项，其值为2。

C代表以4为首项，$(k-1)$为末项，顺时针向每项增2的数项系列。共$\frac{1}{2}(k-3)$项。

D代表右侧上角第二项，其值为k。

E代表首项为$k+1$，终项为$2k-4$，按顺时针向逐项增2的数项系列。共$\frac{1}{2}(k-3)$项。

F代表首项为$k+2$，终项为$2k-3$，按顺时针向逐项增2的数项系列。共$\frac{1}{2}(k-3)$项。

G代表右下角的数项，其值为$2k-2$。

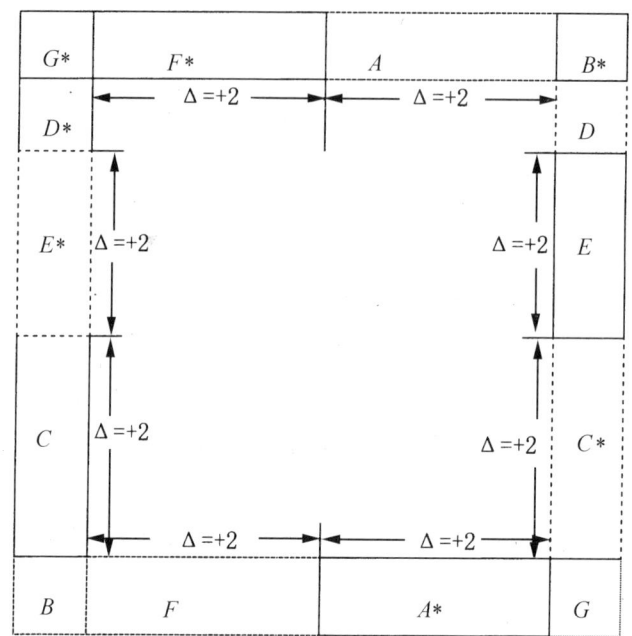

图31 以[1,3,5,…,(k−2)]为标志的(k×k)魔方边框布局

$A^*, B^*, C^*, D^*, E^*, F^*, G^*$ 和 A, B, C, D, E, F, G 成互补数项,即

$$A+A^* = B+B^* = C+C^* = D+D^* = E+E^*$$
$$= F+F^* = G+G^* = k^2+1$$

以上符号 k 只适用于 $1,3,5,\cdots$ 奇数。

我们还可以和以 $1,2,3,4,\cdots$ 为标志的 $(k\times k)$ 魔方边框布局图30一样,证明以 $1,3,5,\cdots$ 为标志的 $(k\times k)$ 魔方边框布局图31,也有上端横行各数的总和以及右侧纵列边框的各数的总和都等于 $k(k^2+1)$,其他两边的总和,根据互补性的特点,也必为 $k(k^2+1)$。

亦即,以 $1,3,5,7,\cdots,(k-2)$ 为标志的 $(k\times k)$ 魔方上端顶边各项之和为(见图30):

$$\sum A + B^* + G^* + \sum F^* = \frac{1}{2}k(k^2+1) \qquad (\nabla_{\mathrm{I}})$$

以 $1,3,5,7,\cdots,(k-2)$ 为标志的 $(k\times k)$ 魔方边框布局图中右侧边框各项之和为(见图30)：

$$\sum C^* + B^* + D + \sum E + G = \frac{1}{2}k(k^2+1) \qquad (\nabla_{\text{II}})$$

其中 $\sum A, \sum C^*, \sum F^*, \sum E$ 是 A, C^*, F^*, E 各项之和。

$$\sum A = 1 + 3 + 5 + 7 + \cdots + k - 2 \qquad (\nabla_{\text{I a}})$$

本系列共有 $\frac{1}{2}(k-1)$ 项。

$$\sum A = \frac{1}{4}(k-1)^2 \qquad (\nabla_{\text{I b}})$$

其次

$$\sum E = (k+1) + [(k+1)+2] + [(k+1)+4] \\ + \cdots + (2k-4) \qquad (\nabla_{\text{II a}})$$

其中共有 $\frac{1}{2}(k-3)$

$$\sum E = \left[\frac{1}{2}(k-3)\right]\frac{1}{2}[(k+1)+(2k-4)] \\ = \frac{3}{4}(k-1)(k-3) \qquad (\nabla_{\text{II b}})$$

为了计算 $\sum C^*, \sum F^*$，必须先计算 $\sum C, \sum F$：

$$\sum C = 4 + 6 + 8 + \cdots + (k-1) = \frac{1}{4}(k+3)(k-3) \\ = \frac{1}{4}(k^2-9) \qquad (\nabla_{\text{II c}})$$

$$\sum F = k + 2 + (k+4) + (k+6) + \cdots + (2k-3)$$

$$= \frac{1}{4}(k-3)(k+2+2k-3)$$

$$= \frac{1}{4}(k-3)(3k-1) \qquad (\nabla_{\mathrm{II} d})$$

于是，我们可以计算 $\sum C^*, \sum F^*$：

$$\sum C* = (k^2+1)\frac{1}{2}(k-3) - \frac{1}{4}(k^2-9)$$

$$= \frac{1}{4}(k-3)(2k^2-k-1) \qquad (\nabla_{\mathrm{II} e})$$

$$\sum F* = (k^2+1)\frac{1}{2}(k-3) - \frac{1}{4}(k-3)(3k-1)$$

$$= \frac{1}{4}(k-3)(2k^2-3k+1) \qquad (\nabla_{\mathrm{II} f})$$

有了这些结果，(∇_{I})，(∇_{II}) 式就可以证明是正确的了。

以上证明了图 30 和图 31 是合理的 $(k \times k)$ 魔方边框布局合理设计。但肯定是不唯一的。

12. 四类不同标志的魔方

前面研究的魔方，其标志都以 $\triangle=1, \triangle=2, \triangle=3$ 等值递增的，这里我们研究标志让它以不同递增的过程建立，例如，其标志项为 $1,3,4;1,2,4,5;1,2,4,5,7;1,2,4,5,7,8$ 等，或标志项为 $1;1,3;1,3,4;1,3,4,6;1,3,4,6,7$ 等。我们将用

$$k_1 = 4m+1, \qquad m=1,2,3,\cdots$$
$$k_2 = 4m+3, \qquad m=1,2,3,\cdots$$

每一类都有两种不同的形式标志，或不同形式的递增过程。具体地讲，对 $k=5,9,13,17$ 中，有两种逐项递增形式。

$k_1=5$ 时，递增形式有 $1,2$ 和 $1,3$；

$k_1=9$ 时，递增形式有 $1,2,4,5$ 和 $1,3,4,6$；

$k_1=13$ 时,递增形式有 1,2,4,5,7,8 和 1,3,4,6,7,9;

$k_1=17$ 时,递增形式有 1,2,4,5,7,8,10,11 和 1,3,4,6,7,9,12;

对 k_2 而言,也有两种不同的递增的标志

$k_2=7$ 时,递增形式有 1,2,4 和 1,3,4;

$k_2=11$ 时,递增形式有 1,2,4,5,7 和 1,3,4,6,7;

$k_2=15$ 时,递增形式有 1,2,4,5,7,8,10 和 1,3,4,6,7,9,10。

其魔方增值核心方阵互相交替使用,例如 $k_1=5$ 的增值核心方阵用(3×3)魔方增值 13-5=8。$k_2=7$ 的增值核心方阵用$(k_1 \times k_1)=$(5×5)的有关魔方增值 25-13=12。$k_1=9$ $(k_1 \times k_1)$魔方的增值核心方阵用(7×7)有关魔方的增值 49-25=24 等。

现在让我们列举这些魔方。

（A_1）以(1,2)为标志的(5×5)魔方

19	20	1	2	23
18	14	9	16	8
4	15	13	11	22
21	10	17	12	5
3	6	25	24	7

(A_{1a})

19	22	1	2	21
18	14	9	16	8
3	15	13	11	23
20	10	17	12	6
5	4	25	24	7

(A_{1b})

21	22	1	2	19
8	14	9	16	18
23	15	13	11	3
6	10	17	12	20
7	4	25	24	5

(A_{1c})

（A_2）以(1,3)为标志的(5×5)魔方

18	19	1	3	24
21	14	9	16	5
4	15	13	11	22
20	10	17	12	6
2	7	25	23	8

(A_{2a})

20	19	1	3	22
21	14	9	16	5
2	15	13	11	24
18	10	17	12	8
4	7	25	23	6

(A_{2b})

19	22	1	3	20
8	14	9	16	18
24	15	13	11	2
5	10	17	12	21
6	4	25	23	7

(A_{2c})

(A_3) 以(1,2,4)为标志的(7×7)魔方

42	39	40	1	2	4	47
38	31	32	13	14	35	12
6	30	26	21	28	20	44
5	16	27	25	23	34	45
43	33	22	29	24	17	7
41	15	18	37	36	19	9
3	11	10	49	48	46	8

(A_{3a})

39	40	42	1	2	4	47
38	31	32	13	14	35	12
6	30	26	21	28	20	44
5	16	27	25	23	34	45
43	33	22	29	24	17	7
41	15	18	37	36	19	9
3	10	8	49	48	46	11

(A_{3b})

40	41	42	1	2	4	45
43	31	34	13	15	32	7
6	20	26	21	28	30	44
3	36	27	25	23	15	47
39	17	22	29	24	33	11
38	18	16	37	35	19	12
5	9	8	49	48	46	10

(A_{3c})

以上三个(7×7)魔方中增值核心方阵都由 A_{1a} 增值 12 而成。

41	40	44	1	2	4	43
42	33	34	13	14	31	8
5	20	26	21	28	30	45
3	35	27	25	23	15	47
39	18	22	29	24	32	11
38	19	16	37	36	17	12
7	10	6	49	48	46	9

(A_{3d})

(核心方阵由 A_{1c} 增值 12 而成)

39	41	45	1	2	4	43
42	33	31	13	14	31	8
6	20	26	21	28	30	44
3	35	27	25	23	15	47
40	18	22	29	24	32	10
38	19	10	37	36	17	12
7	9	5	49	48	46	11

(A_{3e})

(核心方阵由 A_{1c} 增值 12 而成)

40	43	44	1	2	4	42
41	33	34	13	14	31	9
5	20	26	21	28	30	45
3	35	27	25	23	15	47
39	18	22	29	24	32	11
38	19	16	37	36	17	12
8	7	6	49	48	46	10

(A_{3f})

（核心方阵由 A_{1c} 增值 12 而成）

(A_4) 以 (1, 3, 4) 为标志的 (7×7) 魔方

40	38	41	1	3	4	48
39	30	31	13	15	36	11
6	33	26	21	28	17	44
5	16	27	25	23	34	45
43	32	22	29	24	18	7
42	14	19	37	35	20	8
2	12	9	49	47	46	10

(A_{4a})

（核心方阵由 A_{2a} 增值 12 而成）

38	40	41	1	3	4	48
6	30	31	13	15	36	44
5	33	26	21	28	17	45
43	16	27	25	23	34	7
42	32	22	29	24	18	8
39	14	19	37	35	20	11
2	10	9	49	47	46	12

(A_{4b})

（核心方阵由 A_{2a} 增值 12 而成）

39	41	42	1	3	4	45
44	30	31	13	15	36	6
7	33	26	21	28	17	43
40	16	27	25	23	34	10
38	32	22	29	24	18	12
2	14	19	37	35	20	48
5	9	8	49	47	46	11

(A_{4c})

（核心方阵由 A_{2a} 增值 12 而成）

42	40	41	1	3	4	44
43	30	31	13	15	36	7
5	33	26	21	28	17	45
39	16	27	25	23	34	11
38	32	22	29	24	18	12
2	14	19	37	25	20	48
6	10	9	49	47	46	8

(A_{4d})

（核心方阵由 A_{2a} 增值 12 而成）

41	39	44	1	3	4	43
5	33	31	13	15	6	45
42	33	26	21	28	17	8
40	16	27	25	23	24	10
38	32	22	29	24	18	12
2	14	19	37	25	20	48
7	11	6	49	47	46	9

(A_{4e})

（核心方阵由 A_{2a} 增值 12 而成）

（A_5）以 (1,2,4,5) 为标志的 (9×9) 魔方

67	69	70	72	1	2	4	5	79
73	55	56	58	17	18	20	63	9
71	54	47	48	29	30	51	28	11
8	22	46	42	37	44	36	60	74
7	21	32	43	41	39	50	61	75
6	59	49	38	45	40	33	23	76
68	57	31	34	53	52	35	25	14
66	19	26	24	65	64	62	27	16
3	13	12	10	81	80	78	77	15

(A_{5a})

（核心方阵由 A_{3b} 增值 16 而成）

这里必须指出，(A_{1a})，(A_{3b})，(A_{5a}) 已形成一个系列，其左下角之值都是 3，其右下角之值分别为 7，11，15，其标志分别为 (1, 2)，(1,2,4)，(1,2,4,5)。其他 (9×9) 魔方将不再列举。

（A_6）以 (1,3,4,6) 为标志的 (9×9) 魔方

66	67	69	73	1	3	4	6	80
68	55	56	58	17	18	20	63	14
5	54	47	48	29	30	51	28	77
72	22	46	42	37	44	36	60	10
71	21	32	43	41	39	50	61	11
70	59	49	38	45	40	33	23	12
8	57	31	34	53	52	35	25	74
7	19	26	24	65	64	62	27	75
2	15	13	9	81	79	78	76	16

(A_{6a})

(核心方阵由 A_{3b} 增值 16 而成)

这里必须指出,(A_{2a}),(A_{4b}),(A_{6a})已形成一个系列,其左下角之值都是 2,其右下角之值分别为 8,12,16,其标志分别为(1,3),(1,3,4),(1,3,4,6)。其他(9×9)魔方将不再列举。

(A_7) 以(1,2,4,5,7)为标志的(11×11)魔方

103	106	107	108	109	1	2	4	5	7	119
111	87	89	90	92	21	22	24	25	99	11
110	93	75	76	78	37	38	40	83	29	12
10	91	79	67	68	49	50	71	48	31	112
9	28	42	66	62	57	64	58	80	94	113
8	27	41	52	63	61	59	70	81	95	114
6	26	79	69	58	65	60	53	43	96	116
105	88	77	51	54	73	72	55	45	34	17
104	86	39	46	44	85	84	82	47	36	18
102	23	33	32	30	101	100	98	97	35	20
3	16	15	14	13	121	120	118	117	115	19

(A_{7a})

(核心方阵由 A_{5a} 增值 20 而成)

(A_8) 以(1,3,4,6,7)为标志的(11×11)魔方

102	104	107	108	109	1	3	4	6	7	120
5	86	87	89	93	21	23	24	26	100	117
111	88	75	76	78	37	38	40	83	34	11
110	25	74	67	68	49	50	71	48	97	12
106	92	42	66	62	57	64	56	80	30	16
105	91	41	52	63	61	59	70	72	31	17
103	90	79	69	58	65	60	53	43	32	19
10	28	77	51	54	73	72	55	45	94	112
9	27	39	46	44	85	84	82	47	95	113
8	22	35	33	29	101	99	98	96	36	114
2	18	15	14	13	121	119	118	116	115	20

(A_{8a})

(核心方阵由 A_{6a} 增值 20 而成)

(A_9) 以(1,2,4,5,7,8)为标志的(13×13)魔方

147	150	152	153	154	155	1	2	4	5	7	8	167
12	127	130	131	132	133	25	26	28	29	31	143	158
11	135	111	113	114	116	45	46	48	49	123	35	159
10	134	117	99	100	102	61	62	64	107	53	36	160
157	34	115	98	91	92	73	74	95	72	54	136	13
156	33	52	66	90	86	81	88	80	104	118	137	14
9	32	51	65	76	87	85	83	94	75	119	138	161
6	30	50	103	93	82	89	84	77	67	120	140	164
151	129	112	101	75	78	97	96	79	68	58	41	19
149	128	110	63	70	68	109	108	106	71	60	42	21
148	126	47	57	56	54	125	124	122	121	59	44	22
146	27	40	39	38	37	145	144	142	141	139	43	24
3	20	18	17	16	15	169	168	166	165	163	162	23

(A_{9a})

(核心方阵由 A_{7a} 增值 24 而成)

(A_{10}) 以 (1,3,4,6,7,9) 为标志的 (13×13) 魔方

146	148	150	152	154	157	1	3	4	6	7	9	168
12	126	128	131	132	133	25	27	28	30	31	144	158
11	29	110	111	113	117	45	47	48	50	124	141	159
10	135	112	99	100	102	61	62	64	107	58	35	160
156	134	49	98	91	92	73	74	95	72	121	36	14
155	130	116	66	90	86	81	88	80	104	54	40	15
8	129	115	65	76	87	85	83	94	105	55	41	162
5	127	114	103	93	82	89	84	77	67	56	43	165
153	34	52	101	75	78	97	96	79	69	118	136	17
151	33	51	63	70	68	109	108	106	71	119	137	19
149	32	46	59	57	53	125	123	122	120	60	138	21
147	26	42	39	38	37	145	143	142	140	139	44	23
2	22	20	18	16	13	169	167	166	164	163	161	24

(A_{10a})

(核心方阵由 A_{8a} 增值 24 而成)

(A_{11}) 以 (1,2,4,5,7,8,10) 为标志的 (15×15) 魔方

199	202	203	204	208	209	210	1	2	4	5	7	8	10	223
14	175	178	180	181	182	183	29	30	32	33	35	36	195	212
13	40	155	158	159	160	161	53	54	56	57	59	171	186	213
12	39	163	139	141	142	144	73	74	76	77	151	63	187	214
11	38	162	145	127	128	110	89	90	92	135	81	64	188	215
211	185	62	143	126	119	120	101	102	123	100	83	164	41	15
207	184	61	80	94	118	114	109	116	108	132	146	165	42	99
9	37	60	79	93	104	115	113	111	122	133	147	166	189	217
6	34	58	78	131	121	110	117	112	105	95	148	168	192	220
206	179	157	140	129	103	106	124	107	97	86	59	47	20
205	177	156	138	91	98	96	137	136	134	99	88	70	49	21
201	176	154	75	85	84	82	153	152	150	149	87	72	50	25
200	174	55	68	67	66	65	173	172	170	169	167	71	52	26
198	31	48	46	45	44	43	197	196	194	193	191	190	51	28
3	24	23	22	18	17	16	225	224	222	221	219	218	216	27

(A_{11a})

(核心方阵由 A_{9a} 增值 28 而成)

(A_{12}) 以(1,3,4,6,7,9,10)为标志的(15×15)魔方

198	203	204	205	206	207	208	1	3	4	6	7	9	10	224
5	174	176	178	180	182	185	29	31	32	34	35	37	196	221
8	40	154	156	159	160	161	53	55	56	58	59	172	186	218
211	39	57	138	139	141	145	73	75	76	78	152	169	187	15
210	38	163	140	127	128	130	89	90	92	135	86	63	188	16
209	184	162	77	126	119	120	101	102	123	100	149	64	42	17
14	183	158	144	94	118	114	109	116	108	132	82	68	43	212
13	36	157	143	93	104	115	113	111	122	133	83	69	190	213
12	33	155	142	131	121	110	117	112	105	95	84	71	193	214
11	181	62	80	129	103	106	125	124	107	97	146	164	45	215
202	179	61	79	91	98	96	137	136	134	99	147	165	47	24
201	177	60	74	87	85	81	153	151	150	148	88	166	49	25
200	175	54	70	67	66	65	173	171	170	168	167	72	51	26
199	30	50	48	46	44	41	197	195	194	192	191	189	52	27
2	23	22	21	20	19	18	225	223	222	220	219	217	216	28

(A_{12a})

(核心方阵由 A_{10a} 增值 28 而成)

13. 求解(k×k)边框的一般方法

上节求解以(1,2,4,5,7,8,10,11,…)为标准的边框构造的过程,其结果表明,只有四角点上的数值是有规律可循的,即:左下角为 3,右下角为 $2k-3(k>5)$,左上角为 $\frac{1}{2}(k^2+1)-(2k-3)=\frac{1}{2}(k^2-4k+7)$,右上角为 $\frac{1}{2}(k^2+1)-3$。但其他各项仍旧杂乱无章,无法看出一般性的结论。其原因是满足四角要求后,仍旧还有许多种构造,即在给定顶行的标志项和两角等于 $\frac{1}{2}(k+3)$ 外,还有 $\frac{1}{2}(k-3)$ 待

定项，只有一个条件，即顶行各项之和为$\frac{1}{2}k(k^2+1)$，亦即

$$\frac{1}{2}(k-1) \text{待定项之和} = \frac{1}{2}(k^3+k) - \frac{1}{2}(k^2+k+5) - \frac{1}{2}(k^2-5)$$

$$= \frac{1}{2}(k^3+5k)$$

也即是，这$\frac{1}{2}(k-1)$项之和为$\frac{1}{2}(k^3+5k)$，其解有很多，在这些解中，在去掉已给数项相同的项，也还有很多构造，尤其k数较大时，这种构造必然有很多。

为了说明这种构造，我们将以以(1,2,4,5,7,8,10)为标志的(15×15)魔方边框为例说明这个问题。而第十一节的这一问题就是这样解决的。

第一步，已给定的首行各值中有：

(1) 中轴线为1,顺时针向有1,2,4,5,7,8,10各数，

(2) 左上角为199,右上角为223。

顶边还有待定空位6个,其和为231。

第二步，为了便于研究这一问题，我们必须说明怎样分批决定那些在本题中的空位数值。我们将先决定a,b,c,d,e,f和a^*,b^*,c^*,d^*,e^*,f^*。

第三节、第四节中所用的边框数值表：

1	2	3	4	5	6	7	8	9	10	11	12	13	14
225	**224**	**223**	**222**	**221**	220	**219**	**218**	217	**216**	215	214	213	212

15	16	17	18	19	20	21	22	23	24	25	26	**27**	28
211	210	209	208	207	206	205	204	203	202	201	200	**199**	198

图32 边框数值表($k=15$)

（注：表中的上列数是小值,下列数是大值）

这里共有 56 个边框空值,其中 28 个是小数值,28 个是大数值。大值、小值成对存在,它们每对之和都是 226,共 28 对。它们是互补的。我们已用重黑体字标出了,它们是已给定的,其中包括了给出数值的互补数值。于是,我们现在边框里的情况如下图:

| 199 | a | b | c | d | e | f | 1 | 2 | 4 | 5 | 7 | 8 | 10 | 223 |

(顶行)

| 3 | a^* | b^* | c^* | d^* | e^* | f^* | 225 | 224 | 222 | 221 | 219 | 218 | 216 | 27 |

(底行)

| 199 | × | × | × | × | × | × | × | × | × | × | × | × | × | 3 |

(左边:自上到下)

| 223 | × | × | × | × | × | × | × | × | × | × | × | × | × | 27 |

(右边:自上到下)

图 33　(15×15)魔方的上下左右四边框待定数图

其中 a,b,c,d,e,f 及 a^*,b^*,c^*,d^*,e^*,f^* 为在第三步中能决定的数量,×××为第四步中等待决定的数值。

第三步,决定 a,b,c,d,e,f 或 a^*,b^*,c^*,d^*,e^*,f^*。

决定 a,b,c,d,e,f 或 a^*,b^*,c^*,d^*,e^*,f^* 的条件,只有下列两个,即:

(1) 顶行各项之和等于 $113 \times 15 = 1\,695$;

(2) a,b,c,d,e,f 和 a^*,b^*,c^*,d^*,e^*,f^* 互为成对互补,即
$$a + a^* = b + b^* = c + c^* = d + d^* = e + e^*$$
$$= f + f^* = 226。$$

也可以用:

(1) a^*,b^*,c^*,d^*,e^*,f^* 在底边中与其他已给数值之和为 $1\,695$;

(2) $a + a^* = b + b^* = c + c^* = d + d^* = e + e^* =$

$f+f^* = 226$。

两者只需用一种就可以了。让我们采用后者,因为后者给出 a^*, b^*, c^*, d^*, e^*, f^* 之和较小,其值都是图 32 中的小值,易于操作。

$$a^* + b^* + c^* + d^* + e^* + f^*$$
$$= 1\,695 - 225 - 224 - 222 - 221 - 219 - 218 - 216 - 3 - 27$$
$$= 120$$

我们有许多种解:

类 别	a^*	b^*	c^*	d^*	e^*	f^*
第一种	23	22	21	19	18	17
第二种	24	22	21	19	18	16
第三种	24	23	21	19	17	16
第四种	25	23	21	19	17	15
第五种	25	22	21	19	18	15
第六种	25	23	21	19	17	15
第七种	26	23	21	19	17	14
第八种	24	23	22	18	17	15
第九种	25	24	22	18	16	15
第十种	26	24	22	18	16	14

图 34 有关 a^*, b^*, c^*, d^*, e^*, f^* 的选择

(还有若干种选择未包括在内)

图 34 是有关 a^*, b^*, c^*, d^*, e^*, f^* 可供选择的各种类型,当然这些选择的类型还有很多种,但用于需要的类型并没有那么多,因为并不是每一种类型都有相关的左右两边框的 13 对互补大小数和它匹配。

第四步,在选定了表中一组 a^*, b^*, c^*, d^*, e^*, f^* 后怎样研究相配套左右边框的 13 对大小数。

现在让我们选定 a^*,b^*,c^*,d^*,e^*,f^* 的数码分别为 23，22，21，20，19，18，根据互补原则 a,b,c,d,e,f 分别为 203，204，205，206，207，208，209。到此我们已经决定了上面的顶行和下面的底行的 $2×15=30$ 个空位，余下左右两边框上还有 26 个空位尚待定。现在让我们列出在上述已定位的小数码中，还有多少小数值尚待定位。其值有 13 个，即

6	9	11	12	13	14	15	16	20	24	25	26	28

和它们相配对的大数为

220	217	215	214	213	212	211	210	206	202	201	200	198

右边框的数码除角数 223 和 27 已知外，其余 13 个数假定由大数 6 个数和小数 7 个数组成，我们将假定前 6 个大数和 7 个小数组成右边框的数码（角数 223 和 27 除外），即设右边框为

220	217	215	214	213	212	15	16	20	24	25	26	28

其和为 1 445，和应与数 1 695－(223＋27)＝1 445 相等，这证明上面的假设是应有实际情况，其左边框和它一一配对的数码，为

6	9	11	12	13	14	211	210	206	202	201	200	198

所以，综上所述，我们有 (A_{10a}) 以外的另一种以 (1,2,4,5,7,8) 为标志的又一种 (15×15) 魔方边框。

14. 以 (1,2,4,5,7,8,10) 为标志的其他 (15×15) 魔方

在上节中，我们研究了以 (1,2,4,5,7,8,10) 为标志的，a^*，b^*,c^*,d^*,e^*,f^* 为 23，22，21，19，18，17 的 (15×15) 魔方的边框，现在我们将根据 a^*,b^*,c^*,d^*,e^*,f^* 为 24，22，21，19，18，

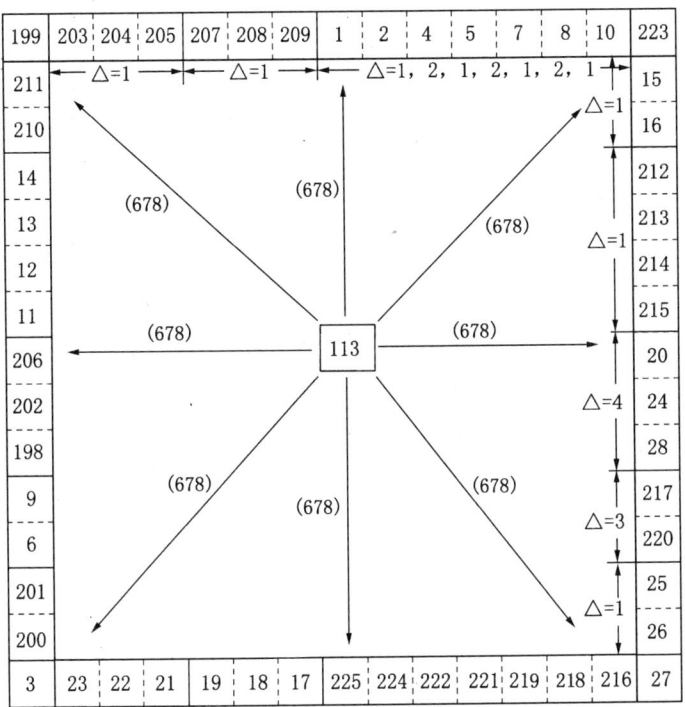

图 35 以(1,2,4,5,7,8,10)为标志的又一(15×15)魔方中央项为平均值 113,678 为中央项和边框中间项之间各项之和或中央项和角项之间各项之和

16 的,和以(1,2,4,5,7,8,10)为标志的又一种(15×15)魔方边框。当 12 节中所用详细程序将予以简化,首先我们将列出在两侧边框中尚待安排的 13 个小数,即

$$6, 9, 11, 12, 13, 14, 15, 17, 20, 23, 25, 26, 28 \quad (a_1)$$

现在将前 6 项用有关的互补的大数代替,就可以用来作为左边框的 13 项数码,我们有右边框数码序列:

$$220, 217, 215, 214, 213, 212, 15, 17, 20, 23, 25, 26, 28$$

其和为1 447,从右边框总和1 695中减去223+27=250后,应该是1 445。两者相差为2。如果把14和15在(a_1)中对调,再把前7项数改写为互补的大数,得右边框的序列:

$$220, 217, 215, 214, 213, 211, 14, 17, 20, 23, 25, 26, 28$$
(a_2)

其和为1 445,这和应得数1 445完全相同,所以,我们认为(a_2)确为右边框除角点223,27以外各点的序列。而右边框除角点199,3外的序列等于(a_2)的互补配对数如下:

$$6, 9, 11, 12, 13, 15, 212, 209, 206, 203, 201, 200, 198$$
(a_3)

顶行的序列为

$$199, 202, 204, 205, 206, 207, 208, 210, 1, 2, 4, 5, 7, 8, 10, 223$$

底行的序列为

$$3, 24, 22, 21, 19, 18, 16, 225, 224, 222, 221, 219, 218, 216, 27$$

经整理后,以(1,2,4,5,7,8,10)为标志,为($a^*, b^*, c^*, d^*, e^*, f^*$)=(24,22,21,19,18,16)的(15×15)魔方的又一种布局为(图36):

现在再研究一般以(1,2,4,5,7,8,10)为标志,并($a^*, b^*, c^*, d^*, e^*, f^*$)为(24,23,22,21,19,17,16)的(15×15)魔方边框的又一种布局。

我们将左右边框尚待安排的小数13个列出如下:

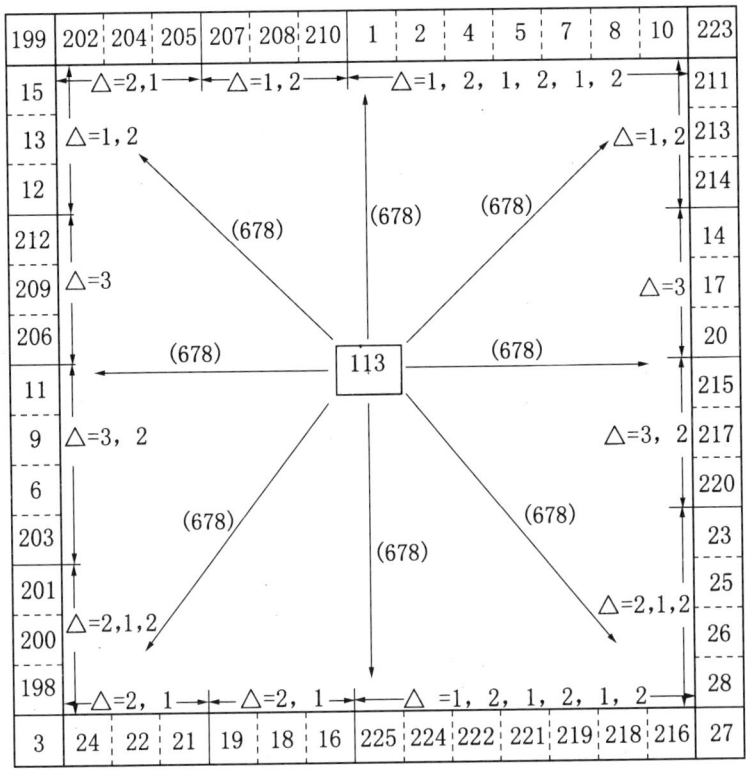

图 36 以 (1,2,4,5,7,8,10) 为标志的,且 $(a^*,b^*,c^*,d^*,e^*,f^*)$ 为 (24,22,21,19,18,16) 的 (15×15) 魔方边框的又一种构造

6, 9, 11, 12, 13, 14, 15, 18, 20, 22, 25, 26, 28 　(b_1)

把 (b_1) 序列中前 6 项,用它们各自的互补配对的大数代替,其结果希望是右侧边框的组成序列:

220, 217, 215, 214, 213, 212, 15, 18, 20, 22, 25, 26, 28

其和为 1 450,实际应该是 1 695－223－27＝1 445,相差 5,是奇数,这种情况是调整 (b_1) 的前后小数来降低 1 450 使达到 1 445 的。所以 $(a^*,b^*,c^*,d^*,e^*,f^*)$ 选用第三种选择是失败的。

现在让我们选用$(a^*,b^*,c^*,d^*,e^*,f^*)$第四种分布$(25,23,21,19,17,15)$。

我们求解以$(1,2,4,5,7,8,10)$为标志,用第四种$(a^*,b^*,c^*,d^*,e^*,f^*)$的选择下的$(15\times15)$魔方构造问题,在这些条件下的左右边框待用小数13个是:

$$6,9,11,12,13,14,16,18,20,22,24,26,28 \quad (c_1)$$

如果把序列前6个小数用各自的互补配对的大数替代后,得建议的右侧边框的中间13个数码序列:

$$220,217,215,214,213,212,16,18,20,22,24,26,28$$
$$(c_2)$$

其和为1 445,而应该是1 695−250=1 445,两者完全相等。

所以(c_2)是右侧边框除角点以外的13个数码,其左侧边框除角点以外的序列是(c_2)序列的各自互补配对的序列,它们是:

$$6,9,11,12,13,14,210,208,206,204,202,200,198$$
$$(c_3)$$

从此,我们可以写出以$(1,2,4,5,7,8,10)$为标志,并用$(a^*,b^*,c^*,d^*,e^*,f^*)$的第四种$(25,23,21,19,17,15)$的$(15\times15)$魔方边框布局如图37。

图37所表示的(15×15)魔方是以$(1,2,4,5,7,8,10)$为标志的边框最有章法的边框布局,它的分区最少,也最简单,在上、下行的边框中只分2个区,在左右边框中只分3个区,而且每区的梯度Δ也最简单,像这样的边框布局有可能寻求一种系统的形式。

15. 以$(1,3,4,6,7,9,10)$为标志的(15×15)魔方边框布局

现在让我们进一步研究以$(1,3,4,6,7,9,10)$为标志的(15×15)魔方边框布局中有没有可能找到如图37这样的良好的布局。

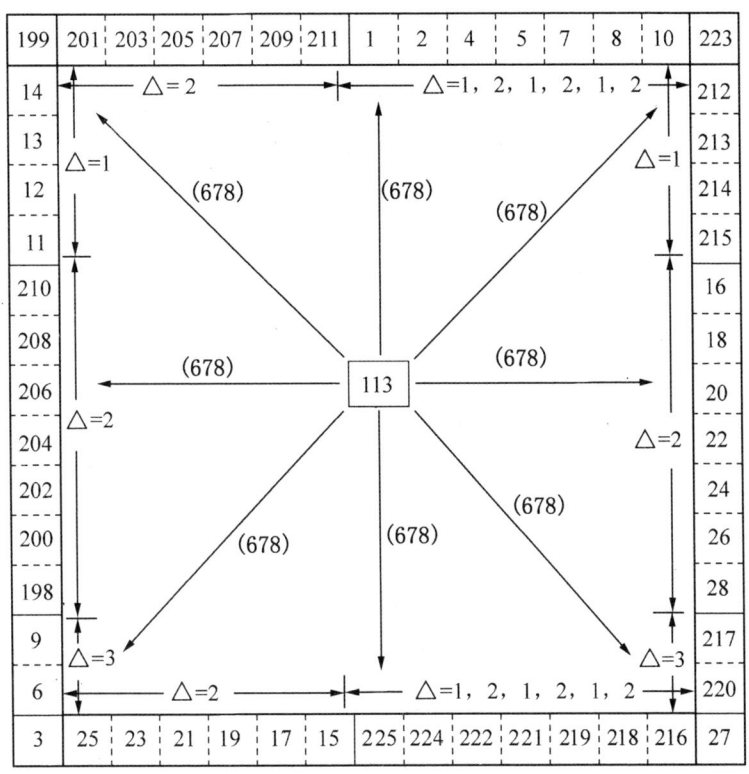

图37 以(1,2,4,5,7,8,10)为标志,且$(a^*,b^*,c^*,d^*,e^*,f^*)$
为(25,23,21,19,17,15)的(15×15)魔方边框布局

设顶行边框为

| 198 | a | b | c | d | e | f | 1 | 3 | 4 | 6 | 7 | 9 | 10 | 224 |

于是,底行边框为

| 2 | a^* | b^* | c^* | d^* | e^* | f^* | 225 | 223 | 222 | 220 | 219 | 217 | 216 | 28 |

其中,a^*,b^*,c^*,d^*,e^*,f^*是a,b,c,d,e,f的互补配对数项。我们可以用底行各项之和等于$\frac{1}{2}k(k^2+1)=1\,695$,得出:

$$a^*, b^*, c^*, d^*, e^*, f^* = 1\,695 - (225 + 223 + 222 + 220$$
$$+ 219 + 217 + 216) - 2 - 28$$
$$= 123$$

这里有很多解,但我们将重点研究下列三种有一定对称性的解,见图 38。

a^*	b^*	c^*	d^*	e^*	f^*	类别	a	b	c	d	e	f
23	22	21	20	19	18	第 1 种	203	204	205	206	207	208
24	23	21	20	18	17	第 2 种	202	203	205	206	208	209

图 38 $a^*, b^*, c^*, d^*, e^*, f^*$ 和 a, b, c, d, e, f 的选择

第一种的解就是前文中 A_{12a} 的 (15×15) 魔方边框的解。现在让我们研究第二种的解。这个问题中,在边框中待用的小数为:

$$5, 8, 11, 12, 13, 14, 15, 16, 19, 22, 25, 26, 27 \quad (d_1)$$

共 13 个。如果我们将前 6 个数用有关互补配对的大数代替,即得右边框的数码:

$$221, 218, 214, 213, 212, 15, 16, 19, 22, 25, 26, 27 \quad (d_2)$$

其和为 1 443,但它应该为 1 695 − 224 − 23 = 1 448,其差为 5,用调整 (d_1) 中前 6 个和后 7 个数的办法,无法消除奇数的差别,所以第二种解根本不存在。

现在我们将研究第三种 $a^*, b^*, c^*, d^*, e^*, f^*$ 选用的可能,即:

$$a^*, b^*, c^*, d^*, e^*, f^* = 24, 23, 22, 19, 18, 17$$

其互补配对数序为:

$$a, b, c, d, e, f = 202, 203, 204, 207, 208, 209$$

左右两侧边界待安排的小数为：

$$5, 6, 11, 12, 13, 14, 15, 16, 20, 21, 25, 26, 27 \quad (d_3)$$

前 6 个小数用互补配对的大数代替，得右边框的数列，角点在外 (224, 223)

$$221, 218, 215, 214, 213, 212, 15, 16, 24, 21, 25, 26, 27$$
$$(d_4)$$

其和为 1 447，实际应该是 1 448，其差为奇数，又一次无法调整，这一种 $a^*, b^*, c^*, d^*, e^*, f^*$ 又失败了。

现在我们将研究下列有关 $a^*, b^*, c^*, d^*, e^*, f^*$ 的选择

$$a^*, b^*, c^*, d^*, e^*, f^* = 26, 24, 22, 19, 17, 15$$

同时，a, b, c, d, e, f 以其大数配对

$$a, b, c, d, e, f = 200, 202, 204, 207, 209, 211$$

左右边框中的待用小数为：

$$5, 8, 11, 12, 13, 14, 16, 18, 20, 21, 23, 25, 27$$

设将上序列中的前 6 个数改写为它们的互补配度 k 数，得右边框两角以外的序列：

$$221, 218, 215, 214, 213, 212, 16, 18, 20, 21, 23, 25, 27$$
$$(e_1)$$

其和为 1 443，而 1 695 减去两角 28+224 也是 1 443。这就证明 (e_1) 确为右边框的数列。其相应的左边框序列是：

5，8，11，12，13，14，210，208，206，205，203，201，199

根据这些结果，我们又得到一种新的(15×15)魔方，如图39。

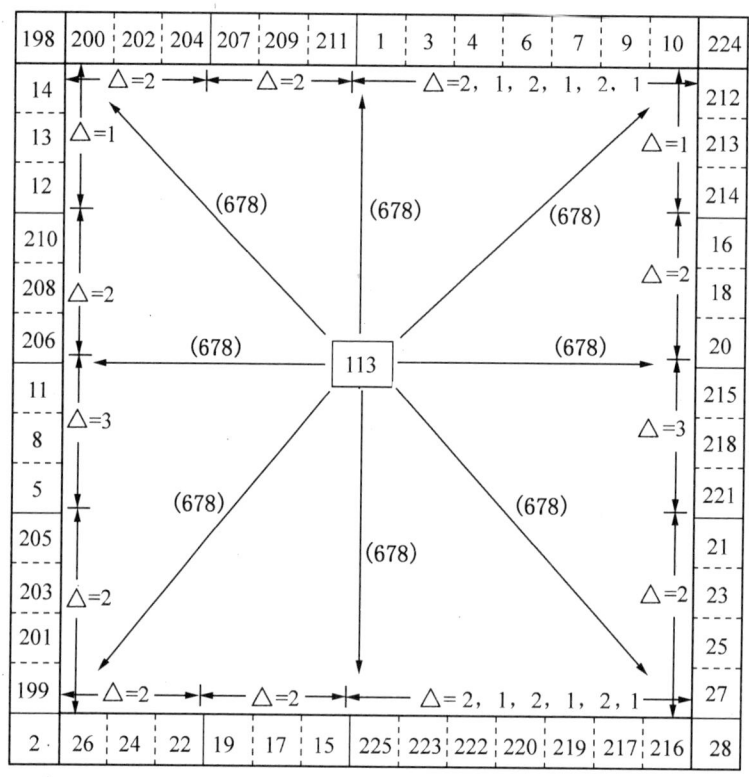

图39 以(1,3,4,6,7,9,10)为标志，并且(a^*,b^*,c^*,d^*,e^*,f^*)
为(26,24,22,19,17,15)的(15×15)魔方边框布局

16. 以(1,2,4,5,7,8)为标志的(13×13)魔方边框布局

上两节研究了以(1,2,4,5,7,8,10)为标志和以(1,3,4,6,7,9,10)为标志的两种(15×15)魔方的布局，并详细讨论了研究过程。为了研究以这类标志的($k×k$)魔方边框一般布局问题，我们还需要研究在同类标准下的(13×13)魔方的边框布局。为了简化运算过程，我们略去推算过程，直接给出它们的结果。

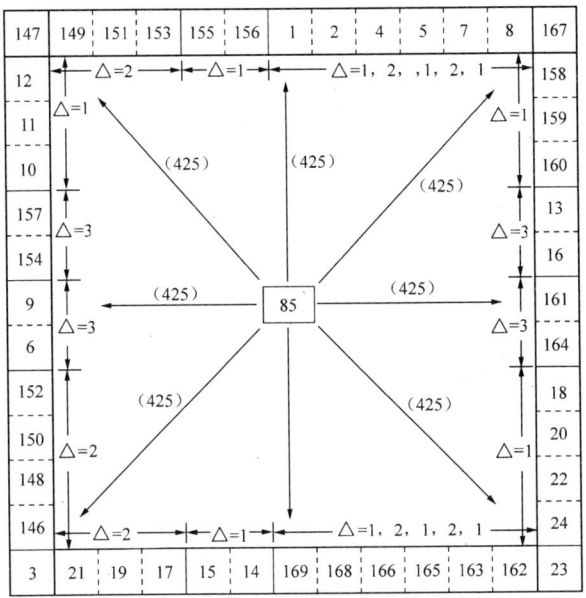

图 40　以 $(1,2,4,5,7,8)$ 为标志，且 (a^*,b^*,c^*,d^*,e^*) 为 $(21,19,17,15,14)$ 的 $(13×13)$ 魔方边框布局

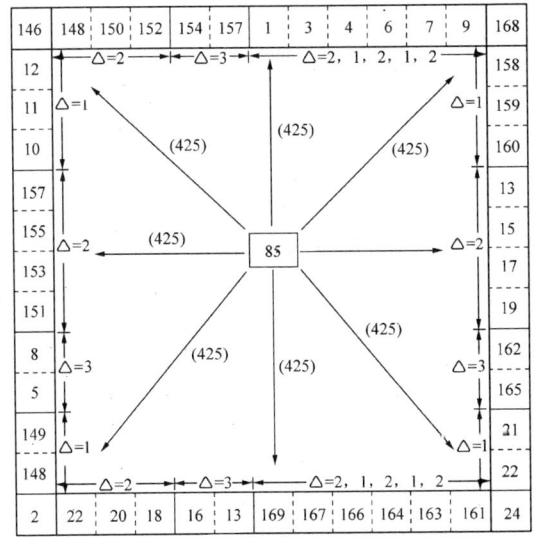

图 41　以 $(1,3,4,6,7,9)$ 为标志，且 (a^*,b^*,c^*,d^*,e^*) 为 $(22,20,18,16,13)$ 的 $(13×13)$ 魔方边框布局

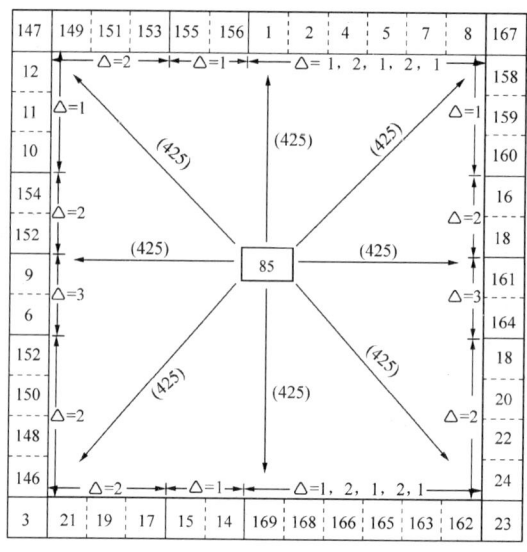

图 42 以 $(1,2,4,5,7,8)$ 为标志，且 (a^*,b^*,c^*,d^*,e^*) 为 $(21,19,17,15,14)$ 的 (13×13) 魔方边框布局

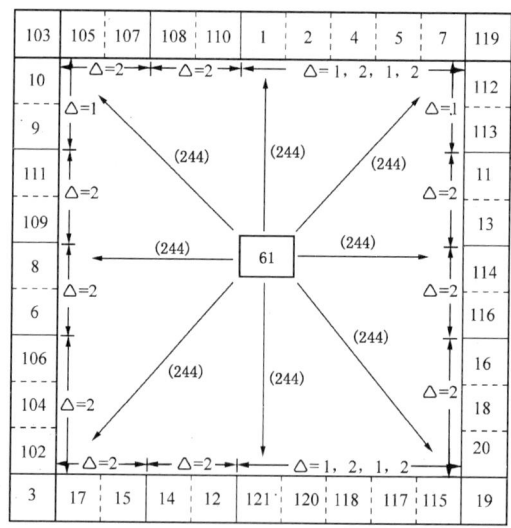

图 43 以 $(1,2,4,5,7)$ 为标志，且 (a^*,b^*,c^*,d^*) 为 $(17,15,14,12)$ 的 (11×11) 魔方边框布局

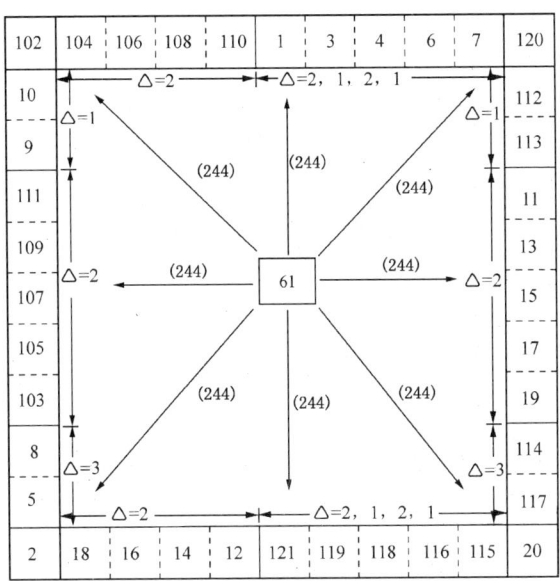

图44 以(1,3,4,6,7)为标志,且(a^*,b^*,c^*,d^*)为(18,16,14,12)的(11×11)魔方边框布局

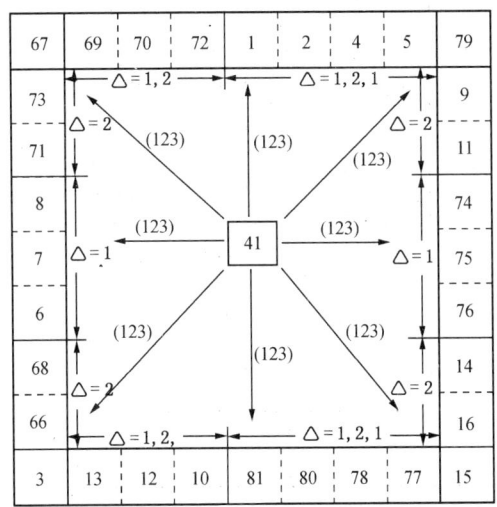

图45 以(1,2,4,5)为标志,且(a^*,b^*,c^*)为(13,12,10)的(9×9)魔方边框布局

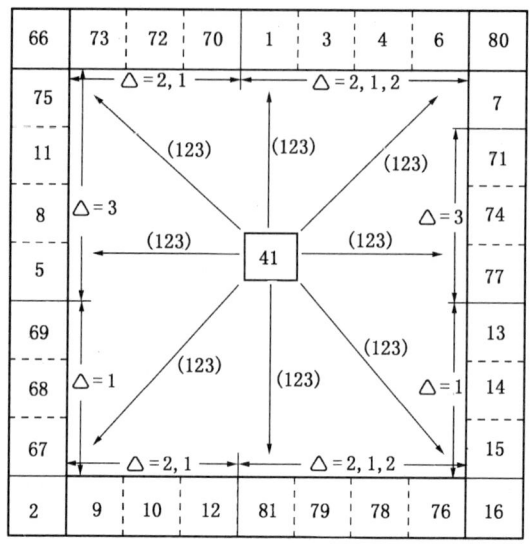

图 46 以 $(1,3,4,6)$ 为标志,且 (a^*,b^*,c^*) 为 $(9,10,12)$ 的 $(9×9)$ 魔方边框布局

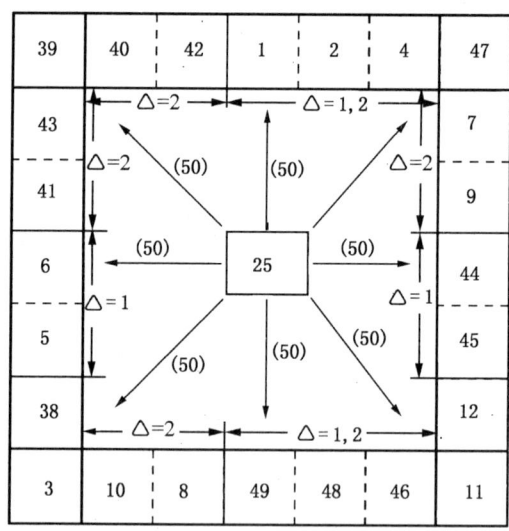

图 47 以 $(1,2,4)$ 为标志,且 (a^*,b^*) 为 $(42,40)$ 的 $(7×7)$ 魔方边框布局

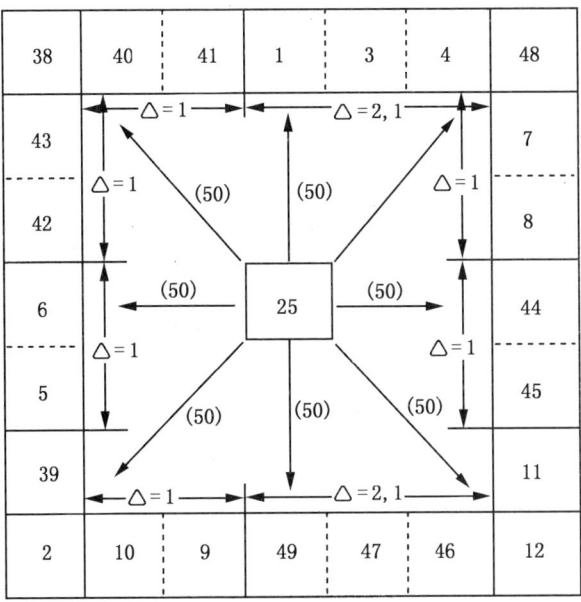

图48 以(1,3,4)为标志,且(a^*,b^*)为(10,9)的(7×7)魔方边框布局

请呈李瑞环同志转中央"十五"计划有关同志

关于我国水利建设的几条建议＊

我国是个缺水的国家。年水资源总量约为 2.8 万亿立方米，人均不足 2 400 立方米，约为世界人均水量的 1/4。而且，降水在空间和时间上分布极不平衡，东南多，西北少；年降水量的 70%～90%集中在 6～9 四个月间，且多以暴雨形式出现，不但难以利用，还常常造成水灾。在我国严重缺水的情况下，工农业生产和社会用水却存在着严重的浪费现象。因此，我国的水利建设要遵循"蓄水重于排水，调水重于防洪，同时要重视节水"的原则。

我国南水北调工程势在必行。但如何实施，有不同意见，尚难以决策。最近，党中央号召全国各界人士关心南水北调工程，希望大家积极出主意，提建议。李瑞环主席在政协九届三次常委会上作了题为"关于我国水的几个问题"的讲话，我对讲话中提到的治水原则完全赞同。响应党中央的号召，根据李瑞环主席的治水原则，我提出以下几条具体建议。我虽不从事水利工作，但长期关注我国水利建设，对全国许多地方都进行过调查研究。希望点滴意

＊ 写于 2000 年 12 月。

见能得到中央的重视。

1. 关于南水北调东线工程

东线指在扬州调长江水到华北。据闻,人们对此有争议。

有人担心从扬州提水会导致长江海水倒灌,引起江苏、安徽境内长江沿岸土地盐碱化。我认为不必过分担心,江苏省的江水北调工程在扬州日夜从长江提水已有多年,从未出现过问题。但如果大大增加提水量,也许会出现海水倒灌之可能。在从长江调水的基础上,我建议增加从淮河调水。现正在实施的排淮河水入海的工程,耗资巨大,不符合少排多蓄的原则,我主张立即停止,而把淮河水调到北方,以造福人民。有两种方案,可同时实施:第一,在淮阴从洪泽湖提水入运河北上;第二,从蚌埠以西淮河的支流修渠引水北上,从西边绕过徐州进入微山湖。扬州的提水站继续运行,但不必增加提水量。

东线工程利用大运河及与其平行的河道逐级提水北上,沿线经过骆马湖、微山湖、东平湖,在东平湖附近过黄河,从聊城往北便可自流,经德州、沧州、天津,到达北京东南的河西务。东线工程的主要目的是输水,用于解决沿线城市和农村的缺水问题,在北段不必考虑航运。主要工程有:① 在江苏的淮阴、山东的大汶口和聊城等地建提水站;② 据说大汶口以北的运河年久失修,应予以修复;③ 把东平湖恢复到历史上水泊梁山的规模,并沿运河利用洼地修建若干水库,以增加调蓄能力;④ 从东平湖引水入黄河,把东平湖以东的黄河故道变成一个大水库(黄河水则让给上游使用);⑤ 在东营附近引水进入引黄济青工程主干渠,使其恢复使用;⑥ 在青州从引黄济青干渠引水,经泰山以东的丘陵地带南下到临沂,使以临沂为中心的山东腹地得到灌溉;⑦ 淮河的发源地——大别山区,原有许多水库,年久失修,已失去蓄水作用,现应予以修复,以加强对淮河丰枯期水量的调剂能力,保证东线工程的水源。

在北起天津南到德州的运河以东滨海有大片土地,由于长期无水灌溉,加上海风的侵蚀,造成土地盐碱化。通过大水漫灌可把土壤中的盐碱成分洗去,然后采用喷灌的方式,盐碱地便能变成良田,可接纳几百万移民。另外,沿海盐碱地得到改良后,还可营造防护林,减轻海风对沿海地区土地的侵蚀。

2. 关于南水北调中线工程

我所讲的中线不是从汉水调水。因为汉水流量小,水源难以保障。我主张从长江调水。三峡水库不久便可建成,三峡内水位可提高约175米,三峡内的小三峡的水位也随之提高。目前小三峡的水由于神农架的阻挡不能北流。历史上这里存在一条水道,两千多年前,秦兵曾沿这条水道南下攻打楚国。小三峡水位升高后,可顺古河道北流,通过大巴河跨过汉水进入丹江口水库。另外,嘉陵江水也可在达县以北调入大巴河,经汉水进入丹江口水库。丹江口水库的水经过华山东边的商洛坡地北上(在商洛坡地修建一连串水库),在洛阳过黄河后,沿中条山在焦作进入太行山。中条山和太行山有许多山坳,把山坳的出口筑坝堵住,使之成为一个个巨大的水库。这些水库从南到北有高有低,或提水或自流,通过"以水发电,以电提水"的模式,一直把水送到北京的门头沟。

此方案可把水拦蓄在高处,一方面可以方便地为东边众多的城市和广大的农村供水,另一方面可以发挥巨大的生态环境效益,使太行山恢复植被、改善生态,成为大片风景游览区。

3. 关于南水北调西线工程

我讲的西线不是通常所说的西线,而是指由于中、东线修好后,黄河中下游地区不再需要黄河水,黄河水可在上游地区重新配置使用。具体做法是:

(1) 在偏关筑坝把黄河拦断,使黄河水不再通过禹门、龙门流向中下游。

(2) 在兰州以南开渠引黄河水向西北,经贺兰山和阿拉善高原之间的沙漠北上,绕过阴山,沿边境线东流,直到锡林郭勒地区。这样便可使内蒙古的大片草原、沙漠受益于黄河水。沿渠两岸可大规模造林,以减轻华北地区的风沙问题。

(3) 黄土高原由于千百年来战争和掠夺性开发,失去植被保护,被流水冲刷成千沟万壑。把这千沟万壑全部在入黄河处筑坝堵住,把水拦蓄住,同时大量种树,从而根本改变黄土高原水土流失、生态恶化的局面。

(4) 把河套以南、宁夏以北黄河沿岸的低洼地区整理成一个巨大的水库,以供水给周边的包头、呼和浩特等城市和农牧区,并可利用水面发展水产养殖业。

(5) 为保护黄河水源,黄河源头地区严禁砍伐,并大量造林,以恢复生态。为解决当地人民的取火问题,要向他们提供煤炭,以取代木材作燃料。黄河流经的大草地和沼泽地要严加保护,不允许开发成耕地。

4. 全面整治祖国山河

(1) 在长江两岸退耕还湖,在其支流的上游山区增建水库,以增加蓄洪能力。湘西、湘南的山区是湘江、资水、沅江、澧水等河流的发源地,沿河兴建许多水库,既可灌溉沿岸干旱的土地,又可减轻夏季长江和洞庭湖洪水的压力。

汉水下游地区的云梦泽,历史上曾是个大湖,对汉水发挥着巨大的调蓄作用,解放后却成了武汉市的劳改农场,现已干枯。从武汉经黄冈、武穴、九江、安庆、芜湖至浦口的长江北岸,原来的许多湖泊现都已变成农田。江西境内的鄱阳湖,由于长期围湖造田,湖面已缩小到原来的1/3。这些都已严重影响到了长江的蓄洪泄洪能力,造成长江中下游地区水灾频繁。退耕还湖,刻不容缓。中央为此调拨了大量资金,有些地方却挪作他用。多产粮食固然重要,但为此付出的代价是洪水对长江中下游地区人民生命财产和工农业生产的严重威胁,孰轻孰重,不言自明。中央关于退耕还湖的政策必须强制执行,各地人大、政协要负起监督的责任,对公然违背者要严惩不贷。

(2) 要重视新疆水资源的保护与开发利用。新疆有两条外流河,即额尔齐斯河和伊犁河。两河的水量相当于一条黄河,但至今尚未进行任何开发利用,而白白地流出国境。中央应责成水利部对两河的开发作出规划。要开发两河丰富的水能资源,并尽可能把一部分水留在境内。

塔里木河是我国最大的内流河,但却没有固定的水道,夏季河水四处泛滥,最终消失在塔克拉玛干沙漠中,白白地浪费掉。应修筑渠道,把宝贵的水资源引到最需要的地方去。

塔里木河水的一部分通过明渠送到喀什地区的一个个村镇。明渠易污染,人饮用后传染疾病,而且会造成水渗漏流失。建议择址修建水库,并采用自来水方式供水。这样既可节水,又可保证饮用水的清洁卫生。

南疆的和田、且末、若羌及其以东直到青海的广大地区,有着丰富的地下水资源。这些地下水来源于青藏高原的积水,因为埋藏较深,尚未开发利用。建议每隔 50～100 公里探钻一口深井,以了解地下水的分布情况。通过开发丰富的地下水资源,可开辟出很多垦区,接纳大批移民。

(3) 治理嫩江。嫩江发源于大兴安岭,与松花江汇合后注入黑龙江,最终白白流出境外。而且松花江中下游地区极易发生洪灾,严重威胁着哈尔滨等地区人民群众的生命财产安全。为避免嫩江水资源的浪费,解除其对松花江中下游地区的威胁,建议在嫩江的下游筑坝拦断,利用当地大片的低洼地把水蓄住,并修渠引水向西南,灌溉赤峰以北的大片干旱地区。

(4) 改变北京周围的水环境。北京西边,桑干河上的官厅水库,由于多年淤积,库容量大大减少,应予以扩挖。北京的西南边,从门头沟到卢沟桥以东的河道,通过修整扩挖,变成一个大水库,在南水北调中线工程修好之前,可从官厅水库引水。北京的南边,河北境内的白洋淀,通过扩挖,恢复到以前的规模,并修渠或利用现有河道与南水北调工程的中线、东线连在一起。这样,北京的周围便都有了水库,对北京补充地下水,改善生态环境将起到重要作用。

5. 大力推行节水灌溉

我国北方地区农业灌溉用水占总用水量的70%以上,但节水潜力很大,因此,推广农业节水灌溉,是目前解决北方水资源紧张的一个重要措施。沟渠引水,大水漫灌的方式最要不得。因为这样不但造成水的渗漏流失,大量浪费,还导致土壤中养分流失,作物减产。滴灌、喷灌的方式可大量节水,并能提高作物产量。但滴灌方式所需管道太多,造价高昂,不宜推广。喷灌设备造价较低,虽没有滴灌更节水,但可比漫灌方式节水约80%(喷灌必须在晚上进行,一方面减少蒸发,节约用水,另一方面可使作物在白天得到更多的阳光照射),而且,以前靠天吃饭的丘陵地区,亦可采用喷灌方式得到灌溉。因此,根据我国国情,应大力推广喷灌方式。国家应进行必要的投资,扶持国有企业生产聚乙烯喷灌设备,以合理的价格卖给农民。对那些确有困难的农户,可以采取赊销的方式,让农民先使用设备,待从中获益后再偿还价款。

附：国家计委回函

钱伟长副主席：

  为提高"十五"计划编制的社会参与度和透明度，我们开展了"十五"计划献计献策征文活动，在您以及广大人民群众的热心支持下，取得了圆满成功。您提出的"关于我国水利建设的几条建议"收悉，在起草"十五"计划《纲要》时，充分考虑了您所提建议的精神。在此，我代表国家计委及"十五"计划《纲要》起草小组成员单位向您表示衷心感谢。

  顺祝
身体健康

国家计委 曾培炎
2001年4月2日

给上海市第三女子中学管乐团的贺信*

尊敬的市三女中领导：

欣闻贵校管乐团已成立十周年，并将举办迎接新世纪"世纪和音"音乐会，在此我代表我本人和上海大学师生，向你们表示诚挚的祝贺。

我们的教育不是仅仅培养专门家，而是要造就一批全面发展的高素质人才。个人的发展，不仅要有"自强不息"的精神，更要将自己融入到集体中。在这一方面，你们市三女中作了很好的尝试，并已取得了丰硕的成果，市三女中管乐团的成立与发展，就是一个很好的例证，因为乐队是能够培养学生的"团队精神"的。"团队精神"对于同学们学习和成长很重要，对于同学们今后走向社会、开展各项工作就更重要。当协调而又优美的音乐在音乐厅内飘扬时，正是同学们的个人品质在集体中得到升华的时刻。

预祝你们的晚会取得圆满成功，并预祝市三女中在素质教育的道路上取得更大的进步！

　　此致
敬礼！

---

* 写于2000年12月。

鲜卑族的由来与现在的分布[*]

北魏是由鲜卑族建立起来的,鲜卑族的拓跋氏族曾经是北魏的王族,在中国历史上占有很重要的地位。大概在3世纪末的时候,鲜卑族占领平城(大同),并在此建都。当时,北方诸民族入侵中原时,都经过大同,但只有鲜卑族是成功占领大同的。中原民族(炎黄帝民族)对待北方来犯的民族是花过很大力量的,争夺的焦点就是大同。有时大同在中原民族手里,有时大同在北方民族手里。远古时,以河南为中心的区域称为中国,四周是四方国,东边是东夷,南边是南蛮,西边是西戎,北边是北狄,居住在中间的炎黄民族对四方国是一个力求同化的过程,大同的意思就是同化。

鲜卑族本来发源于大兴安岭北麓的石洞中,在嘎仙洞附近现在还有遗址。其中,拓跋部落就居住在黑龙江嫩江流域。鲜卑族的人马多了以后,就占领了满洲里的呼伦贝尔草原。草原上牧草肥美,这个民族在呼伦贝尔草原上发展很快,不到七代的时间,这个地域就不能满足鲜卑族发展的需要了,于是鲜卑族的一支就向南走,通过热河(承德一带)进入现在的延庆,进而突取张家口和大同。在大同待了几十年。刚开始的时候,军马中无文武官之分,都是武将。后来,大统领到了大同后,注意吸收先进文化,善待"异

---

[*] 写于2000年12月。

族"的中原文化,任用了一些中原有才识的人,并鼓励同族人与汉族的妇女结婚。到了文成帝的时候,他自己就跟汉族姓冯的大户女子结婚,也就是后来的冯太后,她是北魏第一个在中原的汉族皇后。冯皇后是信佛教的,所以文成帝也开始相信佛教,从此,原先受到重视的道教开始退到后台,而原先受到轻视的佛教解除禁令得以迅速发展。冯皇后很早就守寡,大概26岁就成了太后,到了大概37岁时,就成了太皇太后。这时候是孝文帝时代,佛教在中国北方得到空前的发展,各地竞相建寺庙塑佛像,大量开凿石窟,树碑立传,从而形成了中国历史上独特的石窟艺术和碑刻艺术。

西晋末年,鲜卑部落居住在内蒙古锡林郭勒地区时,拓跋珪就称"代王",后来又改称"魏王",历史上称之为魏道武帝。那时候,道武帝不仅有"南进"的宏图大志,而且羡慕中原文化,极力想学习汉文化。但由于战事频繁,要全面实行汉化政策是不大可能的。从道武帝到献文帝的这段时间内,北魏的疆域进一步扩大,东到渤海,南到渭水、黄河一线,西到秦州、河州和梁州一线的广大中原地带。到了魏孝文帝时,社会总体趋于安宁,但鲜卑族入主中原近百年了,仍然面临很多问题。因为鲜卑族面临的是汉族的社会,而统治者是鲜卑族,语言不一样,无法指挥,甚至税收也收不到。因此,有必要接受并吸收中原文化,团结并融合中原的汉民族,使北魏王朝更加稳固。于是,孝文帝决定迁都洛阳,但来自鲜卑王室、贵族的阻力不小。孝文帝这个人很聪明,用了个计谋,说要打仗了,做出大举征战的气势,这样大家也只好同意迁都洛阳了,同时也从大同带去了不少鲜卑族民众。

可到了洛阳以后,孝文帝就开始制定一系列的政策,全面推行汉化。首先将大小可汗的军马分散到河南各地,以便统治。但是要统治中原人必须会讲中原话,还必须设很多官吏,但这还不够,所以孝文帝决定做几样事情。第一就是学汉语、用汉语,不学汉语就无法统治,底下也听不懂,所以只得学汉语,并规定大小官吏不得用鲜卑族语言，违者降级或免职；第二是改姓汉姓，因为那时中原汉族是很讲姓氏讲门第的，于是，孝文帝下诏改姓，一方面为皇室宗亲与部落大人确定汉姓，即"八氏十姓"和"三十六族九十二姓"，这些姓氏的人后来就被称为"河南洛阳人"，另一方面将鲜卑族姓改为汉姓。同时进一步鼓励鲜卑族与汉族通婚，甚至下诏禁止鲜卑族同姓结婚；第三是建立中原式的文官制度，不再用武官，取而代之的是相国大夫等文官，文官正式穿上汉式的朝服；第四是官吏不再是管大小可汗与兵马，而是管行政区，一区一区地管。大可汗改称为帝，并追称历代祖宗为某某帝。通过这样的变革，不仅粮草税务能够收回来，而且鲜卑族与汉族得到更大的融合。改了姓氏后的鲜卑族人还得穿汉服，不再穿胡服。这些变革对中原社会的诸多方面的影响也是很大的。最明显的，第一是语言上的影响，他们学汉语四声只能发三声，没有第二声入声，因为入声在马背上是飘不远的，入声改成了阳平上声。可是北魏前面的西晋语言是四声，且有韵的，传到后来就是广韵。西晋有一批人逃到南方的两广一带，后来两广人称之为客家人。客家语言就是四声，当然也有三声的。那边的韵不是广韵了，而是另一种韵，称为官韵，但用得不普遍。第二个就是文字上的影响了，鲜卑族人写汉字和中原人不一样，写字的劲儿特别大，魏碑这种独特的书法艺术就是那时形成的。第三个影响就是佛教了，相信佛教的人越来越多，并大搞佛像雕塑。大同的云冈石窟和洛阳的龙门石窟就是北魏不同时期搞出来的。甚至连汾河流域下游都有石刻壁画。洪洞的一座庙里有幅壁画，反映北魏献文帝当和尚的事情，这是现存的最古老的一张中国壁画。洪洞县就是苏三起解的那个洪洞。这张壁画一直就放在洪洞的那座庙里，后被加拿大人骗取，用200元买走。因为这是世界上最大的，也是保护得很好的一张古代壁画，现在变成了加拿大的国宝，藏在博物馆里。平时不开灯，看的时候只用微弱的灯光，看完就把灯关掉，因为露光很容易坏。里面还有空调，保护得很好。这张壁画非常有名,国内曾有人拍到照片。目前,这张壁画在加拿大多伦多翁特利亚博物馆。当年,我留学国外就去参观过,我认识一个叫怀特的牧师,是他用200元买的,还带了个姓郑的中国小牧师。那时候,我是第一批的中国留加学生,所以很重视,都带我去看。我心里想,好家伙,他们卖国卖得够厉害的。

所以北魏在中华文化中起了很大的作用,它是两种民族文化交融碰撞的产物。整个山西省一路下来,壁画相当多,石刻也很多,但现存的石刻已不太多了。壁画、石刻和魏碑对中华文化有深刻的影响。这些历史知识在史书上能找到。现在要问,那么多鲜卑族的部落改姓汉姓,现在其后裔分布在哪里呢?除了拓跋鲜卑外,其他支脉的鲜卑族现在到了哪儿去了呢?

我曾经到西安,参观西安博物馆里的一幅壁画,它取自西安北边的古墓中,有个年轻的讲解员,讲得很精彩,她是西北大学考古系的毕业生。本来,我就对历史很感兴趣,自然认为她讲得不错。我就问她姓什么,她说姓穆。我又问她是不是穆桂英的穆,她说不是,而是鲜卑族改姓为穆的,跟穆桂英没有关系,但写法一样。很显然,她的祖先是由胡姓"邱穆陵"改为穆姓的。我再问她西安周围有多少鲜卑族人,她说大概有三千万人,都改成了现在的汉姓。我问有什么特点,她说听发音就可以听出来,是啊,他们的语言中没有入声,而汉族语言中有入声。因此,西北人讲话有的有入声,有的没有入声。所谓西北就是指山西和陕北这个区域,这是一个很特别的地方。我又问她,他们大概住在哪儿,她说就在大同的四周,相当多。西到偏关,偏关再往西就是宁夏了。宁夏又是另一个民族,也是北方民族占领黄土高原的西边而形成的。成吉思汗回来后,宁夏族被他杀光了。后来的北宋跟宁夏族争了一百多年,只打了个平手。本来远古时西北高原是森林地带,那时候有很多树木,但由于长期的战争,树木都被烧光了,现在什么树都没有了。回族是后来进去的。成吉思汗从西方回来的时候,到了兰州南边的临洮，带了五种兵马，中间以蒙古族为主，从中亚带回来的。西夏族被成吉思汗打败并杀光了。后来的西夏一带的人是成吉思汗走了以后填进去的。成吉思汗打西夏的时候正是辽金朝的时候，元朝还没有起来。金是契丹人建立的，金在赤峰。中原对付辽的是杨家将，对付金兵入侵的是岳飞，而对付元就没有人了。可那时候元还没有回来。成吉思汗死在临洮，后来葬到蒙古去的。我也曾经参观过临洮的成吉思汗的停灵处。

偏关一带一直到大同有二百多公里，有不少城市。我去过其中的两个城市，那里语言很特别，没有入声。居住的大部分都是鲜卑族的后裔。

第二个问题就是现在还有哪些地方居住有鲜卑族人？现在表明，在拓跋鲜卑南征时，还有一部分没有出来的鲜卑族留在了东北地区。黑龙江南北都有，外兴安岭西边也有，乌苏里江两岸，包括海参崴一带，都住着鲜卑族人，其中大部分被《尼布楚条约》划给了俄国。在佳木斯有个镜泊湖，那儿曾经有个渤海国，也是鲜卑族人的居住地区。再后来，有部分鲜卑族人到了沈阳的西北边，这里有十几个村庄都住着鲜卑族人。这一带的鲜卑族人在后来的历史上发生过两桩事情。一个事情就是渤海国曾经派使者送国书到唐朝的国都西安，国书是用鲜卑族文字写的，上面要求说必须用鲜卑族文字来答复，回答不出来就出兵，语气很强硬，以此来将唐朝的军，这是安禄山以前的事情。唐朝就找到李白来写回信，因为李白是鲜卑族人，他完全能写。郭沫若先生曾考证李白是从碎叶（现位于吉尔吉斯斯坦的托克马克，唐朝时属安西都护府）这个城市出来的，它位于原中苏友谊峰南边，这里也是鲜卑族的居住地。那边的人要到中原，必须沿着北疆的额尔菲斯河和额尔菲斯湖一直往东到巴尔津，到那儿渡河。中国另外还有三个有名的津，天津、河津（汾河口）及孟津（在龙门的下边），那时渡河口都叫津。

另一件事情说来话长了。现在，我国的56个民族中，没有鲜卑族，但有一个民族的名称发音和鲜卑族很相近，叫锡伯族。伊宁到伊犁之间有一个县叫锡伯族自治县，大约有8万人，他们自称为锡伯(Sibe)。我曾经到过那里，问他们是怎么到那儿去的，他们回答说是清朝康熙帝征服准噶尔盆地时，带着他们鲜卑族的祖先到了那里，然后把他们留了下来的。因此，他们不是拓跋鲜卑人，而是留在东北的另一支鲜卑族的后人。在16世纪时，东北的锡伯族被蒙古编入"八旗"。18世纪中叶，清政府为保卫疆土，抵御沙俄的侵略，从东北的锡伯人中抽调四千多军人与家属，远赴新疆伊犁地区戍边。战事结束后，这些鲜卑族人的后裔留在了伊宁。他们沿伊犁河屯垦，修渠建寨，繁衍生息。现在的锡伯人，他们能骑善射，很多射箭冠军是从这儿走出来的。他们也的确会种稻米，吃稻米。他们有的人手中，还保留着原先从东北带来的旗帜。当年，清朝皇帝为了把他们留下来，给了他们不少银两用以兴修水利，使得伊犁河水可以方便地引到他们那里。现在那条察布查尔大渠还在用，解放后也曾要求政府帮助修理，水利工程很大，石头都是大个儿的。锡伯族人还具有语言才能，能说多种语言，如锡伯语、哈萨克语、汉语及俄语等，他们现在可能是世界上唯一能使用满文的民族了。他们会做生意，边境贸易发达。这样看来，当年翻译民族名称时，由于翻译者本身的历史知识不丰富，没有想到锡伯族其实就是鲜卑族。

后来，我到了沈阳，在东北大学恢复的时候，见到了沈阳市的市长。他说他姓慕，我说从姓氏上看来他不是汉族，当时没有说他是鲜卑族，只是问他是不是由"慕容"氏改成姓慕的。后来，他告诉我说他现在的履历表中填的是汉族，我说这不可能，我估计是鲜卑族，因为鲜卑族里有慕容这个姓的。北魏道武帝拓跋珪的舅舅慕容垂就姓慕容，他是后燕的第一任君主，也是最早融入中华民族的一支鲜卑族人（慕容鲜卑）。后来，这位市长辩不过我了，终于说："不瞒你说，我确是鲜卑族人，而且祖上是属于镶黄旗。满族是很讲究姓氏的,并用'八旗'作为军队的编制,但正四旗是正宗的满族。我们不是满族而是鲜卑族,不过很早就跟满族人合作的。"他还介绍说沈阳故宫有个很高的台子,当年皇太极就待在那个台子上。台案前附近每隔 10 米处有一个方块,一共有八个,左右两边各四个。这就是大臣们伺候皇上的地方,但不许上台。还有一些方块离开前面的方块约 30 米,这就是鲜卑族人首领待的地方,因为他们很早就臣服于满族,他们到皇宫的时候,必须先把刀剑放下,空手才能走近前面的方块,由皇帝同意后才可以上台,规矩很大。

通过进一步的了解,我还知道,当时,在沈阳故宫的正北和西北有七个村庄,都住着鲜卑族人。在沈河的北边,相当于服兵役。现在,除了故宫北边和西北边住有鲜卑族人后裔,沈阳的铁西区里也还有鲜卑族人。这位市长对我说,下次到沈阳,就带我去看看。的确,鲜卑族在东北的人数曾经是很多的,尤其是吉林的东边、长白山的北边延吉等地都是鲜卑族人的居住区域,后来,慢慢地向四周扩散。俄国的著名港口海参崴本来也是鲜卑族的居住区域,黑龙江的两岸,一直到蒙古北边的贝加尔湖的东边以及湖的四周,都是鲜卑族人,并且,鲜卑族一直扩展到蒙古北边的叶羌、西伯利亚,鲜卑族人的居住区域都在那儿。现在,蒙古把靠近乌拉尔的一个村子称为新西伯利亚,把他们科学院的很多院士都弄过去了。这个区域原来也是鲜卑族人的居住区。

因此,鲜卑族的居住区域分布得很广,除去后燕时融入汉族的慕容鲜卑、北魏时留在大同和洛阳周围的拓跋鲜卑族人、拓跋鲜卑远征时留在东北的鲜卑族人(现称锡伯族)、18 世纪中叶西征到伊犁的鲜卑族人(现称锡伯族)之外,还有两个地方有锡伯族人,一个就是 4 世纪时随拓跋鲜卑远征的鲜卑族吐浑部落,经过一千六百多年的风风雨雨,现在在凉州、祁连山一带和浩门河流域及河湟地区居住的土族,这些人也是鲜卑族的后裔。另一个就是分布在俄国东部大部分地区的鲜卑族人。

对于后一个结论，我有这样的解释。俄国的西伯利亚对俄国人来讲是没有道理的，如果是地名，那么对俄国人来讲这个区域应该是东，应该称"东"伯利亚，对我们来讲是西或西北，但我们是用了他们地名的译音，把地名翻译为"西伯利亚"。俄国人管满洲里叫Manchuria，意思是满洲人居住的地方，而管西伯利亚叫Siberia，显然西伯利亚就是鲜卑族人居住的地方。因为锡伯族的英文名称叫Sibe，所以，锡伯族其实就是鲜卑族。这样一来，很多地方都能够讲得通了。

可见，鲜卑族现在仍然是一个很大的种族，只不过大部分居住在俄国的西伯利亚地区，俄国人称之为鲜卑族居住地，我们也应该将西伯利亚改译为鲜卑族居住区。我相信还应该将锡伯族名称改回来叫鲜卑族，这样有利于搞清楚中国历史上的渊源关系，因为很早就是这样的。既然由于翻译工作的欠缺，使得锡伯族名称被误译了，西伯利亚名称也被误译了，那么就应该还之以历史本来面目。当然，我讲这个故事的本来原因，就是有很多研究并不是必须要翻古书的，而是可以从现实中就能查到的。中国的历史可以从现在的角度来进行很多研究。

"华夏"的由来*

中国有时候被称为华夏,华夏民族怎么来的,为什么后来改成了中华,这些问题都很重要。同时,这里还包含了一个有关钱姓起源的故事。古时候,钱是有竹字头的,后来不用了,第一个姓钱的就是钱铿,他也是第一个彭祖。

为什么我们国家的名字称之为中国,要回答这个问题,必须追溯到四五千年之前了。那时,黄河流域有很多部落族群,《史记》上记得最多的就是黄帝民族,也就是姬轩辕领导的民族,炎黄子孙就是从这里来的。这个民族应该是多个原始部落的联盟。黄帝的子孙自然就是联盟里的大小首领。"三黄五帝"中的五帝指的就是黄帝及其子孙。这个部落联盟里有一个部落是专门负责保管火种的。因为那时候火是很难得到的,当时几乎所有的地方都是森林,加上气候比较暖和,森林遭受雷击后就会发生火灾,他们就想办法把火种保留下来。负责保留火种的那个部落是祝融氏的那个部落。他们是如何保管火种的呢?办法就是将火把接起来,插在一起,像个繁体字的"華"字,中间的柄插在一起,里面有四个火把隔开来放的,这样的火把可以维持两个时辰。火把烧完了以后,再用新的火把接上去。所以火把上面再加个火把,就是华字,以后就叫

---

* 写于2000年12月。

华。为什么叫华呢,其实就是花的意思,花本来还有火的意思。"华"是这么来的,它是象形文字,造字的时候是依照人们保管的火把的形状而定的。

管火把的人居住在哪里呢?他们就居住在现在的华山北边的一大片斜坡上。这片土地一直连接到运城,面积很大,而且森林茂密,南面就是华山,他们是上不去的。华山的名称的由来也是因为有一个部落在那儿管火把,所以叫这个山为华山,管火把的祝融氏部落的图腾就是"华"字。这个部落有个特点,因为他们管火种,也管一批从别的部落俘虏来的奴隶,这些奴隶做两项工作。一个是烧陶器,因为那时候用的生活用品几乎都是陶器,烧陶器是要用火的,所以这个部族专门管这些人。另一个就是开始炼铜器,当然用量比较少,只是用在箭头上,因为没有火是不可能炼铜器的。用的奴隶统称共工氏,他们专做陶器和铜器。共工氏曾经造反,跑掉了一批,从现在的洛阳一直往南,经过现在的襄樊市跑到宜昌一带,那一带是属于南蛮的,因此,祝融氏就受到处分。因为他管奴隶没有管好。这样,姬挚,也就是尧帝的哥哥,把祝融氏给杀了,说他私通共工氏,把俘虏放跑了,是不忠于部落联盟。接着让祝融氏的第三个弟弟做祝融氏部落的酋长,还是管那些事情。

祝融氏的这个部落也是很受苦的,因为西边的西戎人总来侵犯他,跟他抢火种。西戎这个地方过去是西王母管的,是母系氏族社会。西王母既是部落的名称,同时也是首领的名称,具有好几千年的历史,一直以牧羊为生。西王母是一个大部落,占有瑶池一带广阔的地域,这一带就在现在的西安西边,位于泾水、渭水流域。这里曾经长有很多的树木,但水土流失很厉害。她们经常到祝融氏的那个区域去抢火种,因为有了火以后,羊肉就可以烤熟了吃。西戎应该是一个很大的部族。在瑶池的西边大约一百公里处,有一个叫大地湾的地方,最近挖掘到了远古人聚居的地方,大约有七百多户人口,都住在山洞里,距今大约有七八千年的历史了。她们要火,老是去抢火,老跟祝融氏发生矛盾,有时候成功,有时候失败。祝融氏被打败了呢,就会丢失火种,受到部落联盟的责难;打胜仗了呢,可以俘虏西王母的人,而且都是女的,来当他们的夫人。

第一代彭祖的父亲就俘虏了一个西戎的女的来当老婆,五年里头生了五个儿子,第一个儿子就是钱铿,他就是第一代彭祖。到了钱铿5岁的时候,西戎人又来抢火种,结果祝融氏的部队失败了,家园也被破坏得一塌糊涂。钱铿的父亲也被战死了,只剩下从西戎来的母亲带着五个小孩。加上他们又和部落的大队人群冲散了,那带了五个小孩怎么生活呢?所以钱铿的母亲只好带着五个小孩再到瑶池去,她认识路,况且路也不是太远,结果没想到经过了多少年以后,瑶池那边人不认她,她一点办法也没有,只好再逃回到祝融氏的居住地。好在被冲散的部落又聚结在一起,开始了新的生活。渐渐地,五兄弟也长大了,钱铿的才能也显露出来,五个兄弟都很能干,在祝融氏的部落里都成为带兵的小首领,很能打仗,后来相继结了婚生了儿子,进一步壮大了他们的部落。钱铿还有一个特点,就是他的箭法特别好,会射箭,而且是铜做的箭头,身上还搞了一些铠甲,用以挡箭的,一片一片的挂着,大概有几十片,所以人家才叫他钱铿。除了钱姓之外,还有第二种姓氏源于这个部落,这就是陶姓,因为他们有陶工会做陶器。有了陶器和火种,人们的烹饪水平也就得以提高了。他们发现把羊和鱼放在一起烧,再放一点盐,味道特别鲜美,所以"鲜"这个字就是这样来的。那时候,运城已发现有盐池,能较方便地搞到盐。在其他的部落还在吃生食的时候,祝融氏部落由于发现了这个烹调的方法,人们就能吃上熟的东西,自然身体也就越来越好,族群也越来越壮大。而钱铿也因为烹调技术高明,被后世尊为厨师的老祖宗。

到了尧的时代,有一次尧被北方的民族从临汾一带赶出来了,打败了,就逃到现在的永济一带、运城的南边。那一块是大平原,而祝融氏就在这块平原上,再往南边就是华山。尧打了败仗以后,好几天没有吃东西,身体也很弱,钱铿他们就拿羊和鱼一块烧的汤给尧喝,时间不长,居然尧的身体康复了,其他的一大批人也康复了。身体养好了以后,尧认为祝融氏的钱铿一班人是部落联盟里了不起的一群人,于是就决定封钱铿为大彭国的酋长,因为钱铿那时候年纪已经六七十岁了,是老人了,所以就称之为彭祖,这样第一代的彭祖就是钱铿了。其实那时候钱铿已经很有名气了,而且还善于烹饪,这样彭祖也成为厨师老祖的代名词了。从此以后,这个彭祖一直作为尧的最忠实的部落首领,跟随着尧,成为尧的护卫部队的领袖。这种护卫领袖以后都被称为彭祖,前后传了八百年,因此后人都以为彭祖活了八百年。

尧回去以后不久,就把帝王的位置传给了舜。舜的部落在运城的西南边,都城叫符京。舜也很重视彭祖。《史记》里记载说,舜在接管权力或每一次召开会议时,谈到每一个部落的事情,最后都提到彭祖在座,说明彭祖是作为保护他们的身份在场,相当于管理国家安全事务的人物。舜的第一桩事情就是决定处理治水不力的鲧,也就是大禹的父亲。治水的任务是尧交给鲧的,但很多部落不停地向舜告状。告的是什么事情呢?原来临汾一带一到夏天,从吕梁山不断有黄河水流到汾水流域,把尧的领土都给淹了,损失很大,而且每年都这样。鲧管理的时候采用堵的方法。因为吕梁山一段隔一段的有缺口,于是鲧尽量去堵缺口,不让它乱淹,结果管了一辈子也没有管好,每年夏季一到,从吕梁山上下来的水就把汾河流域给淹了,结果庄稼颗粒无收,弄得舜的部落很穷。所以,舜就把鲧给杀了,说他没有尽责治好水,并让他儿子出来治水,这就有了大禹治水的故事。大禹知道堵是不行的,这边堵那边就会溢出来,怎么堵还是堵不住的,干脆打开。打开了黄河就从三门峡那儿流出去了。祝融氏就在华山北边的区域,现在属于山西省。禹开始劈山开道,彭祖也支持禹的这一行动,他的部落就帮着禹打开河津到华阴的这一路的水道,黄河水从禹门出来后从河津一路向南奔泻而去。这一带还流传着大禹治水,三过家门而不入的动人故事。从此以后,汾河流域不再受水灾了,老百姓也高兴了。因此,叫大禹出来治水是对的。禹一旦治水成功,又有彭祖的支持,势力很大,因为相当于军队支持他。禹接下来管淮河流域。这一带的水灾也很频繁,所以大禹决定再疏通淮河流域。那时,河南省东部有很多部落,知道大禹治水有功都支持他,再加上彭祖也支持他。于是,彭祖的军队和大禹的治水部落移到这一带,专门治理淮河流域。这样一来,舜发现没有人保护他了,他就退下来往南跑,也是当年共工氏走的路线。走的时候,尧的两个女儿也追赶舜而去,一直到现在的洞庭湖。舜在洞庭湖也没有停留,直接由岳阳到南岳衡山,而他的两个老婆则死在洞庭湖流域了,两个人的墓到现在还在那儿。那时候,这一带不属于中国,属于南蛮,他们就是逃到南蛮去的。后来,禹做了新的部落联盟首领,彭祖仍然支持他。禹从豫东回来以后,没有到会稽去,而是直接将帝王的位置传给了他的儿子,不再是先前的部族联盟推举制度了。位置传给他的儿子还发生了一件事情。禹除了儿子启外,还有一个儿子,起来造反反对启,彭祖就把那个儿子逮起来,平定了叛乱,所以豫东这个地方有很多京城,大约有14个,到一个地方就建一个京城,因为那个地方很乱,中间一代接一代地有政变,都是由彭祖帮他们治理的。因此,彭祖就变成了禹的第二号人物。所以,以后就有了"华夏"的称呼。"夏"就是禹建立的夏王朝,而"华"就是彭祖的图腾,因为军力在大彭国手里,但是大彭国不做领袖,只是从军力上辅佐禹及其子孙。"华"的力量比夏的力量大,没有"华"就没有"夏",所以叫"华夏"而不叫"夏华"。华夏原来指河南省从东到西的一带为中心的区域,四周有四方国,所以又叫中国,因此,中国就是华夏。四方国指的是东边的东夷、南边的南蛮、西边的西戎以及北边的北狄。当时,华夏的势力本身还是很弱的,谈不上去平定人家,只是希望能够相安无事,成为大同世界,同就是同化,把四个方国都同化。

人类社会的发展之初，这种民族的融合同化，不叫民族侵略。中国在中央地区，四周都是其他民族，怎么来解决这个问题呢，只能用同化的方法加以解决，所以叫同方，也有大同世界、天下为公的意思。

大彭国是怎么取消的呢？说来也很有意思。夏禹以后，部落推举和禅让帝位的方式取消了，重新恢复了黄帝时代的父子相传的制度，但只传给长子，没有子嗣就传给兄弟，这种传家的方法得以保证，还多亏了彭祖还有大彭国这一批打仗的人。到了夏代的最后一个皇帝桀，他是一个很昏庸且残暴的君主。所以，就连彭祖也起来反对他，并推举了一个在部落联盟中占有一定地位的人，也就是商部落酋长汤，把夏朝推翻建立了商朝。汤的老祖宗是契，契是管农作物的。商朝还是大彭国保护的，一方面大彭国曾经保护的夏朝的好几代，后来又支持契推翻了夏，但是由于交通不便大彭国没有成为很大的国家，在后来的平定反对契的斗争中，大彭国仍然发挥着作用。

一直到武丁，商朝中期的一个皇帝，传位时碰到麻烦，那时候的彭祖就起来帮武丁解决了这个麻烦，把武丁扶上位。武丁就认为彭祖非常了不起，但又觉得其力量太大，而且整天打仗。他心里起了疑心，打算不能让彭祖这样下去了，于是在某一天，武丁突然起兵袭击，将大彭国灭掉。夏代以后，大彭国一直就驻扎在豫东平原上，这样使得中原与东夷有一个缓冲，一旦大彭国被灭掉，商朝就要直接面对来自东夷的扰乱。武丁接下来就是集中兵力去平定东夷。东夷又分九夷。其中，有一个叫淮夷的，分布在洪泽湖附近，有一个叫扬夷的在现在的扬州附近，过了长江还有吴夷和越夷，等等。武丁花了很大的力量，派了军队，分成好几批去平定东夷，战争的规模比本土的斗争要厉害得多，所以叫武丁中兴。那时，武丁就把商朝改成了殷朝，建都于殷墟。现在，在殷墟已经发掘出很多的龟壳，上面还写了文字，据研究是用来作为战争前出兵求签用的。

彭祖从受封立国到灭亡,整整八百年,记载的史料中部族领袖都叫彭祖,不记具体的名字,所以后人总以为这彭祖就是一个人,他活了八百年。一般人只知道彭祖的两个特点,一个是活了八百年,另一个就是当今厨师的老祖宗,而不知道彭祖还担任过多少朝代的国防部长。从武丁灭九夷的时候,派了很多兵,到了武丁的子孙纣的时候,还是继续派兵去征服九夷。纣是很能打仗的,他从商丘一带聚集了约60万的兵,派向现在的江苏、浙江一带,使得自己的国内都空虚了。他的兵有一个特点,就是脸上开了花脸。这是殷朝时代的事情,兵力走了以后发生了一桩事情,纣发现周文王很有野心,文王当时在西安想造反,可是没有造成,被纣关了起来,关在现在的旧里(新乡一带),关了11年。周文王被关以后表现得很服帖很忠诚,一点儿也没有造反的意思,最后纣就放了他。真正造成反的是周文王的儿子周武王。周武王是周文王的第四个儿子,前面有三个儿子。大儿子就是吴泰伯,吴泰伯看到周文王喜欢小儿子,就带着自己的部落跑到现在的无锡梅里去了,现在无锡还有泰伯庙,当然那时候的无锡还是蛮荒之地。二儿子跑到朝鲜去了。

后来,周武王乘着纣忙于派兵东征,国内城池空虚的时候,起兵反纣。纣很轻敌,居然派了一些以前俘虏过来的兵去迎战,结果这些俘虏阵前倒戈,反过来打纣,纣最后就自焚而亡。历史上的纣并不是像人们所说的是暴君,而是很有武略的人才。而到江苏、浙江一带去的60万兵马,由于后面的殷朝被灭了,没有了后勤保障,而且吴泰伯已建立的根据地对他们也很有威胁,没有办法,除了留在江浙一带的士兵外,好些士兵就只好下海东渡了。在什么地方下海呢!就在现在上海的南汇一带。那时,人们把到海上去说成"上海",这也许是后来上海名称的由来吧。远古时,上海一带还有森林,这些士兵就从森林里砍了树木,编了木筏,筏子上面再树起桅杆挂起帆,就从海上漂流出去了,出去了很多。有的到了琉球岛,有的到了台湾岛。最近,复旦大学的生命科学学者通过基因研究,发现台湾岛上的高山族与南汇、马桥人的祖先具有完全一样的DNA,这也证实了当时的情形。除后来从大陆移居到台湾的人以外,台湾的高山族与大陆上海地区的汉族人是同源的,说台湾人是华夏儿女是再恰当不过了。

也有一批人经过钓鱼岛一带,到了南太平洋上的小岛上。也有的到了夏威夷群岛和马可罗尼西亚群岛上。最远的到了美洲大陆的墨西哥。墨西哥曾经发现了一个古墓葬,里面葬的是远古时的头人,脸上也有花脸。印第安人也开花脸,他们也是殷商时代从中国沿海漂流过去的士兵的后裔。那时,到了美洲的士兵早上一见面就说"殷地安好",久而久之,人们就称这些人为印第安人了,这种称呼跟印度是没有一点关系的。民国初年,中国驻墨西哥大使曾经去看过他们的古墓,说墓里面出土了一些文字,这些文字和甲骨文是一样的,这也足以说明殷朝末年中国士兵的去向了。他们不仅发现了"新大陆",而且将华夏文明带向新的世界。如今,华夏儿女可以说是遍及全球,默默地为人类的文明贡献着自己的力量。

致朱镕基总理的一封信[*]

朱总理：

　　您好！

　　最近得到内蒙的一些老学生的信息，他们认为北方近几年来的沙尘暴，其重要的原因是由于鄂尔多斯羊绒公司在内蒙大量收购山羊羊绒，造成山羊的大量繁殖和畜养。山羊的生命力极强，能在寒冷和干燥的环境中生存，它不仅吃牧草，还啃食草根，因此极大地破坏了牧场草资源的再生能力，还造成了大草原的植被严重破坏，草原的固沙能力减弱。

　　当地原来畜养的绵羊，只吃牧草，不吃草根，但繁殖能力差；山羊虽然能提供上好的羊绒，但破坏力强。要减少沙尘暴的暴发，必须大量减少山羊的畜养量，当然完全不养山羊也不可能。如何处理好发展与环境保护之间的关系问题，国家有关部门应派人去调查研究，提出有效的措施，真正做到草原畜牧业的可持续发展。

　　以上意见妥否，请总理同志指示。

　　顺祝

新春快乐，身体安康！

---

[*] 写于2001年1月。

附：国家信访局回函

信复字[2001]78号

钱伟长同志：

您好！我局2月23日给您的复信谅已收到。关于内蒙古山羊养殖有关问题的建议，农业部根据镕基、家宝等同志的批示精神进行了认真研究，认为您信中所提建议是有道理的。当地政府为了处理好牧民增收、摆脱贫困与保护环境之间的关系，正努力减少山羊的饲养数量，降低单位草地面积的载畜量。鄂尔多斯集团决定今年拿出5 000万元用于扶持绒山羊圈养和饲料基地建设。农业部在调整畜牧业生产结构中，也已明确提出要控制绒用山羊数量，重点是提高羊绒品质与单产水平。3月2日，家宝同志在农业部的专题报告上批示：草原退化、沙化问题应高度重视，坚持不懈地进行综合治理。这个问题还需同内蒙古自治区人民政府一起继续研究，并注意听取各方面的意见。

遵照家宝同志的意见，专此函复。

2001年3月22日

附：农业部回函

钱伟长副主席：

　　国家信访局[2001]《来信摘要》第37期将您给朱镕基总理的信转到我部，朱镕基总理和温家宝副总理在信中作了批示。您在信中关于要"提出有效的措施，真正做到草原畜牧业的可持续发展"的建议很好，其中关于内蒙古山羊养殖，综合治理草原退化、沙化措施的问题，我们进行了认真研究，并与内蒙古畜牧厅进行了沟通，现将有关情况报告如下：

　　山羊生产是内蒙古畜牧业生产的重要组成部分，山羊绒的收入是山羊生产者的主要经济来源。从山羊在内蒙古的分布看，伊盟山羊数量较多，占全区山羊总数的22.3%，我国优秀的内蒙古白绒山羊就分布在这里，其羊绒品质在全国是最好的。由于山羊数量多，羊绒质量好，鄂尔多斯羊绒集团就建立在伊盟，该集团始建于1980年，年加工能力在3 000吨以上，2000年实现利税4.42亿元，创汇1.12亿美元，带动了伊盟白绒山羊业的发展，农牧民人均增收150元左右，近年来，该集团累计为贫困牧区、灾区和希望工程捐款3 420万元。

　　伊盟位于内蒙古西部，与阿拉善沙漠相邻，气候干燥，降水量低于200毫米，草地质量差。在这种恶劣的条件下，绵羊是难以生存的，该地区山羊饲养数量多是环境条件和自然条件双重选择的结果。在伊盟,除乌审旗饲养绵羊外,其他各旗县都以山羊为主。从羊绒的市场价格看,2000年伊盟每公斤羊绒480元,是当地牧民的主要经济来源。您谈到的保护草原生态环境问题十分正确,当地政府为了处理好环境保护与牧民增收之间的关系,正努力减少山羊饲养数量,降低单位草地面积的载畜量,2000年全盟山羊存栏250.81万只,比1996年的304.71万只减少53.9万只,下降21.5%;针对伊盟草原生态和山羊生产的状况,鄂尔多斯集团决定今年拿出5 000万元用于扶持绒山羊圈养大户和饲料基地建设。

内蒙古自治区政府和畜牧部门相继出台了一些规章,加强对草地生态的保护,自治区政府颁布了《草原承包经营权流转办法》和《草原平衡暂行规定》,自治区畜牧厅制订了《内蒙古草原保护工程"十五"规划》。内蒙古自治区推行草原平衡试点工作取得了一定成效,特别是在绒山羊生产区,重点是提高生产水平,逐步减少饲养数量,目前山羊饲养量已开始下降。1999年,全区山羊数量1 315.88万只,比1996年的1 465.69万只减少近150万只,下降10.2%。

我部对草原退化、生态环境恶化的问题十分重视,根据朱镕基总理2000年在内蒙古、河北视察的指示精神,把草原生态保护和建设作为牧区畜牧业工作的头等大事来抓。我部已经制订并采取了一系列措施。按照您的一些设想,近期我们将再派人到内蒙古进行专题调查,听取各方面的意见,与内蒙古畜牧厅一道,继续加大有关工作力度。

一是加强草原法制建设,继续推进《草原法》的修改工作,进一步完善草地承包制,调动农牧民保护和建设草原的积极性。

二是加强草地资源保护,建立基本草地保护制度,禁止开垦草原和超载放牧。坚决制止采集发菜、滥挖甘草等固沙植物。

三是制订草地生态建设规划,切实做好天然草地保护和植被恢复建设及退耕还草工作。建立草地类自然保护区,保持草地生态多样性。

四是推进西部大开发战略的实施,重点开展牧草种子基地、人工种草、飞播种草、围栏封育、改良草场和水利设施等配套建设。

五是合理利用草地资源,把保护建设草地和发展畜牧业有机结合起来。推行以草定畜、划区轮牧、舍饲圈养等科学管理技术,提高草地畜牧业的综合效益。

六是为了既保持我国羊绒在国际市场上的优势地位,又能满足国内羊绒需求,同时也充分考虑草原生态环境等实际情况,我部在调整畜牧业生产结构中,已明确提出要控制绒用山羊数量,今后的重点工作是提高羊绒品质和单产水平。

您对草原生态环境的保护和建设非常关心,我们表示衷心的感谢。

齐景发

2001年4月4日

"上海大学案例教程丛书"序*

现在,理工科的教学方式其实已经是案例教学了,但对于非理工类的学科,案例教学是相对薄弱的。作为高等教育的工作者来说,无论是教理工类学科,还是教文科类学科的,不能仅仅停留在教学方法的改进上,还应该看到深层次的教育思想问题。

我们都知道,实践是检验真理的唯一标准。那么什么是真理呢?可以说,满足一定条件的定理、定律以及理论都应该是。经过长期的教学实践,理工类学科的教材已经注意到了这一点,很重视对待各种真理实践的客观条件,因为真理是包含实践条件的。因此在讲解这些真理时,都会举出许多客观实践的特例来加以说明,同时还说明真理所需要的条件。当客观的实践条件超越了真理所需要的条件时,应想方设法改变实践条件,使真理和客观实际相符合。然而,在教学的实施过程中,一些理工科类的教师,由于受到旧习惯的影响,对这个问题还不够重视,结果对学生造成了不良影响。因为,在实践过程中运用真理时,是在近似条件下进行的,约束条件被放松了,真理和实践只是近似的符合。不向学生讲清这一点,学生就会忽视真理满足的条件,而认为真理具有非常广泛的适用性,他们毕业后就会使用放松了条件的真理,使他们不再热心

---

* 写于2001年2月。

于突破真理的局限性，使他们不再敢于创新，严重的甚至会使国家蒙受巨大的损失。

我想举三个例子来说明。第一个例子，不久前，在宁波甬江上建了一座桥梁，两岸的高程不一样，相差约五六米，跨度有八九十米。两边采用的是四五十米的悬臂梁。施工从两边同时进行的，结果工程接近尾声时，发现两边的桥梁无法合龙，还相差不小的高度，设计者和施工者都认为没错，检查也没发现什么问题。那么原因在哪里呢？原因就在于设计人员使用了小挠度理论。小挠度理论是个真理，但是当挠度超过一定的限制范围，小挠度理论就不适用了，而应采用大挠度理论。不跟学生讲清真理的限制条件，后果是严重的。第二个例子，我们知道，牛顿力学只适用运动速度远远低于光速的宏观物体。当物体速度接近光速时，牛顿力学就不适用了，而应该采用爱因斯坦的相对论，这是由于在牛顿时期，并未想到这么高速的运动，天象观察也不准确，没有发现其局限性。爱因斯坦看到了牛顿力学适用的条件，并加以了修正，进行了创新，提出了相对论。后来的天象观测，验证了爱因斯坦的预测。另一方面，牛顿力学也不适用于基本粒子。因为粒子运动的能量是量子化的，非连续的，当电子从高能级到低能级时，就发生了光波，而且能量的变化是用普朗克常数衡量的，这就有了量子力学的产生，后来的X光的发现以及各种射线的发现，也验证了量子力学的正确性。可是，现在有些老师在讲课时忽略了这个问题，使学生认为牛顿力学是普遍适用的真理。第三个例子，热力学定理明确提出，热力学第一、二定律只适用可逆反应，然而，对于绝大多数实际的热反应而言，它们是不可逆的反应，这样热力学第一、二定律就无法使用了。对于这样的问题，学生是很困惑的。怎么办？这就要将热力学研究的发展告诉学生。据我所知，最近一个时期，至少有三类不可逆反应的定理得到修正和发展。从前面的三个例子，我们可以看出，人类认识世界、改造世界所得出的真理，是要靠反复实践来验证的,同时也靠不断突破约束条件得来的。不突破小挠度理论的限制条件,就没有大挠度理论的产生,不突破牛顿力学的约束条件,就不可能有相对论和量子理论;不突破可逆反应的约束条件,不可逆反应也就无法处理。因此,在教学过程中,不仅要通过例子验证真理,更要讲清楚约束条件,让学生晓得,任何定理定律都有其局限性,没有一条真理什么条件下都能用。随着时代的进步、社会的进步,真理的约束条件也在不断被修正、突破,只有这样才能培养学生的创新精神。理工科的教学中,由于一些教师的忽视,光讲真理的简单的、甚至是理想化的验证,没有讲真理的局限性,没有讲真理和实践相结合,这种局面有待于改善。

另一方面,在经济学、管理学和法学等学科的教学方面,更要重视理论和实践相结合,并用实践来检验真理。在学校里,我一直强调并希望广大教师重视检验真理的实践活动,希望在教材中用案例来验证真理并说明其适用的条件,而不是从理论到理论,不提实践的例证,使学生不知所云。在文科类学科中采用案例教学的想法,始于一本叫《怎么当一名科学家——科学研究中的负责行动》的书,这本书是由美国科学院、美国工程科学院、美国医学科学院联合成立的科学、工程和公共政策委员会组织编写的,中译本由科学出版社出版(1996)。这本书好就好在用案例说明问题,说明作者观点时,对个案只作简单介绍,而详细的个案叙述放在附录里。也就是说,基本观点的描述和案例是紧密结合在一起的。书中的内容涉及到论文如何写、如何署名、如何引别人的文章等等。

科技工作者的任务有两个:即教学和科研。不断突破真理的局限,把真理提高一步,这是科研工作。而培养学生,培养社会事业的各种接班人,是教育的任务,这非常重要。而案例教学的研究,本身其实就是科学研究与教学相结合的,如何选取案例来说明"实践是检验真理的唯一标准",这在经济学、管理学和法学等三个方面显得尤为重要。这不仅是因为其目前较薄弱,还因为它们涉及到国家改革发展的热点问题。这就不仅要求教师通过案例来说明在一定的客观实践条件下理论的正确性,还要分析理论满足的条件。现在三个方面的发展是很快的。管理学就应该重视国企改革的问题,将成功的管理经验形成案例介绍给学生;经济学可以讨论中国是如何成功地在使人民币不贬值的情况下度过东南亚金融风波的,以及国家的经济政策和方案是如何成功实施的等等问题。使书本上的经济理论,通过有实践的例证,使学生容易接受。今后,随着加入世贸组织的脚步加快,我国应如何面对挑战与机遇并存的局面,如何制定反"反销法"等等问题,都可以作为案例加以讨论。

现在,学校组织出版"上海大学案例教程丛书",这是好事,也是件创举,在后面的教材中,还要继续做到理论联系实际,特别是中国实际,使案例教学与理论教学紧密结合,更好地服务于高等教育的教学工作。我还希望广大任课教师注意到,我们推进案例教学,不是一种形式,而是将案例作为讲真理的必要条件,将"实践是检验真理的唯一标准"作为教学的指针。同时,我还希望教师们讲课时一定要将真理局限性告诉学生,以此激发和培养学生的创新精神。

当然,这套丛书是现阶段本学校的个别经验,一定还有不足之处,今后要总结各方面的经验,通过实践不断改革,不断创新,加以完善,把更多更好的教材奉献给广大师生。

"长江中游武汉经济区发展战略研究丛书"总序[*]

党的十五届五中全会和人大、政协两会的召开标志着世纪交替,我国胜利完成了"九五"计划,改革开放和现代化建设进入了新的发展阶段和历史时期。会议通过了《中共中央关于制定国民经济和社会发展第十个五年计划的建议》和《中华人民共和国国民经济和社会发展第十个五年计划纲要》,站在历史的新高度,放眼世界,规划中国的发展,提出了经济和社会发展目标、战略布局、重点任务以及实施西部大开发加速中西部大发展的战略任务;描绘了我国在新世纪第一个五年计划的壮丽蓝图和行动纲领。各级党委和政府领导人民认真学习、深入贯彻、统一思想、凝聚力量,全面落实全会提出的各项任务,要求各界人民再接再厉,奋发进取,继承"九五"辉煌,开创"十五"伟业。

长江中游武汉经济区或曰长江中游华中经济区,位居华中,地跨湘、鄂、皖、赣、豫五省,是国家七个经济区中两大经济区的核心部分。有**得中独优**的区位优势和市场优势;属亚热带气候,风调雨顺,有**得天独厚**的气象优势;九派千湖、水域面积为全国的三分之一,有**得水独秀**的生态优势;平原土地和水域面积分别是珠江三角

---

[*] 写于2001年3月16日。

洲平原面积的五倍半与八倍、长江三角洲面积的近三倍与五倍半，有**得土独富、宜农安邦**的资源优势，自古即是鱼米之乡——**湖广熟，天下足**，是我国的粮仓，国家生态大农业独一无二的基地；五个省的中心城市，人才荟萃，**惟楚有才**，有**得才独慧**的创新优势，是组织高科技产业带，建设中国光谷、参与国际竞争的**根本保证**。这里是国家 H 型战略的**支点**，是东、西挺进的战略**基地**，是长江巨龙的**龙身、脊梁**和连接东部发达地区和西部欠发达地区的**大陆桥**。快速发展武汉经济区是实施西部大开发，加快中西部大发展，贯彻党的十五届五中全会和两会精神的必然选择。

全国人大副委员长、民盟中央主席丁石孙和副主席冯之浚率团考察西部，在武汉期间听取湖北省和武汉市汇报后，建议组织全国科技界著名专家学者开展《长江中游武汉经济区发展战略研究》，力争列入国家规划，作为继珠江三角洲经济区、长江三角洲经济区和环渤海经济区之后，**我国第四个重点经济快速发展区，新的经济增长极**。同时，推荐科学家郭友中教授为项目负责人。对此，《人民政协报》5月19日头版作了专门报道说："以武汉为中心的长江中游经济开发带，在西部大开发中的作用不可忽视。在新的世纪里，包括湖南、江西等地区在内的武汉经济区应该成为中国新的经济增长点。有关各方面应加强研究，以促使这一经济区早日在中华腹地崛起，成为继长江三角洲经济区、珠江三角洲经济区和环渤海经济区之后的第四个快速发展的经济区。"

在国家软科学指导小组的全力支持下，国家科技部于2000年9月1日评审通过本项目为国家软科学研究项目，编号为Z00026。整个项目聘请我和著名科学家冯之浚教授、李德仁院士和谭崇台教授任学术总顾问；成立了由国家计划委员会、中国科学院、中国工程科学院、中国社会科学院、清华大学、国家遥感中心、上海交通大学、上海大学、武汉大学、中国地质大学、武汉理工大学、长江科学院、武汉工业与应用数学研究所和民盟中央等单位在北京、上海与武汉三地的54位专家学者组成的项目研究组。目的是为了实施西部大开发、加快中西部大发展战略,加强中心城市的作用,提升长江中游华中地区湖南、湖北、江西、安徽和河南五省核心地板块的开放开发,为中央决策提供科学依据。研究报告除将分别报送党和国家领导人外,还将以两会提案的附件和支撑文件提交国务院决策。

项目组于2000年7月7日开始相继召开了武汉会议、上海会议和北京会议,分片进行了充分讨论和任务分工;分别制订了研究纲要和确保计划;学习、收集、分析了大量文献资料、数据,兵分四路进行了实地考察;调整了进度和最后成果,要求全部子项目集成多卷本丛书一套,限定了交稿日期和提出了成果要求。

中期总报告已按要求于2001年3月3日两会开幕前,在《武汉大学学报》人文社会科学版作为专辑,提前于1月18日出版;丛书计划于2002年两会前汇集成册,在北京人民大会堂召开讨论会,审订通过由国家出版社出版发行。

总报告是整个项目成果的浓缩和集成,要求根据武汉经济区实际及党和国家的方针、政策,经济学的理论,围绕研究目的决定取舍,力求反映已有的研究成果和真知灼见,理清思路,惜墨如金。我认为,总报告基本上达到了预期目标。

丛书根据我的建议,力求反映和强调了以下特点:一是人文科学与自然科学的融合。许多研究者已经对此作了大量有益的尝试,一条有希望的思路是由经典热力学、统计热力学到耗散力学的发展与经典经济学、度量经济学到现代经济学的外部相似性,深入发掘内在联系,开展研究。二是定量分析与定性分析并重。数学工具的运用也许是中西方经济与社会学研究方法中的一大差别。人们已经看到:物理学的发展几乎与数学同步,现代物理学是在拓扑、几何和分析编制而成的空间中展开的;现在我们又从众多经济学诺贝尔奖得主的鸿篇巨著中看到数学与经济学有着与物理学同等紧密的联系。因此,我希望本丛书中有单独的一卷来反映这个重要的现实。三是宏观与微观的结合。在研究城市经济、区域经济和流域经济的同时,既要考虑国家的经济社会发展和世界的风云变幻,又要顾及区域的资源、产业和市场发展的态势及优化配置,对区域经济进行深入研究、认真诊断、可能的预测和战略规划。四是强调方法论和注重可视化。希望在研究工作中总结规律,成果表述上一目了然,提炼研究工作的共同方法,突出区域经济发展的个性、特色,以便推广、借鉴。

于是就有了这套丛书的结构:除总报告作为**总体卷**(包括报告、图表和附录)外,有**基础卷**(包括实况、数据和态势)、**比较卷**(包括国内外的比较、分析和定位)、**经济卷**(包括资源、产业和市场)、**生态卷**(包括气候、生态和环境,特别是数字地球)、**自然卷**(包括自然、灾害和防治)、**创新卷**(包括创新、协调、发展)和**模型卷**(包括目标、功能与结构的数学实现),另置一个**文献卷**(包括单独的论文、报告和总结),一共十卷。

作为新世纪伊始的一项软科学上的大工程,我相信这套在许多方面具有创造性的丛书的出版将为国家决策、学科发展、区域经济的发展战略以及中心城市地位的发挥,为国家西部大开发战略的实施,东中西部协调发展和继珠江三角洲经济区、长江三角洲经济区和环渤海经济区和我国的第四个经济快速发展区以及新的经济增长极提供科学依据并作出积极的贡献。

团结就是力量*

我先讲个故事，叫做"夹着尾巴逃跑的猫到哪里去了？"有一个法国人、一个俄国人和一个中国人聚在一起喝酒聊天。有人提议，何不各人带一个动物让它喝酒，看看它会发生什么变化，于是决定比赛一场。比赛那一天，法国人拿来了一瓶威士忌，带了一只大公鸡，喝了酒，公鸡就兴奋起来，啼叫不停。法国人得意地说："你们看到过哪只公鸡大白天这样叫的？"俄国人说："看我的。"他带了一瓶伏特加、一只大狗熊。狗熊喝下伏特加，马上兴奋起来，围着主人跳起舞来，虽然很难看，但它的主人还是很得意。他对法国人说："你看你的鸡光会叫不会跳，我的狗熊会跳舞。当然我赢了你。"中国人上场了，他带了一瓶茅台酒，又从口袋里摸出一只耗子，说："按理我应该带老虎，但老虎越来越少了，我不能带，就带来一只中国耗子。"这只耗子一喝酒就醉了，"吱"地一下跑到其他房间去了。法国人和俄国人大笑起来，说："中国的耗子什么都不行，一无表演。"正说着，突然从门外跑进来一只猫，这只猫夹着尾巴迅速地穿过这一房间逃到另一房间去了。紧随其后追来一群耗子，领头的就是那只喝了酒的耗子，它尾巴居然翘了起来，而且还拿着一块砖头，并大声喊着："夹着尾巴逃跑的猫到哪里去了？"其声势

---

* 原载《群言》2001年第3期。

气壮如牛,跟在它后面的一群耗子都"哗"地呼应起来,也向另一房间追去。法国人和俄国人看得目瞪口呆,比赛结果不言而喻。

这就是我要讲的故事。

历来耗子看见猫只有逃的份,为什么一群耗子能将猫赶得夹着尾巴逃跑呢?这就是团结的缘故。

一个民族,一个国家,无论过去如何贫弱,不管现状如何落后于他人,只要团结一心,凝聚成强大的力量,就能干出一番惊天动地的伟大事业来,中国改革开放二十多年来,全国人民在党的领导下团结一致,齐心协力,共奔"四化"的实践充分证明了这一点。

团结是统一战线永恒的主题。在2000年末召开的全国统战工作会议上,江泽民总书记说,在新的世纪里,只有坚持发展党领导的最广泛的爱国统一战线,团结全体中华儿女共同奋斗,实现中华民族的伟大复兴,才更有成功的把握。围绕革命和建设的大目标,实现最广泛的大团结,我们就能战胜前进道路上的一切困难,实现民族复兴的伟大事业。

民盟是致力于社会主义建设事业的参政党,在新的世纪里,在改革开放新的征程中,要充分利用我们的优势,配合执政党做好协调关系、化解矛盾、理顺情绪的工作,把各方面的智慧和力量都凝聚起来,把人民群众的积极性和创造性都发挥出来,形成浩浩荡荡的革命和建设大军。为建设有中国特色的社会主义,实现统一祖国、振兴中华的宏伟目标而努力奋斗。

团结就是力量。过去,我们在党的领导下,高唱团结之歌,赢得了全中国的解放和改革开放的巨大成绩;今天,我们更要高唱团结之歌,推动人民革命事业不断从胜利走向胜利!

"地下"的科学工作[*]

在史无前例的"文化大革命"中,我经历了无法想象的困难:不论五类分子或是八类分子,我总是在最底层。其实,我对此种种应该有所警觉,可我在这方面显得十分迟钝。记得是在1964年,我曾根据十几年的经验,写了一篇很有创新意义的重要论文——《关于弹性力学的广义变分原理及其在板壳问题上的应用》,投交《力学学报》,不幸给编辑委员会以"不宜发表"为由,退了回来,当然退稿时还附有审稿人(甲)、(乙)的意见两条。我天真地以为这是审稿人差错,便详细地写了两封申辩信,寄给编委会,要求正确处理,但编委会连回信都没有给。1968年,日本人鹫津久一郎在美国出版的《弹塑性力学中的变分原理》一书上表达了相似的论点,这一论点才得以在国际上风行一时,只是比我的论文晚了四年多。一直到1989年,我才在福建教育出版社出版的《钱伟长科学论文选集》中发表了这篇论文的原稿全文,以及审稿人(甲)、(乙)的意见和我的申辩信全文。从这些材料中,读者自己可以作出结论和体会。"文革"之中,批斗之风愈刮愈烈,两派武斗,都把我作为斗争对象,我是劳改队的永久队员。武斗最剧烈时,我家在两派战线的前沿阵地,所有邻居都躲避迁居他处,只有我和老伴还住在枪林

---

[*] 原载《收获》2001年第2期。

弹雨之下,几近百日。随叫随到,只要"九头鸟"一叫,不论半夜或黎明,都必须出席批判大会。皮肉受尽了各种痛苦;书籍资料散失大部;生活用具和衣服棉被,或被抄走,或被征用。有一个时期,连吃饭都很困难。还有约近半年的时期,夫妻都被分别"隔离审查"或"群众专政",靠两个在中学里当"狗崽子"的女儿在监视之下送饭度日。以后在1968年初夏的"百日大战"的武斗中,一家四口挤在一间小屋里,另一间厕所兼作为厨房和吃饭及会见"革命群众"、"专案组同志"的"外调"会客室。但即使在最艰难的时刻,靠着亲人们相互关怀,相濡以沫,同时我坚信这些现象都是暂时的,一个国家不可能这样长期混乱下去,总有一天要恢复建设,因此没有丧失信心,没有消极悲观。再则看到许多革命领导和建国元勋都受到非人的摧残折磨,对自己受到的苦痛,也就坦然处之不足为道了。只是春天盼秋天,今年盼明年,没有想到一直闹了十年之久。

时间长了以后,又渐渐开始了"地下"的科学工作,起初只是为了解答人们的询问,有时给工厂无偿翻译一些进口机器的说明书,在武斗最剧烈的时候,居然开始了三角级数求和的研究工作,这种工作无需参考资料,还可以断断续续做。在累积了一定数量的成果以后,就有计划地要写出一部有一万种"三角级数之和"的大表,这样的工作占用了"文化大革命"十年动乱中的大部分时间,到"文化大革命"结束时,居然完成了90%的工作量。总数累计业已超过一万种级数,涉及广泛的实用范围。

1968年7月27日军工宣队进校以后,武斗停止,不到一个月,我被定罪为"资产阶级反动学术权威"。10月29日,和力学教研组教师40人一同下放首都特殊钢厂劳动,当三班倒的炉前工,和工人师傅"同吃同住同劳动",工人师傅都是20岁出头的壮小伙子。而那时我已年近花甲,炉前工的主要工具是长铁钎,重52公斤,要举起铁钎来操作,对我来说确实非常困难。在日夜相处中,从青年工人中学到不少东西,对工人们理解渐深,有几位在后来竟成了朋友。一月后,大队撤离返校,我和少数几位教师仍继续留厂劳动。几个月后,只剩下我一个人了。那时我和工人关系已经很好,工人们不再直呼我为"钱伟长",先改称"钱教授",以后直呼"老钱"。工人师傅和我一起搞了几个月的技术革新工作。最后,转入机修厂,和工人一起,根据需要设计制造了一台八百吨水压机和大型的两千平方米的热处理车间及其设备。从而建成了水压机车间和热处理车间,满足了该厂日益扩大生产的需要。为此,我查阅了大量的技术资料,参观了北京市的各种水压机车间和热处理车间,得到许多工人的关心和支持。这两个车间一直到我1988年访问该厂时,还在使用着。

  1969年夏,清华领导忽然通知特钢工宣队领导,命令我当日下午4时前返校,晚7时随几百人的教师队伍,去江西鄱阳湖边的鲤鱼洲农场从事农业劳动改造,并要立志终生务农。特钢工宣队领导拒绝了这一要求,说:"当初接受钱伟长来特钢劳动时,清华军宣队领导迟群、谢静宜曾再三叮嘱,钱伟长不改造好,不许返校。现钱伟长虽然有进步,但离改造好,还有一段距离,我们没有完成任务,因此不能让他离厂返校。"这是后来师傅们告诉我的,师傅们知道鲤鱼洲农场是血吸虫病的严重疫区,这样处理是工人师傅爱护我,使我免除了一场无妄之灾,并得以一直在特钢呆到1970年5月,经周总理提议调回清华,专门从事外宾接待工作,终于结束了"地下"的科学工作。

付出终究有收获*
——谢志伟校长荣休有感

日前,上海大学接香港浸会大学来函,得知谢志伟校长将于今年6月底正式退休,浸会大学计划以谢校长荣誉退休为主题,编撰特刊,以示谢意,闻之颇为欣喜。谢校长三十余年含辛茹苦,励精图治,使浸会大学由一所私人创办的小型学院,发展成为拥有七个学院的综合性大学,成为当今香港重要的高等学府之一,成就有目共睹。中国有句老话:饮水思源。如今谢校长即将卸任,学校邀集同道相知、门生故交,撰文纪念,追思创业艰辛,共叙多年友情,总结办学经验,对后继者而言将是一种激励与鞭策。

学校成功与否,关键在于校长。学校面貌气象的创新,须仰仗校长;学校精神文化的创建,亦不得不依赖于校长。早已听说谢志伟校长被其同仁誉为"浸大的灵魂",由于谢校长的努力倡导与不懈坚持,浸会大学多年来致力于弘扬"浸大精神":一种不断努力、不断奋斗、百折不挠,鼓励每个师生挑战自我的精神。正是在此精神作用下,浸会大学的"全人(total man)教育"理念才真正深入人心,并结出累累硕果。

浸会大学"全人教育"涉及诸多方面,其中发挥香港融会中西

---

* 写于2001年4月。

方文化的特点,重视文化素养积累,要求学生掌握中西文化精粹的教育思想及其措施,我尤其赞同。我一贯认为,文理应该渗透,中西应该贯通,必须重视修读文史哲基础理论课程,如此一来,可以开拓学生视野,提高学生认识世界、分辨事物的能力。其效果或许短时间内难以显现,然而着眼将来,其功必显。浸会大学将语文、哲学作为必修通识学科,并先后开设中国研究和欧洲研究课程,要求学生毕业以前,亲赴北京清华大学及德国、法国实地学习。如此实地考察,深入体验中西文化异同,感受中西文化之精华,为学生提供理论与实际相互验证的机会,可谓用心良苦。

浸会大学师资培训方式,亦值得一提。学校教育当然必须围绕学生,然而教师素质应该如何培养,教学水平应该如何提高,众说纷纭。我与上海大学同仁座谈时常说:名师出高徒,高校教师既要多方涉猎,扩大知识面,更应在各自研究领域内有所建树,有独到见解,成为专门家。因为学生视野开阔与否,与导师知识结构有关;学生能否成为有用之才,更与教师学识素养之高低密切相关。谢校长于此显然亦有同感,因此其治校方针为教学与科研并重。在此方针指导下,浸会大学专门设立访问学人计划,每学年邀请访问学者数人,与浸大教学人员合作进行学术研究及讲学。与此同时,开设多种学术论坛,邀请名家前来讲学,同时派遣本校教师出访进修,使浸会大学学术氛围得以迅速形成。在此基础上,各种学术研究机构纷纷诞生,诸如永隆银行国际商贸研究所、林思齐东西学术交流研究所、儿童发展研究中心、基督教在华发展史文献部、中医药研究所等等,都是近年来所创。

学术论坛、科研机构的创办,又为浸会大学走向世界提供了条件。当今社会的高等教育,日趋国际化,若不能保持与世界各地学术文化多方沟通与合作,势必落伍。浸会大学的"全人教育",注重世界交流,强调校园国际化,亦是谢校长长期开拓经营所致。谢校长多年来审时度势,充分利用香港这一优越地理位置,加强跨文化、跨地域交流，开展与太平洋地区以及世界各地大学之间校际往来，成效显著。即以林思齐东西学术交流研究所为例，该机构主要研究东西方学术与文化交叉与渗透问题，旨在推动中国与西方的交流与了解。当年研究所创设之际，我们上海大学不仅应邀派代表参加成立大会，而且有幸成为该组织成员之一。正是通过这一机构，上海大学与浸会大学建立起伙伴关系，两校之间学术交流不断深入，来往日益增多。为了对我们上海大学表示支持，谢校长还曾专程两次来沪，参加上海大学校庆活动，表达朋友间诚挚的友情。林思齐东西学术交流研究所为浸会大学的国际学术交流活动穿针引线，每年亲临浸会大学的访问学者及交换生，不少即来自该成员机构。

  我还注意到，谢校长曾多次亲赴内地和英美等国，向多所大学负责人介绍其学生交流计划。该计划的实施，不但可让浸会大学学生有机会前往异地外域，交流切磋，转益多师，与此同时，来自内地、外国的交流学生，也为浸会大学带来新鲜思想与活力，使浸会校园愈趋国际化。现今国际社会交往频繁，科技发展日新月异，大学生必须具备宏观视野和广博阅历，才能真正成为未来社会栋梁之才，因此，为学生积极提供多元文化环境及迈向国际领域的机会，谢校长认为是浸会大学义不容辞的责任。我听说浸会大学已成为 Council on International Education Exchange 的成员，该团体由全球各地共 36 所大学组成，通过该团体，符合资格的学生能以访问性质到浸会大学修读有关课程。浸会大学能有今日校园国际化的崭新面貌，谢校长确实功不可没。

  谢校长即将荣休，但是他三十余年热诚培育并完善起来的浸大精神和"全人教育"的理念是浸大一笔重要的精神财富，不会因此改变。追求卓越，挑战自我，将是新老浸大人不变的追求。

在上海大学 2001 级研究生开学典礼上的讲话*

同学们：

你们大学四年学习完了，又来念研究生，研究生的培养是国家当前很重要的任务。因为我们的很多工作、我国的建设任务需要有大量的人来完成。21世纪是我们很好的一个机会，使我们更强大起来，使我们给人类的贡献能远远超过过去五千年的历史。要做这样的工作，必须要有大量有创新精神的人，而不是那种因循守旧、不求上进、目光短浅的人。我们要求培养一批有远大见解的、可终生从事一些工作的人，我国需要这样的人。问题在于现在有许多错误的认识，有人认为学生是不教不会，教了就会。天下没有这样的事情。教学这两个字，一边是教，一边是学，最根本的问题是学。学是主动的，教是被动的。矛盾的主要方面是自己，不是被动的，不是教的问题。教有作用，可是眼前有许多人不体会，怎么教呢？教什么？不是传授知识，而应该传授主动获得知识的能力，所以教师是重要的，因为他引导你。许多人认为教师教了，教你多少你就有多少知识，这不是个问题，所以这里有很多问题没有解决，在教学中很值得研究。还有我们长期以来受苏联教学模式的

---

* 2001年8月24日在上海的2001级研究生开学典礼上的讲话。

影响，把学问分成很多门类、很多专业，诸如此类。我们培养专家，可是专门的东西不是学问的最根本，学问最根本的是综合的东西。因为人类需要的是综合的东西，不是专门的东西，而且要解决一个问题，绝对不是靠一个专门的东西，要用各方面的材料、各方面的办法处理问题。所以，我在这里提一下，研究生有硕士、博士，硕士和博士有什么区别，到现在很多人还不理解。从名字上讲，硕士表示有扎实的基础，博士表示有更多的知识来解决问题。这两种人先培养哪种？是得先有扎实的基础，而不是先去解决具体问题。换句话说，就是两个阶段，以学为主，以问为主。中国人有句话很好，叫学问，不叫学识，学识这个词是日本人翻译过来的，中国人的学问是有道理的。学问是必须要问的，要主动提出来问的，得到的东西才是有价值的，所以学与问有关。你们在大学学习过程中问了没有，问是得到知识最关键的手段，所以要强调问。你们在学硕士的过程中要不断地问，问什么呢？什么都可以问，什么方面都能问。假如这个人学完了，认为一切都行了，都没问题了，那是失败的。学完了之后发现许多问题，那就成功了。今天有许多问题没法解决，也没有人能给你解决，你应该有这个要求解决它，这就是学问。学问就是在你脑袋里，在你各方面接触总结下来后，你产生许多问题。所以我们学校正在想办法，引导你们学习不懂的东西，不懂就不懂，有的问题，导师也不一定懂的。现在不懂的东西比我们懂的东西多很多很多，多于已经解决的问题，这样才能使我们社会向前进步。我们要培养这样的人，怎样培养？第一，不是来多听几门课。课是要听，假如我们的教师，讲的东西他认为什么都解决了，那么，我认为他不是一个好教师。好教师应该教给学生有的东西我们解决了，可有的还没有解决，老跟学生讲这个问题，学生进步得快。可是这个事情我们还做不到，我们希望教师都能提高到这样一个水平。我们学东西也是这个样子，落后于现实，你理解了这点，你就有积极性。所以不要自满，永远不要自满。第二，要培养自己学不懂的东西,要有这个能力。自学的精神非常重要,去追求学问,而不是被动地学习。我自己的学习过程就是这样的。我是学文科的,我的语文、中国历史非常好。因为小学、初中没有很好地上,我的平面几何、小代数都很差,三角也没有学过,而物理我没有听说过,化学都是洋符号,我也不认识。在高中里我补了一些,但很困难。后来考大学,我的语文和历史都很好,其他英语、数学、物理我考得一塌糊涂,他们非要我进清华的历史系或国文系。可是我后来为什么不选这个了呢?因为我入校的时候是1931年9月18日,"九一八"事件,我不能再学文科了,文科救不了国,我坚决要进物理系。可我物理学得太差了,物理系怎么也不让我进。那时物理系的系主任是吴有训,后来是中科院的副院长,我经过不懈努力,吴有训给我一个机会,让我在物理系学习,但要求一年级三门课程都要过70分,一门数学、一门物理、一门化学。假如过70分就让我读二年级,否则还是回去读原来的东西。我只有硬着头皮念,我很有自信,自信在于能背东西。一开始七个星期测验下来我都不及格,测验的问题都是定性问题,没法背。后来吴有训找我,指出我的学习方法不对,不是背得出背不出的问题,而是你懂不懂的问题,是不需要背的,你只要懂得,自然会背,下课时,停下来好好想想,讲了几个问题,是怎么讲的,假如觉得还有不懂的东西,可以写下来,每天记下若干问题,隔一段时间再看看这些问题解决没有。我发现这个方法很好,节省了我背书的时间,我的确后来慢慢就懂了。教师是教会学生怎么学,而不是仅仅传授知识,这是非常重要的一点。我们现在许多搞教学的人都不懂这些,强调背,不懂得强调思索、强调学问。所以我强调要自学,要培养自己的自学能力,不要把知识拿来毫无问题地接受,要懂得知识,所以毛主席写的《实践论》要好好学习一下,毛主席这本书告诉你怎样认识问题的,认识还要实践,实践就是考验你认识得对不对,不对还要改,是你认识错了,这是自学的根本问题。现在我们强调党的建党方针"三个代表",谁都能讲"三个代表",可他懂得没有,实际教师培养学生的过程也是"三个代表"的过程,学习的方法也是同样适用的。我们要不断地学习,要结合实际地讲,讲就是启发你,学习是真懂得而不是背下来,这很重要。研究生最重要的课程Seminar,就是学术研讨课,你们都要参加。研讨课要积极思考问题,积极参加研讨,要提问题。现在我们一些研讨课,上面讲完了,底下没问题,都不积极思考。所以我们强调研讨课是培养研究生的一个重要方式,应该仔细地听,积极发言,参加讨论,那就是问。积极思考、积极研究问题是培养你品质的最关键的手段,我们培养你们的是学习的能力。科学的发展是集中了人们的智慧,这个智慧是大家都有的,把它集中起来,通过研讨体现出来,科学研讨会就是这个性质。现在我们有很多误解的事情,在实施过程中,就应该好好地学,发现还有多少问题是自己不清楚、人家清楚的,有多少问题是自己不清楚、的确还没有解决的。有些问题没关系,可以放一放,有些问题很关键,需要解决的。对于硕士生,教师会给你出一个估计你的能力能够解决的题目,这是教师研究中的一个"支",一个不重要的问题给你去做,教师不做也知道这个问题能解决的。而博士不是这样,博士的论文题目是自己提出来的,或是教师提出来他不能解决的,但教师知道怎么解决的道理,你去走这条道路,主要依靠你自己。博士是要自己从学习过程中提出问题,懂得搜集问题,了解别人是怎么搞的,有什么想法,有什么成果,看看这些问题是不是解决对了,还有没有更好的方法。博士的问题表示对这学问有更深的理解,所以博士生的主要工作是做论文,而不是听很多课。在搞论文之前是调查研究,调查研究的方法是很重要的。有从生产上调查,有从全世界有关论文来调查。论文很多,要教会学生怎样念论文。有的论文不太重要,你念它的摘要、结论、图表就够了。有的论文开辟了新的园地,这种性质的可以做许多工作,这种论文就得细读,要把整篇论文从头到尾地看。有的论文是理论研究的,有的论文是做实验的,做实验的就得看它的仪器是怎么安排的,能否达到要求。怎样读论文是硕士就该学的,这是知识的来源,所以你们的学习跟大学完全不一样,就是要培养自己的自学能力,这是最关键的。大学是给你们一些基本的东西,当然我们现在大学教学一直强调不要照本宣读,照本宣读何必请你宣读,可以请赵忠祥来讲。我们正在改革,针对当前我们国家的弊端在改革,我们的教学改革要进入到研究生教学改革上来。以后我们学校每年要有大量的研究生进来,每年都要有增长,研究生要培养进行学术工作的,希望你们将来使我们国家占领所有学科的讲台。你们有选课的自由,除了导师指定你必须听的课以外,你想听别的课我们欢迎,知识面是越广越好。一方面要学,一方面还要重视结合国家实际,结合国家的发展,多看报,使你们时刻意识到自己是我们国家的将来和希望。你们应该要有长远的计划,应该把对自己的培养作为国家振兴的基础。所以你们想的应该是长远的问题,而不是自己短期的利益。这个改变的过程是非常艰苦的,可是国家需要这样。假如你们完全是想个人利益,想多挣钱,那完全错了。我是解放前回国的,我在美国工资高得很,我也知道国内工资低,可我就没想到工资问题、待遇问题,我想到的是国家的前途,我回国是想搞教育。教跟学的关系,学是关键,教师的引导作用就在于他的风格,学生学他的风格。所以我们培养出来的人就是会思考问题的,今天你学的可能是数学,明天你从事的可能是别的东西,关系不大的,因为处理各种事务的办法都是一样的,我们要培养符合马列主义教育、辩证唯物主义思想的能从事任何工作的人。

我的话完了,谢谢大家。

对学校第十个五年规划及长期发展规划的设想*

自新上海大学组建以来,已经七个多年头了。经过艰苦的努力,整个学校得到了很好的发展,这无疑是全体教职员工辛勤劳动得来的,是值得欣慰的事情。最近,学校里正在做今后15年和20年的发展规划,因此,我想谈谈目前学校还存在一些什么样的问题,以及应该采取怎样的措施来克服这些困难。可以说今天是一个对学校发展的前瞻性的讨论会。希望大家根据各自的教育与教学经验,结合各院系和学校的实际,发表各自的好的建议,为学校提出一个合理的发展方针。我现在这里讲的东西,只是起一个抛砖引玉的作用,供大家参考,大家可以提各种意见。

这几年因为我身体不太好,学校的很多事情发生了变化,不少情况还不太熟悉。我想结合最近一段时间的调研情况,以及我所察觉到的问题,谈谈我对学校发展现状的看法。

现在,学校很多情况的发展跟以前不一样了。四校合并以来,各院系基本稳定下来了,教学也基本能够平稳地进行了。教学管

---

* 写于2002年1月10日。

理基本实现网络信息化。根据国家和上海地区社会、经济发展的要求,我们学校的学科建设得到很好的发展,基础课实验室、专业实验室的建设都上了一个新台阶。学校的科研经费也突破了两个亿,多学科的综合优势得到体现。四校合并之初,全校一共有三个院士,现在一共有六个院士(包括徐匡迪院士),兼职的院士也有五至六个。学校在全国的综合排名曾经从49名上升到过29名,最近,我看到一个报道,说我校在全国的排名到了24名。当然,这离开第一名还差得很远。另外,我校毕业的学生,就业率很高,出去以后也很受社会的欢迎。这说明我校人才的培养目标完全是根据上海的需要的。学校发展一天天好起来,今后如何发展就是个大问题了。

目前,我校是不是没有问题了呢,我看有问题,目前存在的最大的问题,或者是最大的缺点就是很多教师不做科研。根据去年我进行的详细调查,还有近一半的教师不做科研,不做科研就谈不上创新,更谈不上培养具有创新精神的人。很多人觉得教学与科研是两回事。我是不同意这样的看法的,中国改革的总设计师邓小平同志在1979年就提出高等学校有两个任务,就是教学的任务和科研的任务,高等学校要培养社会所需要的各类合格的、较高级的人才。从而纠正了教学和科研分成两套班子的做法。二十多年来,这种做法还没有得到完全改进,两个任务中,我们也只完成了其中一个任务。新的高等教育法也明确提出了,高等学校要培养有创新精神的人,这是对所有教育工作者的要求和任务,我们学校的每一个教师都要做到。最近,全国各个高等学校都在贯彻江泽民同志"三个代表"的重要思想,大力培养建设国家的人才,这个问题上大家要一起努力完成,共同把教学和科研搞好。

教学只是高等学校教师的一个任务。那么,什么是教育?这是我一直在思考的问题,也是在座的各位在学校教育发展中必须再思考的问题。按照党的教育方针,教育要培养具有创新精神的人。要让学生具有创新精神,首先必须让学生懂得科学精神。我们学校的教师要做到不仅教会学生科学的知识,还要教会学生科学的态度和方法。教育不是只重视理论,还要重视实践。让学生懂得科学知识不是靠死记硬背,学科学知识要靠观察和实践,因为,科学的标准是实践。实践在自然科学中叫实验,也可以叫科研;在社会科学中,就是对社会问题的科学思考。什么是科学?科学不仅是狭义的数学、物理、化学,而是指在相同的条件下,能够重复实践的真理。科学是任何人都能做,而不是那些所谓的"天才"的人才能够完成的。因此,人文社会科学作为科学,也要接受实践的检验。文学创作是一种创新,其他各个学科都在创造新东西,新东西是否是科学的,都必须接受实践的检验。因此,在下一步的教育和教学中,我们学校的所有教师都要重视这一点。只有这样,我们培养的学生才是真正具有了创新精神,也才真正能够辨别和唾弃伪科学的东西。从培养人的思想道德层次上来讲这也是新挑战、新要求。

有人认为书本上的东西都是科学,我讲这不一定。因为科学是处于发展之中,没有尽头的。社会在进步,自然界也在发展变化,而人的认知世界、认识社会的手段和能力在不断提高,因此科学是始终处于变化、发展的过程中,是不断进步的。不能认为某一个学科或领域研究好了就不要再研究了,就可以停顿下来了,而是要不断地从变化的实际中学习。假如这样看问题,我想大家的意见肯定会一致了。学生来学习,就要把最新的东西教给他们,教会他们如何创造。教师自己不会创造,凭什么来教会学生创新能力呢?

高校教师的两个任务,具体说一个是发展科学,一个是传播知识。知识是要不断发展的,光靠一代或几代人是不行的,因为教师自己不能把发展科学知识全包了,那就得培养接班人。因此,科研与教学必须结合,教学是培养人的,既包括培养继续探求新的科学真理的研究型的人才,又包括培养参加社会生产活动、实践真理的人。科研的过程中也有人才、梯队的培养问题。因此把教学与科研绝对分开或孤立的做法是错误的。培养学生和自己做科研,目标是一致的,共同的,最终为推动科学进步,促进社会发展,培养先进文化、先进生产力的代表,从而完成党赋予的教育、培养人的重要任务。

另外,我们都看到,教学活动中有一对矛盾,即"教"与"学"。那么,哪一个是主要矛盾,哪一个是次要矛盾?我认为"学"是主要矛盾,学生是教学活动的主体。教师只是在教学活动中起一个主导的作用,"教"是为"学"创造条件的,但是仅仅创造条件还是不够的。因此,教师应该教会学生掌握自学的方法,这样,学生离开学校,离开老师,仍然能够在实践中进行独立的思考,能够独立地提出问题、解决问题和判断问题,教会学生能够一辈子学习。我提倡要教会本科生自学的能力,而培养研究生创新的能力。

要让我们学校的各类建设始终保持强劲发展的势头,教师必须进行科学研究,同时也必须进行教学活动。科研是为了将来的教,教也是重要的,不能忽视。在培养人的问题上不存在教学与科研分工的问题,它们是互相促进、紧密联系的。教是当前现实的问题,因此要解决师资问题、教学思想问题;科研是将来进一步发展的问题,没有尽头的。这样看来办教育是一个长期的、艰巨的任务,很多人觉得学校发展得不错了,差不多了,想歇一歇了,这种观点要不得。我们现在已经为上海培养了大量的人才,有的人出去以后是把在学校学到的知识加以应用、实践的,而还有一些人是发展科学的,这些人在各自的岗位上已经作出了或正在作贡献。以后,学校发展仍然要紧密结合社会、地区的经济发展需求来办。

虽然取得成绩,但是要达到我们的长远目标,学校还有很多问题要解决:① 在学科方面,有一个法学学科至今没有采用一致的标准来办学,今后无论是学校内还是合作办学,都要采用一个标准,一个学术委员会,使同一个专业授予一个学位,确保毕业生的质量。法学院存在问题,和其他学院不太一样,要引起我们领导同志的注意。② 外语学院的师资队伍建设存在一定的问题,不少教师外语还不过硬,不能适应上海大学目前的快速发展。因此,除了大力引进、培养人才外,还要开发高质量的多媒体软件,以解燃眉之急,并把任用外籍教师作为一个重要任务来抓。③ 相当多的教师没有做过科研,外语也不行,不会用计算机,怎么解决?我多次讲过,解决的办法就是培养与分流相结合。④ 学科的发展不一致、不均衡,如经济管理学科,有的能培养 MBA,有的是培养经济管理硕士,当然一个是针对厂矿企业的管理人员,一个是针对学生;有的能培养本科生,有的还在培养非学历的学生;有的用最新的原版教材,有的还抱着几十年不变的老教材在啃。这怎么能培养合格的人才呢?就是商品也讲质量,也讲规格的。⑤ 体育设施快验收了,可以说是硬件条件一流,软件如何跟上;如何开展群众性体育活动,发展校园体育文化,以提高全体学生的身体素质,增强学分制下的学生之间的凝聚力和团队精神,这不能仅仅作为体育问题来抓。⑥ 学校发展到一定的规模,学生宿舍肯定不够,如何解决,解决的土地空间有没有预先规划。⑦ 学校还缺一个大礼堂,开学典礼和毕业典礼没法搞。我一直主张要搞毕业典礼,而且还要大搞。让学生毕业后留住对母校的美好回忆,即使多少年以后还心系母校。⑧ 我们还缺一个研究生院,研究生的发展受到限制。⑨ 我们学校一直想搞一个医学院,利用理工的优势,搞一些交叉学科,等等,这些问题,我一直都在考虑。学校里最近要进行第十个五年规划,这些问题必须要考虑,并拿出具体的措施。

今后 15 年或 20 年的发展目标是什么呢,我的看法是:

第一步,在第一个五年里,逐步增加研究生的比例,使之达到学生总数的三分之一。同时,使每一个教师都要做科研,课题不论大小,不论轻重,只要能够做科研就行。研究生中,尤其是博士的比重要增加。这样一来,相应的附带的问题可能会很多。我们要纠正这样一个观点,就是博士水平高一点,硕士水平低一点的问题。这是不正确的,硕士和博士培养的方式完全不一样。硕士研究生要学会找资料,发现研究方向,它是博士研究生阶段的基础;而博士则必须具有独立提出问题、解决问题、验证问题的能力。第一阶段总体上还是处于整顿阶段。

在第二个五年计划中,本科生和研究生对半,学生总数保持不变,按照目前的水平,就是1万名本科生1万名研究生,但重点是提高研究生的质量。那时,大量教师都做科研,当然发展肯定是不均衡的,只要所有人都有课题,各有所长就行。各学科都各自健康地发展。有的教授还可能兼任管理工作,我觉得当院长的也应该上课,就是副校长也应该上课,搞管理工作脱离教学与科研的第一线是不行的。现在,大家看到书记、副校长一天到晚忙个不停,累得要命,我看绝大部分工作是在忙"救火",忙着"补漏",是因为很多管理不规范,使得他们不得轻松。因此,一定要建立和健全学校的各类管理制度,只有这样,校长、院长才能去上课或者去做科研。这样才像个大学的样子。

第三步,就是第三个五年里,每一个院系的学科都具有相当的水平,而且每一个系在国内至少拥有一个重大的科学研究方向,拥有世界前沿的课题或问题,具有世界知名的教授。

第四个五年计划,学校的科研达到这样一种程度,就是具有10~15个课题代表全国科研最重要的发展方向,而且都是国家最重大的科研问题或者是最重大的科研方向,做到一提到某个问题,就想到上海大学,而且做到开展某项科研没有你不行的地步。拥有多位著名的世界级的科学家。

简单地说,第一步其实就是整顿与整合,让每一个教师都做科研。第二步是建立一套稳定的管理制度,学科该减的减,拓宽专业口径,加强专业基础,达到美国州立大学的水平。第三步与第四步其实就是争先,在国内争先,在国际上也争先。因此,学校的发展是这样一个过程:整顿、发展和争先。目标是一个:出人才、出成果、出水平。出人才是学校发展的基础,它是由我们的两个任务决定的,既为国家和地区的发展培养大量的高素质的实践者、创新的建设者,还要通过科研与教学培养一支队伍、一套梯队,使他们既是学科研究的中坚力量,又是教学的先锋。有了好的政策,有了一流的人才,成果就有了,水平自然就上去了。我希望哪一天,一提到某个学科领域,就想到我们上海大学。我相信,只要大家齐心协力,共同奔向这个目标,就一定能实现这一宏伟蓝图的。

20年后的学校发展,我是看不到了,但我愿意为20年后的上海大学多想点事情,多做点事情。让上海大学的明天更加美好,是大家的愿望。我想学校的每一位员工都比我更有信心建设好上海大学的。

加强社科联工作　繁荣发展社科事业*
——给无锡市社联第四次代表大会的贺信

20年来,在邓小平伟大理论指引下,无锡市社科联团结全市哲学社会科学工作者,紧紧围绕全党工作大局,紧密结合改革开放和现代化建设的实际,开展了多学科、多视角、多层次的理论研究,培养和建立了一支老中青三结合的研究队伍,研究成果累累,学会管理水平不断提高,社会科学普及工作广泛开展,《江南论坛》越办越好,对推进社会主义两个文明建设成效显著,发挥了积极作用。可喜可贺!

进入新世纪以来,哲学社会科学的发展,面临着千载难逢的好机会,也面临着严峻的挑战。时代的发展,对哲学社会科学提出了新的更高的要求。新世纪,新形势,新任务,新变化,提出了许多迫切需要研究解决的新课题。无锡市要率先实现社会主义现代化,哲学社会科学工作者肩负着光荣而艰巨的任务。确实是任重而道远。

无锡是我的故乡,对无锡我怀有特别深厚的感情。

我希望无锡市委、无锡市人民政府进一步加强对社会科学的领导,采取得力措施,为全市哲学社会科学工作者创造更好的环境

---

* 原载《江南论坛》2002年第2期。

和工作条件,充分发挥社科联的积极作用。我希望市社科联继续坚持邓小平理论,以江泽民同志"三个代表"重要思想为指导,进一步解放思想,实事求是,坚持学习,勇于实践,勇于创新,推动无锡市的哲学社会科学事业更上一层楼。我希望全市哲学社会科学工作者团结合作,尽智尽力,进一步搞好社科联的工作,深入开展哲学社会科学研究工作,为把我们的家乡——无锡,建设得更加美好而不懈努力,再作新的贡献!

与福建省水利厅领导及专家
谈治理闽江问题*

今天,我着重谈两个问题:一是闽江上游的水土保持问题;二是闽江下游的治理问题。

马尾港原是良港,航道较直而宽,万吨轮可以直达马尾或更上游地区。但在过去几十年里,上游的水土流失日益严重,尤其在春汛期间,含沙量很严重,马尾一带水流弯曲,两岸一侧凸出,一侧凹进,当这些水流经马尾时,靠凸出的一边水流较慢,而对岸一侧水流较快,所以在凸一侧,就产生泥沙沉积,而对岸一带由于水流较高,不仅不积沙,而且进一步带走了对岸的岸土,使对岸凹进去了,总的结果是弯度加大,所以马尾港以下地区弯曲左右增加,而且因此增加许多沙丘,情况越来越复杂,航道也越来越困难,只要上流水土流失不停止,这种问题就越来越大,虽然有了挖泥船,也只能减慢,而不能根治。

闽江的春汛期间,含沙量很大,这些沙土主要来自闽江上游各支流,据估计,闽江从南平以上有两条主流,一是向北的建水,一是向西一直到邵武的主流。这两条主流,一条通过闽北地区的山区,另一条通过闽西地区的山区。这两个山区近年来树木砍伐严重,

---

* 2002年2月16日与福建省水利厅领导及专家的谈话。

造成水土流失也很严重。加上农民缺乏燃料,就是每年山区长些小树,也砍伐回家当柴木过冬,因此,山区树木稀少,春汛期间,连草皮也没有。大量泥沙,随着水流,通过山涧,流入各个支流,再汇入闽江主流,这就是为什么春汛时,闽江含沙量很大,它扩大了马尾以下的泥积,而且增加了河道弯曲。所以治理闽江,必须治理闽江各支流地区的山区水土并大量植树。水土保持即要在山区的山涧小溪上,择有利地形,建设小型水库,一般是简易水库,只要把大部分水留在山区,不需要用水泥,用小型的土坝就可以了。在闽江的支流上,应选择良好的地形,建立较大型的水库,这些水库也可以用于水力发电,所以要用水泥,而且在不少地区还要用护墙,防止塌方。主流上不要造水库,在闽江上游地区,也可以发展航运。在支流进入主流的入口处,应该用土法造护墙,使进口处江面没有积沙。这样,我们将闽北、闽西山区建成一个水库网,而且水电也可以联网发电,并有适当的两级公路网,把它们和该地区的农村连接起来,只要进一步在小山包造林(经济林),肯定是一个城市居民的旅游区。

怎样造林呢?必须选择既能防止水土流失,又具有经济价值和美观价值的林木。为了防止大面积的山地水土流失,应该在每个山包的底层种植一层层、一圈圈的荆条。荆条是一种多年生灌木,是枝条型的,枝条夏季有小叶,冬季落叶以后有 2 米长,一般有一个根,可以长十几根条。冬季不要砍根,而枝条可砍下作农家燃料。初春,在水流培养下根会发育成一团,与泥和在一起,作为防止水土流失之用。荆条本身既可固土,又易培植,所以种荆条是水土保持的主要措施。当然其他如黄刺玫、桑树等也有固土作用,茶树如果管理恰当,也能固沙,但荆条便宜,生长快,冬季是很好的农家燃料,在村子附近种植荆条,对老百姓是很实用的。每年到深秋,老农一般都把荆条割下来,切成 1 尺左右的木条,整齐地堆积在房屋墙下,用来作为取暖和烧饭之用。有的可以用整整一年,这些都是妇女的家务事,所以在历史上,农民称自己的老伴为"内荆"。其次,关于水库,小水库可以农民自己建,只是有些地区,土层不够深,容易发生塌方,这种情况下,应该修建护墙,并且在水库四周种植黄刺玫等固沙植物。

然后才能讲造林问题,我不主张造用材林,一般主张发展经济林。经济林指通常的水果林,我觉得现在不适应搞大企业的造林计划,应该在小农经济的社会条件下,还是以小农经济的基本观念"谁种属于谁"的原则造林为宜。但是应该在专家领导下对农民说清楚,不发展用材林,种了不许砍伐,并且要地方立法,禁止不法商人收购木材。有些大山中可以发展竹林,而且可以是较大规模的竹林,主要以竹笋生产为主,可以供应大城市的市场需要。竹材采伐必须以主管部门批准为限,即适当采伐,不影响总竹林发展的需要为限。

造林只有几类:一类是干果品种,如板栗、核桃、银杏(白果)和松子等,这些树林,一般都树冠巨大,而且高大,根深叶多,不宜在土层稀薄的山区种植,应该指导在土层较厚,最好在深山老林种植,也可以在村子四周或房前屋后分散种植,在村子附近,可以得到主人的直接照顾,以便保护果实,村子一般总是有较厚的土层。这些树种一般较贵,可以由私人经营苗圃,按价出售给农民,地方管理部门也可以在山林深处建立这类干果林场,以每年的果实经营干果市场,其收入用于职工生活,职工也可以经营苗圃。还有一类果树是鲜果,梅、杏、桃、橘、苹果、梨、柿等品种很多,群众自己就有不少栽培经验。有的品种,中外闻名,如深红色的一品梅,在江西南部和闽西地带就很有声誉,又如山东的肥城桃、莱阳梨,可以选择一些名牌货在这里建立苗圃。当然有些品种需要嫁接才能结果,这一点应该由果树专家指导,才能得到发展。有些水库四周需种植一些杂木,如垂柳、枣树等,如果有桃李等花木种植在一起,这些水库的景色在春季将会非常美观。

小水库内还可以养鸭群、养鱼、养螃蟹。螃蟹苗现在可以大量从江苏连云港购买。春天放养在水库中,秋季长大,夜间只要用灯在岸旁以光引导,成年螃蟹就会自己爬上来,很易捉到。一箩小螃蟹约几千只,不过几百元(两年前的价),这些经营应该由该水库附近的村民联合经营,并立法管理。总之,这种经营,保护了土壤和水质,使农民越来越富裕。本地的农民,不必再经营小造纸厂、小水泥厂和小煤窑等污染环境、国务院早已明令禁止的产业,何况其利润还远远不如上述的各种办法。

为使农村美丽,不妨也种一些像迎春、海棠、荷花、桂花一类的无果花树。

在闽江主流上,考虑到通航的重要性,应该不建断航的水利工程,但对河岸经常塌方的地方,应该修建必要的护岸,有沙积的支流出口处应该修一些水利设施,防其无限扩大。这样一条闽江建水主干道,应该是福建人民所需要而且欢迎的。将来在闽江上游主干道沿岸支流上的水库,应该设有水文站,由福州总站调度,什么时候应该开放水库,开放多少流入主干道,什么时候应该根本关闭,一点水也不放,完全由福州总站决定,到这时,闽江上游才算治理好了,我们才能进行治理闽江下游的工作,估计闽江上游水土保持和造林,在上下一起努力的情况下,也要 5 年才能见效,有些干果林,没有七八年是见不了效果的。小水库的修建,量大数多,没有经验,小农经济的习俗,不会处理好各种利益纠纷。今日有共产党的领导,我想只要做好思想工作,万众一心,总能解决。五六年是开头,有些工作可能还要长期努力。

上游初步治理好后,才有条件治理下游,闽江下游的问题和欧洲荷兰的鹿特丹的治理有相似之处,可以借鉴。鹿特丹是莱茵河的出海口,莱茵河贯穿全欧洲,东自罗马尼亚、波兰、匈牙利、南斯拉夫、原捷克斯洛伐克、德国、奥地利等国。第一次大战前,鹿特丹由于上游水土流失严重，航道弯曲，沙丘杂乱，航运很困难。大战后，各国在莱茵河两岸进行了大规模的整治工作，荷兰政府大搞水利工作，其一就是将莱茵河鹿特丹一段拉直，宽400米左右，沙丘也多移去，现在鹿特丹是世界最大的海港，莱茵河全流域现在也是长年不衰的胜地。

为了拉直闽江下游，我们分三步进行工作。第一步先由水利工程师们设计出全下游拉直后的平面图，图上需标明应该挖走的河道中的沙丘，应该动工移走的土丘（这些土丘大部分原来就是古老沙丘形成的）还应该标明哪些部分应该填上土方，并作为护墙，还有哪些地点应该设立码头，是什么码头，如集装箱码头附近应该有大片土地放置集装箱，还有客轮码头，所有码头的河侧一面，最好和河岸基本平行，就河面而言，不论有没有码头，都必须一样宽，都是400米。第二步是用挖泥船挖开河内的沙丘和土丘，这时最好有四艘挖泥船，它们有能力用水力把船上的泥沙喷射到江口以外填海造地，这种船现在世界各地都有，澳门的飞机场就是用这一办法在澳门近海上喷射造成的，香港飞机场也是这样造出来的，马来西亚、新加坡也这样造地建岛，日本也用这种办法造了很多地。买这种船不贵，买四艘这样的船，用完后，在福建地区很多沿海地方都可以造地，厦门近年内就用这一方法造了大约2平方公里的地。我们不妨设想在闽江口外南北两侧可以造几十平方公里的地，是非常容易的。那时，在闽江将出现一个新的城市，这个城市可以是个工业城市，从福州到海口之间南北两岸都可以修建沿江公路，并有路灯，那时闽江成了一个闽江公园，这两旁可以成为福州市区的延伸。

在修建这一工程时，不要忘了在沿江岸堤有可能塌方的地方，一定年年增设护墙，一般应该种树保护岸土。有时可以种草种花，这样的工程可以随着福州的成长而增加，第一期工程应该在五年内完成，其余修补工程可以每五年进行一期，使福州成为台湾海峡的最大海港城市,它和闽北、闽西结合在一起,将是我国上海以南的真正主体港口,那时连武夷山在内,将是我国最有价值的世界级旅游胜地,同时也是有威望的海峡工业城市。

在校长体育论坛会上的讲话*

各位校长及上海市体委和教育党委的领导,今天召开这个会议,我想提一个问题。

教育是国家大事,不是小事,不光是我们学校的事。我们国家花掉大批钱,目的是为了培养国家栋梁之才,五十年、一百年的建设人才。我们是不是按照这个要求在做。身为国家栋梁,拥有一技之长,懂得这个学科要不断发展,要使这个学科不断前进,看创新能力,看学习能力、自学能力,要有拼搏精神。我拼搏了一辈子,拼搏精神的培养要归功于我的清华老师马约翰,是他把我培养成有拼搏精神的人。我本来身体很差,进大学时18岁,身高只有一米四九,体弱多病,马约翰把我培养到毕业时身高一米六六,长了17个厘米,我受益匪浅。是他告诉我,身体是你必要的条件,要不然你做不出来事情。他教我怎样保护身体,我从一米四九长到一米六六,不只是身体好了,也很重视运动技巧,我后来搞了田径、越野。当时有五个大学的运动会,清华、燕京、北大、师大、辅仁大学,两个教会学校,三个国内大学,每年有五个大学的足球篮球田径越野比赛。四年里我参加了三个代表队,马约翰非要我参加,说有好处。我们这个代表队还不是一般的队,达到当时的国家水平。我

---

* 2002年5月12日在校长体育论坛会上的讲话。

学到很多，第一学的是团队精神，这是一个集体，可是光合作不行，各人也要学习，个人技巧要培养，要动脑筋。我举个例子，我那时不到一米六，我跑不过辅仁的一个男生，我永远当第二，我不服。后来我找到解决办法，解决办法很简单，就是我要改变个子矮吃亏，你跑三步，我跑四步。你要提高个人技巧，不练是不行的，我练了一个夏天跨栏，左右腿都能跨栏。那时我是研究生，运动队里研究生很多，都是苦练出来的。清华招生不管体育有多大成就，只管分数，马约翰就让我们锻炼运动，对我们很有好处。现在这些人都是国家栋梁。我们应该从体育看全面素质的培养，我觉得马约翰是值得表扬的。当年成立体委时，毛主席找马约翰谈体育运动的问题，马约翰说最基本的东西是增强我们的体质，所以我现在强调增强体质。有好的体质会长盛不衰，要不到 40 岁就不行了。这次我们国家表扬的两弹元勋 24 个人中 18 个是清华学生，都是当时的同学，现在都 90 多岁了，他们身体都很好，所以增强体质非常重要。

当时清华的体育部是马约翰领导的，我去的时候是 1931 年，体育课上四年，是必修课，不及格就是必修课不及格，都有标准，一二年级和三四年级的标准不一样，一二年级的 100 米，男生是 15 秒，女生是 17 秒，都很低，这是一个体育标准。第二个，他很重视体格检查，每学期都要检查身高、肺活量和握力等。我进去的第一个学期身高是一米四九，还有体重，我开始时不及格，后来及格了。体育课要教同学怎么保护自己，必须要做好准备活动，接下来你们可以打篮球、排球，促进学生自己的活动。下午四点到五点半，所有图书馆都关门，课都不上，所有人都要到操场上去。并不一定要什么运动，出了汗就行，体育馆旁边就是洗澡房，设备很讲究，有热水冷水。班级比赛，一班 100 人左右，几个班就可以搞一个比赛。有一次我三点多从图书馆出来看见一堆人在那里，原来在越野比赛，我本来只是看看，后来他们差一个人，我就参加了，就这样我就参加了运动。参加运动的人都是身体好的,我是身体不好,但是我是从农村来的,我可以拼命。每一个班级每年有很多这样的比赛。学校还有校队,校队一个条件就是大家觉得你可以参加,第二个条件是你所有的课要及格,一门课不及格也不行,这是很厉害的,现在很多学校不是这样。体育运动是帮助学生学习的,马约翰很强调比赛是关键性的学习,错了不要紧,改了就是好样的,并不在于你失败的过程,你要认识这个过程,所有学科都是这样。人都是有失败的,但人是要有点精神的,要善于了解自己的不足,只有战胜了自己的不足,才能战胜别人。所以马约翰是真正的素质教育者。我非常重视教育思想上的转变,这个思想是要经过一定的考验的,我们这几个学校的校长要重视这些事情,要不然,这个学校很难办。

体育不光是为了拿锦标,拿锦标的人不光是体格好,要培养工作态度,这是体育必须要做的事。个人的行为作用不够,要团队精神,必须要很多人合作才行。现在学校一些老师只讲个人精神,我要批评他们,必须要所有的人,你个别的人不算数。牛顿是17世纪有名的科学家,他有句名言,他说他的成就就是站在巨人的肩膀上取得的。学问是大家做的,不是一个人,目前好像这个教育强调得还不够。我们现在的高等学校,体育教育还不能满足要求。团队精神是具体训练的,只有团队才能培养团队精神,这是原则问题。现在体育运动都缺乏团队精神,这是我的看法,我相信大家可以看见这是对的。高等学校体育训练不光要上体育课,还要开展校际竞赛,不是为了拿奖,是互相学习,团队竞争要互相学习。技术也要讲,那是个人考虑的问题,要动员运动员自己解决。所以很多培养是通过体育教育来做的,是一个全面培养合格的社会栋梁的重要部分,所以今天请大家来讲团队精神。请大家来共同努力,培养社会栋梁。

我们上海大概有50所大学,强调全市的体育精神,互相学习,那么要有田径赛、越野赛,也要有其他,这些可以一次性比赛。还有一种是球队和球队比,主客场比,不要老在一个地方比。要让同学们都来参加,当观众。所以假如有10所学校,分两组,一组10次,共20次,然后循环赛,把前两名排在一起再比,赛六次去决定1、2、3名。总之我希望我们高等学校培养国家栋梁也要有创新精神,我们也可以自己想办法来做,作出榜样。

  我讲的是建议,供大家参考。我希望各位领导能支持这个建议,对国家有极大的利益。

在第四届国际非线性力学会议暨 IUTAM 国际学术研讨会上的致辞*

尊敬的周副市长

van Campen 教授

Ogden 教授

各位来宾、女士们、先生们:

首先,我代表这次会议的学术指导委员会和组委会,代表上海大学师生员工,对各位的光临表示热烈的欢迎。

非线性问题的研究,涉及到社会经济、科学技术发展的方方面面,因此,一直以来受到学术界的广泛关注。这些年来,非线性力学问题的研究取得了辉煌的成就,这与无数学者以及在座各位探索未知、追求真理的努力是分不开的。此次非线性力学盛会的举行,将为来自 20 个国家和地区的三百多名学者,再次提供一个交流经验、共享成果的平台。在此,我预祝会议取得圆满成功。

此次会议的顺利召开,首先要感谢上海市政府的大力支持,感谢 IUTAM 学术委员会的支持,感谢 Ogden 教授和 van Campen 教授;同时对国家自然科学基金委员会、王宽诚基金会和上海科学

---

* 2002 年 8 月 12 日在第四届国际非线性力学会议暨 IUTAM 国际学术研讨会上的致辞。

技术委员会的资助表示谢意;对会议组织、保障等所有工作人员表示谢意。

最后,我希望代表们在分享非线性力学成果的同时,也分享一下上海城市建设的成果,分享一下上海大学建设的成果。祝各位在上海期间万事如意!

现在,我荣幸地宣布,第四届国际非线性力学会议暨 IUTAM 国际学术研讨会开幕。

谈教师创新和学生创新的关系[*]

邓小平同志在一次讲话中指出,高等学校应该有两个中心任务:科研与教学。他在讲话中批评了把科研与教学分开的错误观点,也批评了认为教授搞科研是为了个人名利,是资本主义的表现的认识。在此之前,各大专院校风行"拔白旗"运动,这是有害的,对高等教育事业具有很大的破坏性。小平同志的讲话,当时极大地鼓舞了高校教师搞科研、搞创新的积极性。从那以后,高等学校的教师才开始重视科研。

江泽民同志提出的"三个代表"的重要思想,不仅适用于广大党员同志,也适用于高校的教师,适用于所有培养未来国家接班人的教育工作者。最近,国家的高等教育法也明确规定,高等教育的任务是培养具有创新精神和实践能力的人,这同党和国家对教育的要求是一致的。

没有创新精神的教师,不可能培养出具有创新精神的人才。创新精神反映在工作上,首先是科研要有创造,不搞科研的教师是不可能教好书的。当然,这里的科研是广义的,包括人文、社会科学等领域。教师连创造力都没有,还谈什么培养学生的创新精神呢?教育必须有创新,这是建设国家的纲领性文件所要求的,否

---

[*] 原载《群言》2002年第8期。

则,就不能完成"科教兴国"的战略目标。那种反对教师进行科研的观点是违背这一要求的。

高等教育培养的是国家各类建设者和专门家。研究生的培养,是要造就出一批未来的科学家,对创新的要求更高。本科生的教育,是解决创造能力的培养问题,绝不是照本宣读就能做得到的。毛泽东同志曾经说过,学习马列主义,应该是弄通马列主义,而不是死背,也不是教条式的学习。这句话批判了那种局限于"熟读语录"的学习马列主义的方法,也同样适用于教育工作。由于历史的原因,在很长一段时间内,教育与教书混为一谈,"照本宣读"、"死记硬背"的教学方式,违背了现代教育观念,不可能培养出具有创新意识的现代人才。

广大教师,特别是青年教师,应该勤于学习,勤于思考,不断创新,不断提高科研水平和教学水平,培养出大批既有创新能力,又有科学精神与实践能力的未来的国家建设者。

《南京航空航天大学校史》序[*]

今年10月20日,成立于建国初期的南京航空航天大学将迎来建校50周年,这是我国高等教育和航空航天民航事业发展史上的一件大事。作为一个老科学工作者和教育工作者,作为南京航空航天大学的名誉校长,我谨对此表示热烈的祝贺!

我对航空航天事业,对南航是很有感情的,这其中蕴藏着很深的历史渊源。早年我在加拿大留学时,学的就是航空。1942年毕业取得博士学位后,在著名的美国加州理工学院(CIT)航空系和喷射推进实验室(JPL)工作过几年。喷射推进实验室是美国航空署(NASA)设在CIT的国家研究实验室,不仅是当时美国的航空航天科技研究中心,也是当时世界著名的航空科技研究机构。我在那里做了几年研究员,从事导弹方面的科研工作。1946年回国后,我虽然无缘从事航空、航天方面的工作,但这并没有隔断、更没有终止我对航空航天科技的眷念和关注。且不说我所从事的力学和应用数学是航空航天科技的理论基础,它们的研究成果为航空航天科技提供了间接的支持,而且还同航空航天科技教育有着直接的联系。

早在1956年10月,我偕同两位外国学者一起到南航参观访

---

* 写于2002年8月。

问,并应邀在学校大操场向南航的师生员工做过一场关于向科学进军的学术报告。1993年上半年,我接受航空航天工业部的聘请,担任南京航空航天大学的名誉校长。此后对南航的接触更多了,对南航的了解更深了,从而对我国航空航天民航事业的接触和了解也更多了。这对我是一件很高兴的事情,它在一定程度上补偿了我对航空航天科技事业关注和热爱的夙愿。

近几年来,我对南航的了解日益加深,时时感受到她跳动的脉搏,了解了她的过去、现在、希冀和追求,并对她在成长过程中表现出来的精神风貌留下了深刻的印象。

首先是南航的师生员工具有不甘落后、敢为人先、与时俱进的精神。南航建校时的基础并不好,起点也不高,但凭借着这种精神,不断创造出骄人的业绩。南航1952年建校,1955年向国家输送了新中国成立后的第一批航空技术人才;1956年改制建院,此后不仅致力于本科教育的建设,而且随即启动了科学研究;1963年提出了争创国内第一流高校的口号,并在专业建设、师资培养、科学研究、设备建设上按此目标付诸实施。1978年南航成为全国重点大学,不久即提出本科生教育与研究生教育并重的方针,着力建设高水平的多科性大学,1996年顺利通过"211工程"部门预审,2000年被教育部批准设立研究生院。21世纪伊始,学校又不失时机地提出了创建研究型大学的目标。发展速度之快,取得的业绩之大,令世人瞩目。之所以如此,靠的是什么?靠的就是这种永不满足、不甘落后、敢为人先、与时俱进的精神。正如原航空航天工业部教育司司长姜学锦同志在1987年对南航教育评鉴时所说:"南航有一种奋发进取的精神,有那么一股劲,凝聚力比较强。这是南航由一所大专发展成学院,又由一所一般院校发展成一所重点大学的原因所在。"

其次是南航的师生员工具有强烈的国防观念和爱国主义精神。在物资匮乏、政治环境异常恶劣的"文化大革命"期间,他们

"想国家之所想,急部队之所急",承担了大量国防科研任务,克服困难,排除了种种干扰和破坏,研制成功了"长空一号"无人驾驶靶机、1015 雷达伞靶,研制成功了我国第一台液压飞行模拟转台,等等。这既满足了当时国防建设的急需,也为南航后来的科研起飞打下了基础。1999 年 5 月 8 日,以美国为首的北约悍然用导弹轰炸我驻南斯拉夫大使馆,全校师生员工义愤填膺,举行了各种抗议活动。5 月 14 日,南航学生举行了"立志献身国防科技事业"的大型宣誓活动。四百多名应届毕业生主动签约到国防系统就业,并在五星红旗下庄严宣誓:"立志为祖国的国防科技事业献身",把对侵略罪行的无比愤怒转化为立志"科技强军"、"科技兴国"的力量。此后,南航把每年的 6 月 15 日定为"献身国防科技事业的宣誓日",体现了浓郁的爱国主义情操。

再次是南航的师生员工长于苦干、实干,富于技术创新。20 世纪 80 年代初中期,南航在"长空一号"中高空靶机研制成功的基础上,根据国家的需要,对该机进行改进改型,在较短的时间里完成了重大的技术创新,先后研制成功无人驾驶核试验取样机、低空型靶机、高机动型靶机和超低空型靶机 5 种型号,在空域和性能上形成了无人机系列。特别是高机动型靶机,由于技术复杂,性能要求高,国家当时是准备引进的,对国内是否能很快研制出来,满足需要,有关部门抱怀疑和不信任态度。南航据理力争,勇敢地承担了此项研制任务,并向航空工业部立下了军令状。结果在一年半时间内,高质量地完成了研制任务,满足了国防型号鉴定的急需,费用不及进口的十分之一,性能达到国际先进水平。同时期,南航还研制成功了 AD 系列轻型飞机。90 年代中后期,南航又高质量、高速度地研制成功了性能要求更高、技术更为复杂的云笛无人机和翔鸟无人直升机等,创造了一所大学同时设计研制成功无人机、轻型和超轻型飞机、无人直升机三种系列飞机的范例。南航师生员工在设计、研制过程中苦干、实干加巧干,发挥聪明才智,在技术、性能上作了许多创新,获得国家和部省的多次表彰和奖励,真正做到了外界对南航的评价:"投入少,产出高,贡献大。"

南航的领导和师生正是依靠和发挥了这样的精神风貌,才使南航永不止息,与时俱进,发展成为国内著名、具有一定国际影响的大学。我衷心祝愿南航以建校50周年为新的起点,以更加稳健和快速的步伐迈入新的50年,在全面实施"科教兴国"的战略、实现中华民族的伟大复兴的崇高事业中百尺竿头,更进一步,再铸辉煌。

为了庆祝建校50周年,学校特编撰出版了这本《南京航空航天大学校史》,这是一件很有意义的工作。《校史》内容丰富、翔实,较为全面地反映和记录了学校的发展历程,恰当地总结了学校的办学成绩和经验,对学校今后的改革和发展具有一定的借鉴和指导作用。我谨对全体校史编撰审校工作同志的辛勤劳动,对航空工业出版社的协助出版表示衷心的感谢!

是为《南京航空航天大学校史》序。

在上海大学与日本大阪艺术大学联合举办的"第十五届交流作品展览"上的致辞[*]

在中日两国庆贺"中日邦交正常化30周年纪念日"之际,中国上海大学与日本大阪艺术大学联合举办的"第十五届交流作品展览"在上海大学美术学院隆重开幕。中日文化艺术交流源远流长。我衷心希望两校的师生们,不断拓宽艺术教育的视野,不断交流艺术创作的经验。在这艺术不断走向国际化的时代,为世界文化的向前发展,为中日两国的友好交流,为人类的共同繁荣、进步,作出我们应有的贡献。

---

[*] 2002年10月25日在上海大学与日本大阪艺术大学联合举办的"第十五届交流作品展览"上的致辞。

陈新民纪念画册《有色之师》序*

七十多年前,我与新民先生交往,他的道德文章、他的音容笑貌,长留在我的脑海中。今天,正值新民先生诞辰90周年之际,我把对他的了解写出来,权且作序。

辛亥革命发生后的第二年,新民先生出生在河北省清苑县(今保定市),比我大十个月。他的祖籍在安徽省望江县,他的父亲是个小职员,先后在辽宁、甘肃等地供职。他因四处奔波影响了上小学,自幼读的是私塾。他天资聪颖,《四书》、《五经》背得滚瓜烂熟。与他交谈,妙语连珠,典故迭出。直到晚年,若向他问起《滕王阁序》、《长恨歌》等古典名篇,他信口诵来,一字不漏,使人叹为观止。

与科学结缘,是新民先生进入中学以后的事。鲤鱼跃龙门,他没有经过小学阶段,直接考入久负盛名的天津南开中学。这所哺育过周恩来的学校,崇尚新学,民主和科学的气氛很浓。他萌发了"教育救国"、"科学救国"的志向,勤奋学习数理化知识,终于在19岁那年,即1931年秋,成为清华大学的学生。当时,我在物理系,他在化学系,我选了不少数学课和化学课,他选了物理课和数学课,这样,我们很多时候同在一个教室上课。

"七七事变"后,新民先生与许多知识分子一样,纵然有满腔抱

---

* 写于2002年12月2日。

负,希望为国效力,却无用武之地。他与几个同学撤到大后方。1940年冬,他考取清华大学(已迁昆明)公派留学生,去美国麻省理工学院攻读冶金博士学位。我先去加拿大,后来也到了美国加利福尼亚理工学院。1946年,中国的抗日战争取得胜利后,我们都从美国回来,他先是在北洋大学任教。1948年9月后,他回到清华,我们同在清华大学任教。

1948年冬,清华大学解放,但未立即接管。清华大学的中共地下组织,领导师生们担负起保护全校生命财产的责任。我与学校知名的民主教授张奚若、周培源、费孝通等,还有新民先生,一起商讨护校工作。新民是民主教授中的少壮派,在师生中颇有影响。我们成立了两个委员会,一个是我与周培源负责的保卫委员会,另一个是新民与王遵华负责的生活委员会,出来维持学校秩序和安定师生情绪,准备迎接解放军到来。我们还在一起学习毛泽东的《新民主主义论》等著作及其他从解放区运来的书报。

1952年元旦过后,新民先生刚从前民主德国采购教学设备回到清华大学,中央人民政府教育部要调他去筹建一所新大学。当时,我在清华大学任教务长,他任秘书长。离京前,中央教育部副部长钱俊瑞握着他的手说:"国民经济尚在恢复,国家的人力物力有限,此行创业,困难不少。你是清华大学有名的四根台柱子之一,相信你能独当一面,作建造新大厦的大梁。"

创办这所新大学,是国家在1951年11月召开的全国工学院院长会议上决定的,校址选在有色金属之乡的湖南,它是全国高校进行校系调整的先驱,定名为中南矿冶学院。

抗战前夕,清华大学准备南迁,曾在长沙左家垅建造了两栋楼房。年久失修,已破烂不堪,遗置于茅草丛林之中。除此,就是稻田、土岗、池塘;泥路边的茅草街,既无电灯,又无自来水,仅几户居民,满目荒凉。经过一番修整,又搭起了几座工棚和临时宿舍,1952年暑假,从各校矿冶系科合并来的师生陆续到达长沙,计教师

100余人、学生近500人。凭着这点"资本",新民先生雄心勃勃。他勾画了一幅蓝图:要争创世界第一流水平,办成亚洲最大的矿冶类学院。1952年暑假,学校新招了一千余名学生,与国内老牌学府清华、北大当时的招生规模几乎相等。此等气魄,叫人刮目相看。

后来,新民先生几十年的历程,有许多坎坷。直到十一届三中全会以后,他才回到领导岗位,重新主持教学和科研工作。几十年的教学科研生涯,他已桃李满天下。

新民先生不仅是一位卓越的教育家,同时是一位著名的科学家。我们同是中国科学院学部委员和民盟成员,在北京开会见面的机会也多。有时,我们还在一起切磋棋艺。我知道他在从事教学和科研之外,还担负了繁重的社会工作。他总是不辞辛劳,忘我工作。1992年冬,他在北京参加民盟第七次全国代表大会时,因心脏病突发,于12月23日不幸逝世。对于他的逝世,我是很悲痛的。在新民先生逝世5年之后,我曾应中南工业大学的邀请,赶到长沙,参加了学校为纪念新民而设立的陈新民奖励基金的首届颁奖典礼。现在,新民先生离开我们10年了,他的学校——起初的"中南矿冶学院"、后来的"中南工业大学"、现在的"中南大学"——希望我为他的纪念画册作序。是为序,也作为我对他的一个怀念。

研究生怎样做调查研究*

  同学们,你们是今年进入上海大学新的一批研究生,也是我们上海大学从成立以来招收得最多的一批研究生。上海大学从1994年成立以来,已经八年了。在这八年中,我们对本科生的教育进行了大量的改革。过去我们的教学过早专业化,使我们的教学往往落后于现实,落后于人民的需要。我们改革的重点就放在改变这种现状上。所以根据这个愿望,我们要真正办成一个现在国家需要的这样一种教学形式。实际上,这个需要党中央早已经定了,我们国家的《高等教育法》在1999年已经写上了,要培养有创新精神的人。

  我们从今年起开始重视怎么培养既有创新知识又有创新能力的人才,这就是我们的研究生。我们的要求很清楚,我们的要求就是根据上面的要求,培养有创新精神的人,培养有真正思想的人,有实践能力的人,这就是我们研究生的培养。我们必须落实这许多问题,因为每个人是抱着不同的想法来的,认识都不一样,所以我要强调这个认识,这个认识又是我们国家所需要的认识。我们必须要有这个想法,我相信这个想法是正确的,因为我们要建设这

---

* 2002年9月4日在上海大学2002级研究生开学典礼上的讲话(有删节)。原载《怎样当一名研究生》,该书2004年由上海大学出版社出版。

个国家,我们不这样想不行。我们要进一步改革我们研究生的教学形式、教学办法。所以,今年我们学校对于硕士生的培养、对于博士生的培养与过去有所不同。

什么叫硕士生?我认为硕士生必须培养科研里面的一种能力。首先是毛主席说的两步,第一步就是要调查研究,没有调查研究的人就不能进行研究,要不然脱离实际。研究生要调查研究,调查研究广义地讲可以调查研究生产线的情况,可以调查这些或者那些东西,调查我们国家进行建设过程中碰到的困难,针对这些困难我们采取什么样的方针,进行诸如此类的调查研究。现在我们国家加入了WTO之后,法律都要改变,国家改变了三百多部法律。像这些问题,我们要研究,我们研究生也应该这样研究,这些法律定得对不对、好不好、要不要修改、符合实际不符合实际,这都是我们要研究的问题。要研究我们进行工作所必要的知识。我们现在想了一套另外的办法,这个阶段的教学培养的要求就是培养研究生怎么样进行调查研究,要不然,你是要做什么研究你都不清楚。研究生是培养国家需要的人才,不是培养为了资产阶级生活目的的人。

我们要研究对博士生的要求,就是要研究具体的问题,要进行研究怎么样做得更好。从学科来讲,像工程技术的学科,我们有很多工程技术的研究,它的需要是从其他生产领域的需要提出来的。像计算机学科就是这样提出来的,那时没有这个学科,战争需要,所以英国人、美国人只好研究它,不研究就打不赢战争。很多高科技都是这样的,其他学科要求这个研究,而它本身没有这个学科。像纳米技术,当时没有人知道什么叫纳米材料,现在大家都知道了,这都是从别的学科提出来的,当时没有人知道这个学科,这个东西不是学化工的人提出来的。最近,提出纳米材料的首创人得了化工研究的诺贝尔奖提名。我们现在学纳米材料的一个重要课题是根据实际需要来确定的。很多学问是由需要来研究的,什么方面需要,你就要按需要来做。做科学工作最重要的就是调查研究,过去我们很多人不重视这个问题。我现在想要改变这种情况,我们现在的年轻人应该晓得调查研究是一个很重大的要求,必须要满足。

我们要改变我们的学习方向,所以,查阅文献的要求你必须要达到,文献一般叫 information,调查就是调查 information。什么叫调查研究,很多人不理解。我们中国有个研究所叫科学技术情报研究所,你们就得学会去调查,调查很多杂志,情报所里的很多杂志。中国的情报所齐全,上海科技情报研究所现在在上海图书馆。很多资料上海图书馆都有,科技方面的资料很清楚,在情报所里各个专科杂志的全部资料都要收集。这就是调查的办法,我们很多老师不重视,永远不去看这些论文,包括30年之内论文或者50年之内论文。我们现在科学发展的各种文献都有,要懂得怎么用这些资料。第二种资料是来自发明创造的这些机构,叫专利文献。专利文献很重要。

科研题目来源有的是从别的要求来的,有的是从政府的工作要求来的。很多问题很有意思。做科研的许多问题,这些问题是怎么来的,这个题目怎么来的,任务怎么来的本身就是问题。我们很多的事情还要学,怎么做研究也要学,这是很困难的。现在就要这个知识和这个能力,我们首先要学调查研究,我们做任何研究首先要从调查研究开始,这是毛泽东的认识论,毛主席写过一本书叫《认识论》,后来叫《实践论》。这是符合马列主义的根本东西的,不是资产阶级的。我是一直强调高等学校必须走科研化道路,要不然你根本不晓得该怎么办,不知道哪个该教哪个不该教。教学里头必须要懂得这个。我对这个思想是非常坚持的。现在看来我当年这个看法是对的,就是教学科研是不能分的。要不然教的东西不是人民需要的,达不到这个要求。邓小平同志的确是了不起,他是符合马列主义的,所以是中国特色的社会主义,这句话是完全正确的。

我们应该研究这些问题，特别重要的是硕士生的培养。我要告诉大家，我们下个学期开始要在研究生培养方式和办法上做一个巨大的变化，我们现在正在布置，就是说我们将来硕士生的研究不是只凭论文，要学会调查研究。科学论文调查研究很重要，所以不要以为这是新的，不是什么新的，是应该这样的。有些问题要说明一下，要把一些不正确的思想研究清楚，以适当的思想来代替它，而不是什么新的思想。研究生首先要研究他为什么要研究，调查研究什么，怎样调查研究，这是我们必须要教的。研究生只要做法好，一样能得到很好的结果。不用怕专业，专业没有关系，问题是要懂得这一套办法。我们好多东西是知其然不知其所以然，这不是我们教育的目的。教育培养的目的应该是懂得知其所以然，这是最重要的。这是研究工作的要求，所以我要同大家说我们将来的研究生首先要懂得调查研究，这是最重要的。

我们的课程要改变，我们不要求学生多学很多东西，要懂得怎么调查研究。这是我们对硕士生的要求。我们硕士生教育不再以开课为主要目的，对开专业课教师来讲，我们是以学什么为目的，而不是让教师来教怎么学。应该有一点思想能力，我们将来硕士生的课程都是研讨班。有问题先看人家的论文，学生看了以后做报告，做了报告以后提出自己的观点，让别的人参加讨论。这样一步就到了调查研究这样的一个框子里。我最近总结，我都不能相信，我做过很多工作，都是各种各样没有学过的，我自己从调查研究着手学会的。我粗略地估计我国13种不同的学科我都做过，有17种创造都是一辈子毫无联系的，都是在做工作时期创造的，这叫科研。很多科研都是一门学科的发展影响到其他学科，比如现在发展最厉害的是计算机及其软件发展，它使很多学科都改了新面貌，所以学科之间的关系是很重要的。当然学的时候学一门学科。我劝大家适应这个要求，将来你学完了这个，你自己会提出我念博士要做什么问题，这个问题怎么做。你要晓得这个问题人家已经研究30年了,现在还有许多问题没有解决,或者现在又引起了许多新的问题让你去解决。导师只是把握一下你这个方向作为研究生学校有没有条件。以后博士生的题目必须是自己提出来的,而不是导师给的,这是今后改革的一个重要方向。博士研究生可以就某一方面的发展情况写一篇论文,还有多少问题没有解决,这篇论文就是你做博士论文的前言。希望你们做研究的时候知道怎么做,为什么要做研究生,我提出这样的问题。

我们现在决心大量培养研究生,现在刚刚开始,今年招的研究生比去年多,我们从全国招生。我想我用这个欢迎大家,告诉大家怎么样去做。你们做研究生就要想到我们国家需要你们。我们现在特别强调这个。

祝贺《项目管理技术》创刊*

《项目管理技术》杂志社：

欣闻我国首份管理科学杂志《项目管理技术》创刊，在此，谨致以热烈的祝贺！

随着我国改革开放和各项事业的蓬勃发展，项目管理作为一门新兴学科和专业，正广泛应用于建筑、国防、航天、电子、信息、制药、金融及各种高新技术等产业，甚至于科学研究本身，并在推动政府和企事业管理的现代化中发挥着越来越大的作用，受到社会各界的广泛关注。

目前，在我国项目管理学科发展相对滞后、优秀专业人才十分缺乏的情况下，你们在国内首次创办该领域的期刊，意义十分深远。相信通过你们的辛勤耕耘和广大业界人士的共同努力，《项目管理技术》一定会对项目管理学的发展及专业人才的培养起到积极的推动作用。

希望你们把《项目管理技术》杂志办成兼具学术研究性和实践指导性的刊物，传播项目管理理念，交流项目管理的得失经验，探索项目管理的新理论和新方法，为我国的改革开放事业和国民经济建设作出应有的贡献。

---

* 写于 2003 年 5 月 21 日。原载《项目管理技术》2003 年第 1 期。

《周恩来统一战线的
理论与实践》序[*]

在纪念敬爱的周恩来总理诞辰 105 周年之际,《周恩来统一战线的理论与实践》由中央文献出版社出版了。这是一件十分重要的事。

首先,《周恩来统一战线的理论与实践》一书的出版填补了周恩来研究方面的一项空白。周恩来同志是中国共产党统一战线工作的一面光辉旗帜。他一生从事革命活动,善于将不同阶级、阶层的人士团结到中国共产党的周围,众志成城,一道同国内外的强大敌人和困难进行长期的、复杂的、艰苦的斗争,最终使中华民族的共同目标得以实现。他的统战理论奠基扎实,内涵丰富,为世人所公认,是中共统战史上一座耸立云霄的里程碑,是留给中华民族的宝贵精神遗产。

近二十年来,研究周恩来革命生涯的著作出版了很多,但系统、深入地研究和探讨周恩来统一战线的理论专著,尚未面世,所以刘洪英、丁鸣江两位同志撰写的这部专著应该加以肯定。

本书的上篇,翔实而系统地分析了周恩来革命统战理论的形成、发展及其对中国革命与建设所起的重大作用和影响,深刻挖掘

---

[*] 写于 2003 年 3 月 13 日。

出中国共产党人在艰难困苦中与时俱进、不断开拓创新的精神，讴歌了中共统战理论与实践的高度结合精神，从而揭示出中共统一战线的形成及其成功的规律性。使人们进一步认识到中国共产党在统一战线中始终代表广大人民群众的根本利益，因而才使全国各族人民能够万众一心，凝聚在中国共产党的统一战线旗帜下，取得革命的胜利和社会主义建设事业的发展。

下篇从宏观和微观的角度，对周恩来统战理论与实践的基本特色进行了系统的概括和总结，对周恩来获得统战光辉业绩的各种主观因素一一进行了剖析，透视出周恩来富有传奇性的统战工作实践经验和极富哲理性的统战理论，对当前我国统战工作具有重要的指导意义。

书中对周恩来统战思想和实践的高度创造精神境界进行的深刻挖掘，对周恩来成就统战光辉业绩各种主观因素的剖析，例如，通过对周恩来青少年时期的远大人生理想、高度自觉的马克思主义个人修养及其广博扎实的知识基础等方面的剖析，所透视出的周恩来成就统战伟业的基本原因和规律性，具有很好的资政育人作用，读者会从中感悟出更深刻的道理来。

我们这一代人，从普通农民、工人到知识分子，对周总理的感情是十分深厚的。他离开我们已经 27 个年头了，我们十分怀念他、崇敬他。"文革"期间，周总理为保护许多统战人士做了许多工作，我也是在他的亲自关怀下才回到清华大学的。

斯人已逝，风范永存！

承作者之嘱，借此说以上的话，表达我对周总理的无限崇敬和缅怀之情。

无锡梅村中学 90 华诞
《桃李芳香》序*

欣闻家乡无锡梅村中学 90 校庆,可喜可贺。

梅中是家乡的一所名校,我虽未曾就读于其间,但与梅中却有很深的渊源。家父钱声一,是县四(梅中前身)的创始人之一。他曾担任教务主任,兼教国文、历史、英语、理科等。他从常州府中学堂师范科毕业后,在家乡办学,后又至荡口、后宅、梅村、荣巷、县中等地办学并任教,颇有声望。1928 年,他担任无锡乡村师范学校校长,10 月因病逝世,年仅 40 岁。我的四叔父钱穆先生在《八十忆双亲·师友杂忆》一书中,专门有一章讲述他执教梅中之事。教书、交友与做学问兼具,在这里他写就了处女作《论语文解》。四叔父是一位从乡村走向世界的国学大师,他终生致力于传播中国传统文化,而他名扬县外却始于梅村。

古吴地的悠久历史,泰伯庙的深厚底蕴,伯渎巷的千年灵秀,铸就了梅中办学的昨天、今天与明天的辉煌。80 年代以来,我多次回家乡,均要到梅中实地观察,或从有关方面听取并了解梅中的办学情况。1999 年我视察梅中时,曾提出了"要把学校办成在全国有很高知名度的一流学校"的愿望。

---

* 写于 2003 年 7 月。

这些年来,梅中经过全体师生员工的共同努力,各项事业持续发展,为全国许多大学输送了优秀生源。梅中竭诚为社会服务,办出了特色,受到了普遍的关注和好评,取得了良好的社会效益。改革开放以来的二十多年中,家乡人民认真贯彻并落实党的教育方针,成绩斐然。这个地区不仅经济发展最快,而且教育事业领先,积累了许多特色鲜明的教育经验。梅中正是顺应了时代要求,她高举"至贤"校训,"师范中华,吴风启新",不断探索办学育人思路,为推动本地区和全省的教育改革和发展起到了引导作用。90年来,为社会培养了三万余名学生,校友遍布海内外,声名远播。

梅中今天的成绩令我高兴,也令我振奋,但社会的发展和进步是无止境的,教书育人的任务是永不会停息的。为进一步弘扬梅中优秀的办学传统,确立新时代背景下的先进的办学理念,培养更多国家建设所需要的合格人才。在这里,我谈几点希望和要求。

首先,要继续发扬梅中90年办学历史积累的宝贵经验,打好"梅村牌",办成"放羊型"的重点中学。这种形为放羊,实际上是一种开放式的教育。学习的环境宽松了,学生很活跃,肯用脑筋思考问题,主动获取知识,而不是去死背书,这正是一种自学能力的培养。千万不要办成"应试型"的重点中学。否则,培养的学生虽然考上大学,但缺乏创造性,不利于将来的发展。

其次,办好学校最根本的一条是抓好教师队伍的建设。要培养造就一支高素质、学术型的师资队伍。校长带头做学问,做教书育人的学问,各学科要有优秀的带头人。教师是学生的楷模,以身作则,是教育工作的基本原则,也是素质教育的基本要求。所以我希望梅中的每个教师都要争取成为名师。这样才能把学生培养好,塑造好。

再次,在市场经济条件下办学,社会效益和经济效益之间的矛盾将会长期存在,但社会效益是学校生存和发展的大事,我们要始终坚持社会效益第一,艰苦创业,同心协力,不断探索总结,创造性地办好教育，为国家建设的大局服务，为当地经济发展和社会进步服务。

我们培养的学生首先应该是一个爱国者，一个全面的人，一个有文化艺术修养、道德品质高尚、心灵美好的人；其次，才是一个未来的工程师、专门家。这是我担任上海大学校长对学校教育的要求，这里，我也把这些话说与梅中，希望与梅中的教师们共勉。

梅中的校训是"至贤"，校风是"勤奋、踏实、团结、进取"。我希望学校在党的教育方针指引下，在治学、治教、治校的过程中，建设和形成自己的梅中精神。钟灵毓秀的江南山水，造就了梅中校园生动活泼的学术氛围；蕴涵深厚的人文传统，赋予了梅中学子厚重的历史责任感；锐意求新的开拓精神，必将会造就更多栋梁之材。

校庆之际，出一本汇集梅中各个时期有关校友事迹的书，并取名为"桃李芳香"，这种庆祝形式很好！这既是对过去教育成就的展示与总结，又可以激励后学者奋发图强，积极参与实施"科教兴国"战略，为中华民族的腾飞作贡献。并通过各届校友宣传梅中，扩大影响。在此，我想借此序，祝贺梅中90华诞。衷心希望在梅中百年华诞时，学校已成为国内一流的中学。我想，这也是我先父、先叔的愿望吧。

在上海大学中层干部会议上谈本科教学工作*

本科教学的具体落实,是由各个学院和系来完成的,这些院系在学校本科教学的总体要求下,完成的情况如何,具体的操作方式哪些对哪些不对,都要拿来充分讨论。更具体一点,每个院系,在教学管理上是不是按照学校教学管理的条例要求来做的,有没有建立一套长效的、科学的制度,特别是档案管理制度是否健全?每年进来多少学生,各个年级在校有多少学生,毕业多少学生,有没有一个确定不变的数据?这些基础工作一定要做扎实、做好。在教学计划的教学大纲的制定上面,我们是不是根据社会的实际需求来确定的,是否还存在一些不合理的地方;是不是有利于学生的成长,有利于他们对基础理论知识、基本技能的掌握。现在在一些学院搞强化班,效果如何,怎样来评判?其他学科在学生的培养问题上,加强基础知识和提高理论水平是如何做的?如何保证教授参与本科基础知识的教学,这些年的具体情况是怎样的?在教材的选择上,要求每年必须要有新教材,基本得到30%的教材更新率。如果每一位教师能做到教一门课就出一本教材,那样的话肯定能保证课程内容是新的。我不希望教师一本教材一捧就是十几

---

* 原载《上海大学》2003年8月28日。

年,甚至还在照本宣科。这些问题都要弄清楚,要落实,要做好。

最近几年来,科学技术飞速发展,我们教师的知识面要跟上时代的要求,要更多地开设面向理工科学生的文科课程和网络课程进行授课。对授课质量和效果,教务处和学生工作处对学生进行的问卷调查,评选结果要不要公开,包括前几名受欢迎的教师和最后几门不受欢迎的课程。这些都要研究。另外,我们办教育的目的是为了服务社会,因此在专业的设置上,在办学效果的评判上,要用社会的观点来衡量,有没有社会效益,有没有尊重社会的呼声,毕业生用人单位和家长的反馈工作重视做了吗?以上这些都要通过十年来的年度数据和汇总数据进行反映,将发展的规模、过程和最终的成果展示出来,让大家来分析,以后的本科教学应该如何发展。当然,我们最终的目的是培养人才,既培养锻炼年轻的教师,又培养大批合格的社会主义建设者。因此,在教学的过程中,特别注重学生自学能力的培养,使学生在离开学校踏向工作岗位以后,能够独立地获取知识并取得个人的发展。各个学院和学科,在教学中是怎样结合教学锻炼教师特别是青年教师的,这些年来两方面的效果如何,又是怎样进行评判的,要有特殊的、好的例子展示给大家看。

国外一些成功的本科教学经验表明,大学一进来就规定专业的做法是不科学的。尽管教育部现在规定的专业目录比以前少了,我们的本科教学,在课程设置、教学计划、选课安排、教师配备上如何体现淡化专业、加强基础的,效果如何?我们以后怎样克服按照专业招生的弊病,让学生避免一纸专业定终身的尴尬局面。尽管我们学校较早就有了转系转专业的制度,但是我认为还是不够彻底的,我相信总有一天,某些专业转空了,没有人上了,这才是真正的自由转系,也只有这样办教育才会有压力、有动力。

拓宽专业，为国家和地方
发展培养更多创新人才*

我想这次来，以上海大学的名义，作为兄弟院校祝贺江南大学能够为国家培养更多的栋梁之才，为未来国家建设服务，我们作为兄弟院校，我们的任务是一样的。我们对高等教育怎样来尽义务，怎样做好工作，我有我的看法。这些看法正在实施。我是这么想的，办学校，无非是培养将来我们国家的接班人，主要是这样。因为将来建设我们国家的，靠在座的学生。我们已经是过去的人了，我们应该把我们知道的告诉人家，让人家在我们的基础上前进，不断地前进，这是主要的。所以我们是为培养合格的有能力的公民服务。因此我们的眼光看将来的时候，我们要预测将来的社会是什么样的社会，这样我们就知道怎么培养了。

我们现在的教育制度，大部分来自当年我们学"苏"，因为当时苏联是我们的老大哥，是共产党人建的。可是当年我们跟苏联联系的时候，曾经有一个时期，毛主席在苏联呆了两个月，斯大林就是不见，这是大家都知道的。后来，周恩来去了以后，把事情解释清楚后，(斯大林)勉强见了。后来说是要帮助我们建设，搞156个

---

* 2003年9月30日在参加江南大学钱伟长楼奠基仪式后，会见江南大学中层以上干部和学生代表时的讲话。

项目，这是有帮助的。可是我们要了解到，那个时候，正是苏联刚结束卫国战争，战争破坏很大，很多苏联教育界的大师都参加战争了，很多都在战争中被打死了，所以他们的教育正好也是困难时期，没有大师，要急于培养很多教师，所以苏联那时的学制是跟正常的不一样的。那时教育部请了很多苏联专家，搞了一套学制，这套学制现在我们还在执行，人家早改掉了。现在苏联变成了独联体，已经不是共产党领导了，那改是必然要改的，其实在共产党领导时已经改了。我们没有改，直到现在。中间有几个特点：就是把专业设得很细、很窄，为了培养快一点。这是他们开始有困难，因为那时没有很多专家。现在我们的专业还是很细，我们没有改，50年不改。

现在我们已看见，我们的国家，是建设具有中国特色的社会主义，不是苏联式的社会主义。既然我们的国家是这样的情况，我们的教育必须要改，改为为中国特色社会主义服务。当然整个世界发展情况我们要了解。过去是这样的，农业社会要变成工业社会，所以当时工厂很小，可现在，整个事业发展方向是从工业社会变成信息社会，是另外一种社会。信息社会是怎么一回事？性质是完全不一样的。所以我们的大学教育，应该根据将来的情况来进行工作，换句话说，就是：第一，我们的专业不能分那么细，第二，将来信息社会，信息社会有一个特点，信息是公开的，谁跟谁都可以学，这一点完全不一样，我们大学教育要改。所以在毛主席去世以后，邓小平上来时就提出来要改革开放，这是第一步。第二条要自己建设国家，要外向型经济，用贸易的方式进行，发展工业，所以我们很快地发展了工业，这是第二条。第三条，将来信息社会，学东西很容易，信息都是公开的，不像现在，信息是秘密的。信息就是学问，学问可以从公开的很多地方学到，就是电化教育。电化教育是用不着老师的，（只要）学会自学。所以现在我在这个学校，跟别的学校不一样。教育部也得改，教育部现在的命令都是从前的命令,没有改。我改了,因为我是邓小平批准派到上海的。

而到上海的第一桩事就是担任上海工业大学校长,我就从工学院的改革着手,我改了。上海原有五十多所大学,后来,江泽民到上海,他同意把其中的9所大学合并起来,于1994年成立上海大学,来实现我所设想的办法。现在,上海大学就是根据将来信息社会的要求来改的。改革方向就是这个:大学里只教联系实际的理论课,至于实际的真正的工作内容不教的,将来你工作后自己会学会,要有自学能力,就是这个改革。还有,必须要教会学生有创新能力,做工作不能按部就班,按老办法做。要永远地创新,要不然社会就不能进步。因此教师必须有创新能力。所以在学校,不但科学院要搞科研,学校教师要搞大量的科研。做科研是培养创新能力。所以我的学校现在不一样,所有教师都要重视科研。不是照本宣读教材,不是光传授知识。教只教最基本的理论。实际工作是用不着学的,将来你做了就会了。有自学能力(有创新能力),这两条,我是坚持的。坚持下来,现在学生完全不一样,而且这样一来,用最小的财力办最大的事情。我这个学校现在规模很大,3万本科学生,研究生5 000人,研究生就是最后培养他的创新能力,跟教师一起研究。我校研究生教学是跟其他学校不一样的,不是先生教学生,而是一起来创新,懂得怎么来调查研究,什么事都要调查研究,就是研究的开始,不会调查的人不会研究。我们将来的干部要会调查,这是最主要的方面。调查当然有两种,学习也是一种调查,学习范围很广,看书是一种学习的办法,书本知识学习是一个办法,可还有另一个办法,就是向最新的杂志调查,杂志里头是最新的东西,不是书本,不是教科书。教科书(内容)都是杂志里头的。而最新实验里头的东西,教科书中没有,就是第二点。最关键是要调查,所以研究生首先要教他怎么调查,这个性质是完全不一样的。教师当然要先调查。我可以举几个例子:我们现在培养研究生(我们研究生可以做很好的工作)就是学会调查。我们是这样教会学生调查的：上海曾经因为搞地铁，人工挖掘隧道太慢，向美国定购了一套地铁隧道挖掘机（盾构），结果美国人说，这个机器可以用于军事，就是挖壕沟，所以不能卖给你，他说现在你们急需用，可以，只卖机器，不卖软件。这个机器是计算机根据沉降来控制的，没有软件，拿来后不能用。要编软件，怎么办？不好用，碰到岩石，要人工爆破后再用，碰到流沙怎么办？有另外一套办法，就是采集，把流沙采出来，同时要灌水，把流沙堵住，等等。都不一样的，这个机器什么功能都有的，就是不知道怎么使用，又没有软件，怎么办？结果我培养了一个学生，通过调查，搞了一套专家系统，盾构能用了，所以这一点证明我们是对的（我们搞出来了）。

我们学校，没有工学院，只有基础学院，工学院就是教你具体的碰到什么机器学会怎么使用。我们学校，只有技术没有工程。我们的技术学院是悠久的，第一个最大的学院叫材料科学学院，材料有金属的非金属的，我们的学院是搞材料新产品的，如搞尼龙的，现在发展纳米材料，不是模糊工程，第二学院是通讯学院，是新技术，如数字DVD这套东西，这不是工程，第三个学院是自动化与机器人学院，我们将来的工业全部是自动化的，可现在还不是，这也不是搞工程的，是技术学院，我有九个技术学院，刚才说了三个，其他就不一一列举了。科研不是由专门搞科研的教师的事，而是所有教师都要做科研，现在看来，我的观点是对的。现在我们上海大学毕业生几乎是百分之百就业。上海原有五十多所高校，它们是属于教育局的，我们也属教育局的，可我们办得和它们不一样，我们有条件（搞改革）。

邓小平早就提出四个现代化，我是支持的。我当时在全国讲什么是四个现代化？一共讲了三百多场，我说各个国家都有，不要以为只有我们国家有（四个现代化），所有国家都曾经搞现代化，包括日本、德国、英国、美国等，都提过现代化，但都包括宗教，有殖民主义色彩。这次美国打伊拉克，是以宗教的名义打的，出兵以前，先到宗教礼堂去祈祷，有点像从前的十字军东征，当年罗马帝国时期，以宗教名义出去打，把大马士革包围了，后来阿拉伯国家联合起来反攻，他们失败了。所以殖民主义的现代化带有宗教性质。我们国家有天主教、佛教等，我们并不反对宗教。搞殖民主义的国家都是天主教，最厉害的是西班牙人，他们是天主教国家，所以他们的殖民地世界各地都有，南美都有天主教，都是讲西班牙语的，像北美的墨西哥也是天主教国家，古巴也是天主教国家，也是讲西班牙语的。我们学校现在将添一个西班牙语专业，培养用西班牙语做生意的人才。

我们现在就要培养我们中国人的后代，所以我有许多想法，比如我强调：在本科阶段教会学生自学，重点慢慢放在培养研究生上，这性质完全不一样了，本科教会自学，自学有困难是正常的，学了不懂才会来问，要教会他们不懂的会慢慢懂的，有些你提的问题，不但你不懂，我也不懂，慢慢会搞懂，我告诉他们，还没有研究到，这种问题多得很。第二个，我是提倡教学过程中可以随便提问的，什么时候都可以提问，不是先生讲学生听，是讨论式的，这对教师要求很高。有的教师受不了了，受不了你多练多学，你自己培养自己，自己要懂得多。有的教师照本宣科，我反对，还要请他走，现在教师待遇高了，有科研成绩的，我给你一半经费，所以有科研成绩的很富，家里都有两三辆汽车。你不能做科研，我给你待遇很差，我在想，像我的这个学校的这个特点，我估计要普及的。我们有些学院正在总结经验，总结的文章已经写出来了，因为我们学校还是党委领导下的校长负责制，我与党委合作得很好，我是完全按现在我们国家规定的"三个代表"思想办事的，我比党委执行得还严格。"三个代表"，教师要代表先进生产力，要代表先进文化的发展方向，要代表广大人民的利益，对不对？我是这样想的，不知道你们同意不同意？我对教师要求很高。我是不拿工资的，我是义务来当校长的,我的工资是政协给的,我到现在还是政协副主席待遇,我不热衷于挣钱,我不要钱。我这是推心置腹地讲,希望我们的学校都办成这样,对我们国家有利,对不对?这不是我的权利而是我的义务。

像我们的学校,国家是给十几个亿办学,我从各方面省钱:师资省钱,后勤社会化省钱,学(生宿)舍省钱,让建设商来办,连地都不买。不办食堂,把食堂包给饮食业的人,三年包给他,贵的是荤菜,现在一元五一盆,量有规定,半荤半素是一元钱一盆,蔬菜是五角钱一盆,还有饭供应不要钱,汤可以不要钱,最穷的就吃饭喝汤,他也能过日子,不要钱。所以我们学校没有食堂,食堂是提供空房子,让饮食业的人包下来,他们也挣钱,为什么挣钱?因为他们不需要在马路旁,现在有饭厅,我盖好了饭厅他来经营,他只是烧好了菜来卖,所以学生说现在连我爸爸妈妈也来食堂吃,所以我学校很省钱,我这两年省了不少钱,所以我校经营是非常省钱的,这也是创新啊!

创新要求学校各方面创新,现在我校有很多课是用多媒体上的,都是翻录成 VCD 上的,用不到上课老师做,而设计 VCD 是老师的事。1994 年,我曾经搞过一个项目。我派一个法学院的教授到美国去交流,交流的目的是,我要他去交流的课题是劳改过程,有两个典型,一个是溥仪,一个是外国的,都是有公开材料的,美国也有这个劳改,不过他名称不是劳改,交流后,美国说这是最好的交流,听的人很高兴,交流的人后来得了奖。后来他们与我们建立了一个管理学科,工商管理学科,尤其是大城市管理。现在我们大城市越来越多,但管得不好,交通问题、通信问题、学校问题,将来我设立一个大城市管理学科,他们同意,设立了现代城市管理这门课,要用 500 课时来讲,讲的都是他们的教授,用的例子都是美国的大城市的例子。我们在他讲课时,一边讲,一边搞 VCD,后来搞了两套,一套是中文的,一套是英文的。以后我们想设立一个城市管理学院,现在我们国家要大量建中小城市,大城市需要,中小城市也需要这个,我们正在考虑。无锡也需要这样的专业。无锡现在越来越大了,我在动员无锡把太湖治理好,在太湖一侧造成像日内瓦式的建筑,工业农业旅游都搞好。我这次来与无锡市委市政府商量,无锡、湖州、吴江、宜兴把环太湖搞好,像日内瓦一样,搞好旅游业,将来把联合国搬到这里来。我们得看远一点,要看到未来。

大学必须拆除教学与科研之间的高墙*

中国高等教育如何发展,是教育界众多志士仁人殚精竭虑、长期思考的问题,对于我个人而言,则是一个长达半个多世纪的思考命题。

早在20世纪50年代,我曾经提出,中国高等教育界的一个重大问题,就是教学和科研的关系。事实上,在那个时代,围绕这个问题,曾经引发过一场大的争论。一种观点认为,高等教育必须要搞科研,另一种观点认为,高等教育与科学院要分工,高等学校是培养学生的,用不着做很多科学研究,可以做一点教学研究。这个争论当时没有得出任何结论,以后也经常发生争论。至1977年,小平同志提出,高等院校,特别是重点高等院校,应当是科研的一个重要方面军。这个问题才有了一个明确的结论。

教学没有科研作为底蕴,就是一种没有观点的教育,没有灵魂的教育

我一直认为,高等学校必须是两个中心一支队伍,教学必须与科研结合,教学不能和科研分家。

其实,从本质上看,这是一个涉及大学教育培养什么样人的

---

* 原载《群言》2003年第10期。

问题。

大学教育的过程,就是必须要把一个需要教师才能获得知识的人,通过几年学习,其毕业时培养成不需要教师也能获得知识、无师自通的人。换言之,大学教育的一个重要任务,是培养学生获取知识的能力。

社会发展无止境,科学发展无止境,学无止境。社会需要的是成千上万具有自学能力、能不断为自己进行知识充电、进而具备创新开拓能力的人才。这就是大学教育的任务。

这样,就牵涉到对大学教师队伍的认识定位问题。

学校如何办好?我认为关键是要有一支好的教师队伍。清华大学老校长梅贻琦说过,"大学者,非大楼之谓也,乃大师之谓也"。刚解放时清华大学教师只有175人,职工也不多,学生有三千多人。有大师压阵、校内教学气氛很浓。清华以前是留美预备学校,1925年才正式成为大学。新中国成立以来培养了成千上万有用的人才,在各个行业,都是全国拔尖的。早的如学界的闻一多、费孝通等,当时年仅30岁上下,已经是很有名气的青年教授。现在的党和国家领导人中,有不少也是清华的毕业生。60年代,中国科学院的学部委员中,清华大学的占55%,清华的一个系里就有几个学部委员,学术气氛很浓,学术水平很高。由此可足见教师队伍在办好一所大学进程中的重要性。对科学院的定位也很重要。科学院重点放在搞科研的管理上,国家要搞重点研究,可以设立重点科研基金,目标明确,又可减少重复投入和人事扯皮。可以参照美国科学院的做法,譬如奥本·海默,他当时是加州理工学院的教授,又是美国科学院院士,还是美国原子能顾问委员会主席。又如当年美国搞雷达,就委托麻省理工学院的史密斯(Smyth)负责,把政府的钱交给他去办事。一方面,科学院院士应该同时承担教学任务,另一方面,不做科学研究的就不给教授的位置,这个位置专门留给科学家。

早在上世纪 80 年代,在谈到教师问题时,我就提出,你不教课,就不是教师;你不搞科研,就不是好教师。这里面,就有一个对高等学校教学与科研的关系的认识问题。在高等学校,教学是必要的要求,不是充分的要求,充分的要求是科研。科研反映你对本学科清楚不清楚。教学没有科研作为底蕴,就是一种没有观点的教育,没有灵魂的教育。一个教师在大学里能否教好书,与他搞不搞科研关系很大。教师上课,不能再靠背那几本讲义了。教学生应该是让学生提问,学问应该是学生提的,不是背的。现在有些教师害怕学生提问,因为他对自己没有信心,心里没有底,而教学相长恰恰就是体现在学生提问中。事实上,我们应该逐步完成这样一种观念上的转变:教师不是教书匠,不能光教书,而要一边教书一边搞科研,搞课题。那种害怕学生提问,被学生一问就怕、一问就倒的教师不是称职的教师。

要办好一所大学,另一个前提是要有一个好的校长。大学校长的一个重要任务,是引导、培养和建设好一支高素质的教师队伍。对大学校长而言,对教师的培养和对学生的培养同样重要。

教师的任务,不仅是传授知识。教师走上讲坛讲课,应该要有自己的见解,不能照本宣科,全部都照书讲,讲完书走人。教师对教学内容要理解,这是要建立在深厚的基础上的。讲好课有两条:一要有学问,二要有好口才。有学问比好口才更重要。因此,教师必须搞科研,才能增长学问,这是培养教师的根本途径。

教师的提高,不是靠听课进修,而是主要靠做科研工作,边研究边学习,缺什么学什么,边干边学,这是积极有效的方法。科研要从小题目做起,对"科教兴国"、"科教兴市"有利的题目都可以做,不一定急于先定科研方向。国家的发展需要你做什么,就研究什么,科研项目做得多了,方向自然形成,而不是人为划定的。

其实,科研题目很多,科研做出成绩并不难,也不神秘。为什么我们的许多教师迟迟不肯跨出这一步呢?主要是因为他们长期只搞教学,不搞科研,没有进步,而且久而久之,形成一个错觉,以为科研很难,其实不然。教学和科研是一种互动关系,相长关系。我们对教师的要求是既搞教学,又搞科研,双肩挑。许多教师不习惯,一开始要赶着鸭子上架。尤其是对青年教师的培养,主要的途径是鼓励他们搞科研,掌握外语和计算机,学会查资料文献和调查研究,而不是忙着捧一本书上讲台。不搞科研,忙着捧书本上讲台是上不好课的。理由很简单。你没有自己的观点,也不会选择正确的教学内容。

用教师头脑里的一把火去点燃千百名学生头脑里的一把火

鼓励教师走教学与科研相结合的路,是对过去前苏联模式教学方法的一种改革。这种改革实质上还涉及一个大学教育的根本问题,即教与学的关系。

教师的教,主要不是把知识教给学生,而是要把获取和处理知识的能力教给学生。教学大纲不是规定教师必须讲的内容,而是规定学生必须懂的内容。不光是念书,调查研究提问、做科研都是学习。教师的工作就是启发和引导学生掌握这种获取和处理知识的能力。譬如物理课要引导学生通过实验来验证一些定律,并告诉学生定律成立的条件;数学课要引导学生学会严格的推理。总之,讲课不应该只讲具体的知识。具体的知识学生是很容易懂的,教师应该讲重大的概念,讲过去和当前发展的情况,发展的趋势和走向,讲你自己的观点、自己的看法等,用你头脑里的一把火去点燃千百名学生头脑里的一把火。以前我当学生时,吴有训先生讲牛顿三定律,就讲它在不同时期发展的过程,在这个过程中有什么误解,以后又是怎样辨明了的,正确的看法是什么,它有个适应范围,怎样使用才恰当,以后又发生了什么争论,等等。这样的讲课,不仅学生终身受用不尽,社会也受用不尽。吴有训的专长是 X 射线衍射。康普顿是他的老师,他们师生合作的成果之一,是康普顿效应，又称康普顿—吴有训效应，在世界上处于领先地位。回国前，他的老师对他讲，你回到中国后要讲物理。他回国后不开 X 光的课，就是讲大学普通物理。他说，那个讲法是康普顿给他的，康普顿也是这样讲的，康普顿也讲大学普通物理，吴有训认为讲物理就应该这样讲。我在清华时，吴有训是系主任，讲两个钟头的课，两个钟头后处理系里的事。下午到晚上都是他的工作时间，他的科研时间。他带了一个助手，就是后来的中科院物理所所长。两个人都是长年在实验室里，早上 7 点到校，晚上不到 12 点不回去。我在清华待了六年，四年大学两年研究生。我就看他们这样工作了六年，星期天也不休息。就是这样一位老师，用他的言传身教，使我懂得了我的工作是终身的，只要有问题存在，我们就要通过科学研究去解决问题，解决问题的过程就是对许多基础问题认识深化的过程，可以使教师讲课的本领越来越大，这样的教师，他讲的内容书上都没有，他没有固定模式的讲稿，但他教会了学生科学地处理问题和思考问题的方法。

华罗庚——乡村杂货铺的小伙计

这里我想再举一个例子，一个很突出的例子，华罗庚的例子。华罗庚没有进过正规大学，进清华时是个中学毕业生。他在《中学生》杂志上发表了一篇文章，讲了对中学数学教学的几条意见，给当时清华大学数学系主任熊庆来看见了，十分赞赏，一打听，知道文章作者是金坛乡村里一个杂货铺的小伙计，因为家境贫困，中学毕业后没有钱上大学。熊庆来立刻拍板，把华罗庚请进了清华。当时不能当教员，就请他当数学系的文书，但允许他听课，爱听什么课由他自己挑，很有点现在学分制的味道。三年以后，华罗庚写了一篇数学方面的论文，是用中文写的。后来，有个同学替他译成英文，寄到日本，在日本北海道大学校刊上发表，被公认为是一篇很好的论文。文章发表以后，华罗庚可以当助教了，以后，他又一连发表了几篇文章。我当研究生时，华罗庚是讲师。那时清华有个规矩，所有教师五年内有一年假期，可以出国一次，在一所大学里进修，华罗庚就去了芝加哥大学，进修一年。1937年夏天去的，1938年回来。此后不久，他就被破格提升为教授，其时正值抗战爆发，清华等校内迁，他在昆明五校合一的西南联大任教授。华罗庚没有上过大学，进入清华以后，也只是零零星星地听过课，同时自己做研究。他是完全凭科研成绩成为大学教授的。他没有研究教学法，可是课讲得不坏。他从事的研究和他所教的学科方向一致，他对这个学科知根知底，对这个学科的来龙去脉，当前这个学科有几个分支在发展，为什么有发展的余地，将来有可能发展到哪里去，完全清楚。因为他是在这个队伍中长大起来的，他清楚这个学科在当时的地位，清楚学科之间的相互关系，所以他能讲清来龙去脉。教师上一门课，最主要的就是要讲清来龙去脉，这样就能使学生认识它的重要性，认识发展方向，认识困难所在。华罗庚的例子说明，一个好的教师的成长直至他后来在学术界奠定地位，靠的不是等，不是大学毕业，得硕士、博士学位，由讲师变成副教授，教授。华罗庚当讲师时学术地位已经不低了，他那时发表的几篇论文分量都很重，以后顺乎自然，不是教授也是教授了。当然，他后来越来越有名，成为中国数学界的带头人。

这样的例子还很多，譬如李政道和杨振宁，都曾获诺贝尔奖，又都是大学普通物理教授，同时又讲专题课，杨振宁讲规范场理论，李政道讲核结构物理，这都是他们的专长，但他们都讲大学普通物理，讲得非常好，非常有名，有自己的观点。

不能让教师老死在一个学校、一门课程、一本书里

所以，我的观点是，不能让教师老死在一个学校、老死在一门课程甚至老死在一本书里，应该在科研的过程中培养教师。而且是从专业课培养到基础课。我特别主张教授，尤其是知名教授，去讲基础理论课。作为一个教师，首先一定要学会教学，一定要从事教学工作，这是他的天职。可是要做好一个教师，尤其做一个好教师，不是只研究教学法，而是要在科研工作中不断前进。教学法需要研究，但最根本的是要把教的东西懂透，做到深入浅出，才能把课讲好讲活。教师好不好的标准，十分重要的一条是他在科研上有没有成绩，课上有没有启发性的东西。这里还有一个教学相长的问题。许多人喜欢一直留在大学里工作，一个主要的原因是他能永远和青年人在一起。青年人总是容易提出自己的观点，有些观点初看是很不合理的，他也提出来了，有许多是老师想不到的，这就是教学相长的意义所在。因此学校是出人才、出成果的地方，是使教师可以不断前进的一个园地。由此也可知，教学与科研必须相结合，教学不能与科研分家。

发现"不懂"，超越"不懂"，"授之以渔"

最后还要提及的是，在大学教育的过程中，学生主要应该学到什么？这又回到我前面说的问题，社会发展无止境，科学发展无止境，知识无止境，学无止境。在大学，教师传授的知识，其实是人类已懂知识，是有限的，重要的是让学生掌握一种发现"不懂"、超越"不懂"的方法。我过去曾经谈到"授之以渔"的问题，也就是说，教，关键在于"授之以渔"，在于教给学生一种思考问题的方法，而不是授之以"鱼"，教师给予学生的，不应是"鱼"，而是捉鱼的方法。教学最好的办法是，不要教师讲，由学生自己去学习，也就是培养学生的自学能力。大学教育应该重视学生自学，大学教育就是教会学生自学。培养学生自己学习新知识的能力。将来社会发展到哪一步？科学发展到哪一步？自己将来干什么？他都能自己去学。我现在干的，过去都没有学过，什么原子能、计算机，学校里的教师当时没有教过，甚至没有听说过，现在我不是也在干吗。

"钱伟长右派,要保留教授"

1957年以后,我被剥夺了上讲台的权利,周总理去找了毛主席,周总理说:"钱伟长是清白的,他不会反党反社会主义,当年国家搞10年发展规划时,他提了为国家的需要应该培养55种人才的建议,他完全是站在党和人民的立场去思考问题的。"毛主席后来作了批示:"钱伟长右派,要保留教授。"在毛主席和周总理的亲自关心和过问下,我留在了清华,学校让我待在实验室里,没有去北大荒。小平同志在主持教育工作时,提出:"钱伟长不要待在实验室里,要让他上课。"后来又说,"有很多课开不出来,让钱伟长开嘛;有好多问题,你们不懂,他懂,让他开嘛!"于是,学校里把许多大四的课,开不出来的,都让我开。"你不是万能科学家吗?"但是有一条,开这个课,你必须写个讲义。于是,开完一门课,写完讲义,又让我再去一个系,再开一门课,再写讲义。就这样,从1961年到1965年,我去了九个系,写了九份讲义,别人再拿着我的讲义,去照本宣科。而我在这四年半的时间里,也有了很大的长进。其中还有一个故事,是开力学系的课,空气弹性力学。开课不久,航空工业部部长亲自来了,要我替航空工业部开课。而后小平同志又表了态:"你们需要就开吧!"航空工业部来了500多人,济济一堂,后来还印成了书。没有这门课,飞机设计不行。再后来,地质部提出要我开一门课:地质的金属理论,我去讲了,查了很多的图书资料,学了很多新的知识。这样,在这个阶段,我讲了很多课,学了很多东西。"文革"期间,我被下放到北京首钢,干了五年炉前工,60出头的人了,怎么掮得起钢钎?我就动脑子,让工人师傅帮我一起做了个架子,先用双手掮起钢钎的一头,搁在架子上,然后再掮另一头,据了解,我"发明"的那个架子,后来一直在用。我在首钢还搞了两项技术革新,一项是跟首钢的同志一起搞了个热处理车间。我先是带着他们一家一家厂看,去取经,然后自己设计了热处理车间,到现在还是首钢最好的车间之一;后来又搞了800吨水压机。其实,有许多东西,我也不懂,我就是动脑子,动脑子就是学习。

要终身学习,不是终身教育

我是主张提"终身学习"口号的,一个人要终身学习,不是终身教育,当然,我这里提的学习不是现在一些学校里的那种学习,那种学习是念书,是背书,现在一些大学的考试是在考学生背书的本事,学习从本质上讲是调查研究和科学研究的过程,科研本身就是学习。大学里学的是理论,绝不是实践。但是理论必须结合实践。而只强调实践,丢弃理论,就是舍本逐末。因此理论必须和实践相结合,互为作用。理论最讲载体。天下没有绝对正确的理论,牛顿三定律只适用于刚体,不是刚体不适用。理论只能是逐渐地充实,不断地趋向完备,我们所做的工作就是不断地让它趋向于完备。总之,我们必须改变那种认为只有通过教师的教才能学到知识的陈旧的教学思想,即"不教不会,一教就会"的教学思想,因为这种教学思想已不能适应"科教兴国"的新世纪、新时代对人才的需求,在这种思想指导下,"教"是主要的,"学"是从属的,学生的主观能动性、创造能力受到了抑制。其实,"教"和"学"是一对矛盾,"教"虽然起着指导作用,但终究是外在的东西,只有"学"才是内在的。

更新办学理念,拆除"四堵墙"

80年代初,我刚到上海工业大学任校长,就提出拆除"四堵墙",这"四堵墙"是:学校和社会之间的墙,教学和科研之间的墙,各学院各专业之间的墙,教与学之间的墙。近年来,上海大学在更新办学理念的基础上,进行了一系列卓有成效的改革,完成了我"拆墙"的愿望。拆除学校和社会之间的墙,能使大学教育直面社会,与社会变革保持一致,建立校、企、学合作育人、合作教学的实习基地,与社会资源合力培养人才,能使上海大学的教育教学改革更好地满足社会对人才的需求,学校又通过收集社会企业的科技前沿信息,及时调整专业和课程设置,帮助学生熟悉和适应社会对人才的技能需求,增强实践知识能力。拆除教学和科研之间的墙后,学校领导和教师进一步体会到,要培养具有创新意识的学生,教师首先要有创新意识和能力,因此应该追踪学科前沿的最新突破,研究学科前沿的最新命题。现在,在上海大学形成了这样的共识,要做一个好教师,教学和科研必须齐头并进。大学的各门学科之间是一个互动的关系,就好比政治和经济的关系一样。各门学科之间是不能截然分割的。我是主张大学要搞多科性,搞综合大学。根据这样一种理念,上海大学拆除了第三堵墙:各学院各专业之间的墙。上海大学新校区的建筑群有一个特点,大部分的建筑都由各种轮廓连成一气,建筑的"联体"设计贯穿着这样一个理念:提倡文理交叉、学科融合的通识教育,培养全面发展的人才。上海大学是全国最早尝试不分专业招生、实行学分制的大学之一。本科生在一、二年级时不分专业,只分大文科和大理科,进入大三、大四阶段再按特长和兴趣分流。学生从进校时就可以跨系、跨专业选择课程和教师,自主安排必修和选修课的时间,修满学分即可毕业。为了给学生营造学科交融、专业互通的环境,上海大学还推出"混科住宿"的模式,让文、理、工科学生同住一个宿舍,在课堂之外文理渗透,知识互补。并为文科学生开"科学技术概论",以后还要为理科学生多开点文科课程。拆除第四堵墙——教与学之间的墙以后,培养学生的目标更加明确,首先是培养德智体全面发展的人,而后才是专门人才。为了让学生有更多的时间去发现"不懂",超越"不懂",上海大学推出了"滚动排课制",首创了"短学期制",打破一学年分两个学期的传统,每年设秋、冬、春三个课堂教学学期和一个夏季实践教学学期。这样一来,变成12周一个学期,周期缩短了,节奏加快了,教学双方的效率都得到了提高,学生获得了自主学习的更多的空间,能有更多的时间和精力去参加社会实践和科研活动。

我们今天所面对的是一个飞速发展的时代,我们的大学毕业生离开学校后,不仅要能使用已经学到的知识,还要通过不断刻苦自学去获取新的知识,同时还要为社会的发展去创造知识。具有自学能力的学生在离开学校以后,就会结合工作,结合社会的需求,自觉不断地学习那些在专业工作中所需要的新知识,不断进行知识更新,成为各行各业的佼佼者。

进入21世纪,党中央制定了"科教兴国",全面建设小康社会的伟大历史重任,高等教育在实现这一伟大战略目标的进程中,肩负不可推卸的历史重任。任重而道远,我们必须团结一致,群策群力,加速推进我国高等教育的改革和发展,加大教学与科研结合的步伐。目标明确,众志成城,中国的高等教育一定能为实现中华民族的伟大复兴作出自己的贡献。

在"谢晋与20世纪中国电影学术研讨会"上的讲话*

  我回国以后看的谢晋第一部电影是《女篮五号》,第二部是《鸦片战争》。鸦片战争始终是我们国家当时有争论的问题,争论在哪儿呢?争论是鸦片战争至不至于把林则徐充军到新疆,谢晋把这个问题处理得很好。他可以想法儿让英国人允许我们到唐宁街十号去拍他们商量开会的情况,这一招高明,把英国人演进去了,拍了正面,这是最厉害的。

  一个导演不容易当。第一要把演出场地弄清楚,关键的场地要关键的人马。第二个,导演还有一件事情是如何把握艺术与技术的关系。现在的技术发展很快,过去有电影现在有电视,将来还会有更多的东西。有些人自称是技术人员,不懂得运用技术为国家服务。我们很多技术人员不懂得,技术必须为国家服务才有出路。在电影电视里有技术与艺术问题,谢晋对这个问题很清楚,就是技术必须为艺术服务。我也早就看出了这个问题,主要原因是有一次美国的FELONAFIL(音)到中国来汇演,我们做了电视。我们录完音后送给他们,结果他们领队说把这个任务交给我们。我晓得这个事情,因为我认得他们。他们说都不对,就是他们搞录

---

* 发表于2003年11月8日。原载《上海大学》2003年11月13日。

音的技术人员都不懂得艺术,不懂得音乐。声音高时应该高,低时应该低,高低是反映艺术气氛情趣的。他们录音的时候,高的音就太高了,低的音又调高,弄得平平淡淡,一点都没有欣赏性了。所以我决心在上海大学尝试着进行艺术与技术相结合。

1994年,我在北京京西宾馆和谢晋谈这个问题,所以现在这个问题必须引起上海领导的重视,就是技术必须为艺术服务。可现在许多技术人员自以为了不起,忘掉了本。谢晋完全同意这个问题,谢晋说他也有这个感觉,我们共同来办这个学校。这个学校不是为我钱伟长一个人办的,而是为整个上海办的。上海是电影电视比较发达的地方,我们应该鼓励这个。所以我们的电影电视学院叫影视艺术技术学院,既有艺术又有技术,技术是为艺术服务的。今天有这么多教师同学来到这里,你们应该理解我们办这个学院和北京电影学院是不一样的,不一样就在这里。他们是纯艺术或纯技术,我们是艺术与技术相结合,今天我想利用这个会议把这个问题再说明白点。我们这个学校有很多系科,根据上海的需要出发,我们必须为人民服务,要正确培养学生,不是为了有个名气而已的。我希望这个思想能够促进全国的教育,教育都是为国家服务的。

2004

在上海大学优秀毕业生毕业典礼上的讲话[*]

同学们：

今天在毕业生毕业典礼上，我非常高兴。许多毕业生家长也来了，希望全部家长都来，我们可以跟更多家长取得更多联系。毕业生并不是毕业了就不需要人关心了，希望更多毕业同学应该以同志的角色，回到母校来，对母校的教育、管理等各方面提出更多意见，来改进母校的教育，我们现在的教学秩序还不够，还差得很远。这是第一。

第二，你们毕业了是不是学习完了呢？不是的，只是一种特殊情况下的学习完了——有教师指导下的学习完了。你们一辈子都要学习。我劝大家以后要一边工作一边学习，凡是我们国家需要的我们都应该认真学习、不停地学习，这样才能自己成长起来。有人主张是终身教育，我主张终身学习。我自己的经验就是这样，我是终身学习的。我现在百分之九十的知识是大学毕业后学到的。自己学习，只要国家需要的我都学，应该这样才对。我

---

[*] 原载《上海大学》2004 年 7 月 8 日。

想我们党的教育方针也是这样的。有许多上不了大学的同志当然更应该学习。我要劝告大家,学习是根本,一辈子都要学习。我们每个人都能成功,问题是要你们不停地学习、艰苦地学习。这一点我奉劝各位同学,现在我们建设时期的国家就得要学习。现在我们国家建设的势头很好,一切工作都很正常,发展得很快。可是,不要满足于这种状况,对于发达的资本主义国家,我们还差一大段。我们不能再像以前那样受欺侮了,可是不受欺侮的前提是大家爱学习。这是我在大家毕业时以校长的身份向大家提出的一点意见。

第三,前几年我校毕业生就业状况很好,现在不同了,你们今年就业状况不是太好,可就在这种情况下还有很多同学在挑三拣四。我觉得是不应该的,不要挑三拣四。我在研究生三年级快毕业时"七七事变"爆发了,我家很穷,没钱离开北京到南方去,没有工作可做。那时学校有一位教授组织我们为抗日军队服务,他也不是共产党员,但他把我们组织起来抗日。当时只能从北京到天津去,可在天津由于日本人的封锁被留置下来了,所以我们就只能在天津找了份工作为抗日服务。做火药、做通讯设备,甚至做邮票、做钞票。为了谋生,我曾在天津一所私立中学当中学老师,所教的是初三和高一的学生,而当时我还是一个研究生。所以我奉劝大家,有一份工作就不要挑三拣四,只要终身学习,你永远比以前好,你会逐步做更多的工作。就那么点本事,却挑三拣四,和其他同学比较,感觉两千、三千不够,要五千,这种态度是不对的。我奉劝大家都是好意,我是以同志的身份来要求大家的,希望大家能提高觉悟。只要你们更多地学习,自然会得到更高的报酬,不要自己欺骗自己。

我们以后要做好毕业生就业工作,要劝同学们应该认识到自己的才能,而不能一意要求报酬。现在还有许多人未找到工作,不要把所有事情都想得太周到。今天我作为校长还要说几句话,希望家长能帮助我们做好青年同志们——未来的建设者的教育工作。教育是多方面的,一方面是知识教育,一方面是实践教育,这两种教育都很重要。我们后一种教育还有缺陷,还不够完善。我们今后还要加强。

我的话完了,谢谢大家。

祝贺无锡钱镠研究会成立[*]

无锡钱镠研究会：

欣闻无锡钱镠研究会于 2004 年 7 月 23 日在无锡正式成立，我谨表示衷心祝贺！

钱镠研究会是我国几个重要的氏族研究会之一，在发掘、继承和弘扬优秀民族精神和文化传统方面，在团结和凝聚一切爱国力量方面，在推进国家与地方的社会、文化和经济建设方面，发挥着独特的作用。希望无锡钱镠研究会的成立，能够继续发挥这些作用，为推动本地区乃至国家的文化建设、经济建设和社会发展作贡献，成为党的"三个代表"重要思想的坚定拥护者、贯彻者和实践者。

预祝无锡钱镠研究会成立大会取得圆满成功！

此致

敬礼！

---

[*] 写于 2004 年 7 月 19 日。

在第七届大学生运动会上致欢迎词[*]

尊敬的各代表团团长、领队、教练员、运动员、裁判员和社会各界朋友们：

中华人民共和国第七届大学生运动会田径、游泳比赛即将举行，我们谨代表上海大学的全体师生员工，对全国各省市、自治区大运会代表团的运动员、教练员、领队和裁判员们的到来表示热忱欢迎。

在"科教兴国、人才强市"发展战略的引领下，上海的教育事业不断兴旺发达。新上海大学组建十年，教学、科研和服务社会等方面取得了长足的进步，实现了跨越式发展的目标。学校体育事业更是蒸蒸日上，十年中建设了与气势恢宏的新校区相匹配的先进、完备的体育设施；建立了国家体育总局体育社会科学重点研究基地；形成了体、教、研结合的体育特色，在校学生德智体美全面发展，以适应现代社会对人才的需求。

体育竞赛活动不仅可以促进交流，更可以激发运动员的顽强拼搏精神，树立为国家、为民族争光的意识。通过竞赛引导激发群众性体育运动，培养团队精神，建立合作意识，使大学生们具有强烈的集体荣誉感，让他们明白个人的成功必须和集体紧紧相连。

---

[*] 原载《上海大学》2004 年 8 月 30 日。

通过你们的示范，让更多的大学生参与到体育运动中来，锤炼好身体和意志素质，为祖国健康工作五十年。同时通过比赛增进各地区大学生之间的友谊和联系，并为中国大学生体育运动推广与发展作出贡献。朋友们光临我校，是对我校各项工作的全面检验，欢迎大家多提宝贵意见。

最后，我们衷心祝愿各代表团成员在上海期间身体健康、生活愉快，并祝愿第七届全国大学生运动会圆满成功！

爱我中华　自强不息[*]

今年是中华人民共和国成立55周年,人民政协成立55周年,举国同庆,盛世庆典。对于我这个已年过92岁的老人来说,激动兴奋的心情是难以言表的。

曾有不少人问我,作为一个科学家和教育家,作为一个民主党派人士,贯串你一生的信念是什么？我的回答是：一切从国家的需要出发。

一切从国家的需要出发。这是多少年来成千上万的中国知识分子、民主人士恪守的人生信念。千百年来,中华民族积累了丰富的文化宝库,"先天下之忧而忧,后天下之乐而乐"、"天下兴亡,匹夫有责"等优秀的精神食粮,一直激励着爱国的仁人志士们,为民族之兴旺、国家之振兴而抗争。而新中国成立以来,我们这些新社会的知识分子站在了主人翁的地位,更是始终不渝地按照"一切从国家的需要出发"这个朴素而崇高的理念去思考和实践,因为我们伟大的祖国——中华人民共和国,我们伟大的中国共产党,给了我们巨大的动力和信任,给了我们报效祖国的大舞台。

中国共产党是领导全中国人民的核心力量,也是我们各民主

---

[*] 《群言》庆祝中华人民共和国成立55周年举办的"举国同庆,盛事庆典"专题笔谈之一。原载《群言》2004年第10期。

党派和广大知识分子衷心拥戴的领导核心。正是中国共产党,以海纳百川的宽广胸怀,团结了一切可以团结的力量,带领中国人民走过了55年史诗般的伟大征程,使我们的国家和民族而今能卓立于世界民族之林,辉煌巍峨,前程似锦。

作为一个走过许多历史阶段、经历太多风雨的知识分子,作为一个中国的民主党派人士,55年来,我深切体会到党的统一战线的伟大、正确,深切体会到党对知识分子的关爱和尊重。可以说,我的大半生都沉浸在这样一种肝胆相照、荣辱与共的感情之中。

我是第一届、第四届全国人大代表,是第五届全国政协常委,还担任了全国政协第六、七、八、九届的副主席。在半个多世纪的参政议政生涯中,有不少经历是我终身难以忘怀的。

一、参加自然科学规划

48年前,也就是1956年,我和400多位专家教授一起参加了新中国自然科学12年规划的制定工作。制定全国的自然科学规划,这是旷无古人的大事,分歧争论在所难免。但经过激励的争论,最终确定了56项任务,其中有钱学森、钱三强和我三人极力主张的原子能、宇航、计算机和自动化四个项目。整个规划的讨论和制定过程,始终得到周恩来总理的关心、重视、信任和支持,对我们的主张,周总理十分赞赏,并把我们三人增补进领导制定规划工作的"十人小组"。因为周总理注意到我们三人的主张,并不是囿于自己所从事的某一个学科,而是关注到国家整体科技实力的发展。此后不久,周总理在许多公开场合把我们三人并誉为"三钱",也就是后来传开的"三钱"的来历。在这一过程中,我真正感受到中国共产党海纳百川、从善如流、有容乃大的博大胸怀和情系于民、权用于民、利谋于民、全心全意为国家和人民办事的精神,真正体会到民主党派人士在中国共产党领导的建国大业中建言有纳,议政有途,大有可为。

二、编写《简明不列颠百科全书》

1980年,中国改革开放的总设计师邓小平同志亲自主持推动编写《简明不列颠百科全书》。这是一部有着200多年历史、具有学术权威性和国际性的大型工具书,长期以来被认为是西方文化的重要标志,是人类优秀文明成果的重要载体。对于处在改革开放之初的中国而言,很有必要构筑一条联系中西文化的桥梁。刚主政不久的小平同志再次显示出他的非凡胆识,决定与美国不列颠百科全书公司合作出版《简明不列颠百科全书》。1980年12月10日至14日,在小平同志的亲自过问下,我作为中美联合编审委员会中方委员参加《简明不列颠百科全书》合作谈判,就合作出版的具体事宜进行协商。12月14日,邓小平亲切接见了我和其他委员,提出了要编好百科全书的要求。小平同志的殷切期望,对我们是最大的支持和鞭策。经过五年的艰苦努力,整套10卷本的《简明不列颠百科全书》(中文本)终于在中国出版。这不仅是一个时代的文化盛事,为处于那个文化饥渴年代的一代人提供了丰富的知识储备,也又一次证明了中国共产党和小平同志本人对我们民主党派人士、对知识界广大专业人士的关爱、期望和支持。

三、古稀之年办大学

粉碎"四人帮"以后,我们的祖国百废待兴,改革开放方兴未艾。在党的十一届三中全会上,在1978年的科技和教育工作座谈会和其后召开的全国科技大会上,小平同志高瞻远瞩地指出,中国要实现四个现代化,关键是要实现科教现代化。嗣后,他当机立断地实施了一系列有力措施,为中国科教事业的发展迎来了第二个艳阳高照的明媚春天。1982年底,我接到清华大学党委组织部的通知,中央组织部任命我为上海工业大学校长。1983年,经小平同志亲自批示,我调任上海工业大学。上海工业大学原是60年代初建成的一所地方大学,学校的建设发展在"文革"时期受到严重破坏。

小平同志亲自过问了重振上海工业大学一事。正是党中央和小平同志给予我的信任和支持,使我满怀信心,在上海工业大学大刀阔斧地进行了教学科研的改革,首先提出了破"四堵墙"的口号,即破学校与社会之间的墙、破师生之间的墙、破科系之间的墙、破教学和科研之间的墙。为了提高学生的自学能力、创新能力和适应社会需求的能力,减轻学生的学习负担,我和我的同事们又在上海工大推行了短学期制、学分制和选课制,精简了教学大纲,并从上海社会经济发展的实际需要出发,增设了许多新的科系。1994年,新的上海大学组建,我又被任命为校长一直至今。现在,我已年逾92高龄,但报国之心不已。"老牛明知夕阳短,不须扬鞭自奋蹄。"为报答党和人民对我的关爱、信任之情,我只要一息尚存,当为祖国科教事业的发展,鞠躬尽瘁,死而后已。

四、迎接香港回归

1984年《中英联合声明》的签署,为香港的主权回归奠定了基本的政治前提。但要真正实现香港的顺利回归和保持其在"一国两制"框架下的稳定繁荣,还需要进行大量艰辛繁复的工作,其中十分重要的两项工作,就是香港特别行政区基本法的起草和区旗区徽的设计。

1985年6月18日,在六届全国人大常委会第十一次会议上,我被任命为香港特别行政区基本法起草委员会委员兼文教宗教小组组长,以及区旗区徽评审委员会主席。在此后的日子里,我和其他委员们积极奔走,统筹协调,深入调查,广泛征集民意,为基本法的起草做了大量细致的工作。1990年2月17日,小平同志亲自接见我和其他委员们,赞扬基本法是个伟大的创造,委员们不负包括香港同胞在内的全国人民的委托,终于"写出了一部具有历史意义和国际意义的法律著作"。区旗区徽图案的设计也是在小平同志的关心下进行的。

作为评审委员会主席,我和评委会其他成员们对用了一年时间征集来的七千余份各式各样的设计图案进行讨论评选。大多数委员倾向于紫荆花的图案,因为它是香港最常见的,也是市民最喜欢的花种之一。但有几位委员认为,香港市政局的徽记也是紫荆花徽,如再采用,恐有侵权之嫌。虽然向法学界人士进行了咨询,但仍未达成一致意见。很有意思的是,就在举棋不定的时刻,评委会所住酒店庭院里一簇簇怒放的紫荆花激活了我的思路,香港市政局的花徽花型是静态的,我们只要设计个动态的,不仅更美观,而且也避免了侵权之嫌。于是我请委员中的几位艺术家画了几幅草图,进行选择讨论,最终形成了今天的区旗区徽图案。花瓣向同一个方向飘动的紫荆花图案,动感活泼,美观大方,设计新颖,意蕴深刻,为全国各界人士包括香港居民所接受,也得到了小平同志的赞许。

香港特别行政区基本法起草的一千七百多个日日夜夜过去了,回首往事,许多场景仍历历在目。中国共产党领导的多党合作,中国共产党领导的全国各族人民、各界人士的大协作、大团结,在香港回归,在香港特别行政区基本法起草和区旗区徽的设计这样一些震惊世界的历史性事件、历史性工作中得到了充分的体现。

……

我参加全国政协工作已有二十多年。我热爱人民政协,在我的心目中,人民政协是民主党派参政议政的大舞台,是党和政府与各界人士亲密无间,共商国是的群言堂,是中国共产党领导的多党合作和政治协商制度充分展示其优越性的广阔空间,是民主党派人士宾至如归的大家庭。在这段时间里,我亲身体验了人民政协在中国共产党的领导下,团结各民主党派、人民团体和各族各界人士,为中国的科教兴国大业建言献策、共谋发展,为理顺情绪、化解矛盾、深化改革，做出了多方面的努力，充分发挥了政治协商、民主监督、参政议政的作用，取得了举世瞩目的成绩。实践证明，人民政协这个爱国统一战线组织，是经得起时代检验和历史检验的具有中国特色的社会主义基本政治制度。

2002年10月9日，我在上海度过了90岁生日。中共中央、全国政协、中央统战部、民盟中央和上海市的党政领导都在百忙中致函致电和亲临表示祝贺。这是我一生中至为难忘的日子。上海大学校园内我手书的"自强不息"四字，不仅表我心迹，更作为校训，激励着广大师生，鼓励年轻的学子为国家的需要而奋勇拼搏。人逢盛世，而不知老之已至。今日，又值国庆55周年、人民政协成立55周年之庆典，我喜不自胜，仅以下面几句话感怀作结：

桑榆未晚，欣逢盛世；爱我中华，奔驰不息。

《我们是怎样自学的》*序

在过去的很长一段时期里,我国的学校教学工作都存在着一个错误的指导思想,就是"不教不会",在学校里学的知识将来可以用一辈子。在这种错误思想的指导下,教师把所有一切都放在课堂里讲,使得学生不仅负担过重,而且只是围绕书本死记硬背,缺乏解决问题的能力和创造性,毕业后往往难以适应社会要求。

事实上,在"教"与"学"这对矛盾关系中,"教"虽然起着指导作用,但终究是外在的东西,只有"学"才是内在的。学生只有通过主动刻苦的学习,才能把知识变成自己的认识。而且,在如今这个知识信息大爆炸的时代,学校已不可能用传授知识的方法让学生学到全部学问。学生毕业后需要在工作中学习大量的新东西。如果非要教了才能会的话,知识很快就会老化。

因此,大学生一定要在掌握一定基础理论知识和基本技能的条件下,培养自己独立自学的能力。一个人在大学四年里,能不能养成自学的习惯,学会自学的本领,不但在很大程度上决定了他能否学好大学的课程,把知识真正学通、学活,而且影响到他大学毕业以后,能否不断地吸收新的知识,进行创造性的工作,为国家做出更大的贡献。

---

* 该书由上海大学教务处编,2004年10月由上海大学出版社出版。

我认为,学会自学,要注意以下几个问题:

明确学习目标。没有明确的学习目标学习就会缺乏动力。而要建立明确的学习目标,首先要弄清楚自己想成为什么样的人?是为什么而学习的?为了自己将来找个好工作、为了不辜负父母的期望而努力学习是无可厚非的,但更应该把学习目的定在国家和民族利益的大前提下,把个人的前途与国家和民族的前途紧密相连,以国家民族的需要为第一目标。

掌握自学的方法。没有正确的自学方法,光有一腔热血是远远不够的,除了加强基础学习、拓宽知识面、提高综合素养以外,还有就是学会思考问题,学会动脑筋,知识只有理解了,才能被自己吸收。我要强调的是,自学的过程中要处理好三种不懂,并把它们记在随身带的小本子上。一种就是刚开始不懂,随着课程的展开与知识的积累,自然而然就会懂,这些懂了的知识可以从小本子上划掉;第二种不懂可能谁也不懂,你把它积累下来,可能成为你以后科研的课题;第三种不懂就是根本不用管它,搁置一边,对以后的学习工作没有影响。就像人们走路一样,路上有些石头你用不着全部搬走,绕过去甚至爬过去,照样往前走,等你走远了,这些石头也不见了。人生中许多事情大致如此。

重视实践。实践有两个层面:一是直接参与生产实践、科研活动和社会人文活动;二是参与学习讨论和交流,自觉阅读文献,多进行调查研究的活动。"他山之石可以攻玉"。在自学的过程中善于学习直接经验和间接经验,既可以借鉴心得、吸取教训、少走弯路,又可以开阔思路、启发思维,做到事半功倍。

持之以恒。"心似平原放马易放难收,学如逆水行舟不进则退"。学海无涯,学贵以恒。自学是一项艰苦的劳动,是一个漫长的过程,需要耗费大量的时间和精力。其间会碰到很多困难,不能觉得自己不行就放弃。有什么东西一辈子学不会呢?只要坚持,难题终究会解决的,攻克难题所带来的成就感,又会增加学习的信心和兴趣。

需要指出的是,强调学生学会自学,并不是要否定教师在教学过程中的指导作用。相反,它对教师提出了更高的要求。我们的教师必须注重自身的知识更新,改变传统的照本宣科的灌输式教学法,在教学中抓住核心与基础部分,提纲挈领,启发思维,调动学生的主观能动性,培养学生自主学习的意识和能力。每个教师都要朝这个方向努力。

我们实行"学分制"、"选课制"、"短学期制",就是为了给学生提供更多的学习自由度、更大的学习自主权,活跃学校的学术氛围,为培养无师自通的人创造良好的大环境。实践证明,我们的改革是必要而且有效的。

这本书收集了我校部分优秀大学生的自学经验与体会,我欣喜地看到,这些学生都认识到了学会自学的必要性与重要性,并在学习实践中逐步形成了适合自己的自学方法,受益匪浅。希望广大同学能从中获得启发,找到最适合自己的学习之路,掌握自学这把通向成功的金钥匙。

现在这个时代,科学技术瞬息万变,一个月不学,就有很多东西过去了,就会落后于时代,要抢先于时代,就要靠学习。我提倡终身学习。大学生活是一个很值得珍惜的黄金般灿烂年代,希望同学们在这里打下终身学习的基础,并在以后的工作中不断学习,成为一个有益于社会发展的人!

2005

祝贺《徐匡迪文选——钢铁冶金卷》出版*

徐匡迪同志钧鉴：

欣闻《徐匡迪文选——钢铁冶金卷》将于5月8日首发，我谨向你表示热烈祝贺，并预祝首发式取得圆满成功！

徐匡迪同志长期从事喷射冶金、钢水的二次精炼及熔融还原新流程研究，潜心于自主技术和理论创新，攻克诸多关键技术难题，开我国喷射冶金技术之先河。他注重理论研究、技术开发与生产实践相结合，在海内外工业界已声名远播。他首创的真空循环脱气喷粉技术，广为国外高层管线钢生产所采用；他领导的超低硫铁液的研制和熔融还原不锈钢工艺的研究受到了国内外同行的赞誉。同时，徐匡迪同志还长期担任教育、社会经济和城市管理等重要领导工作，涉猎领域广泛，对社会经济和人文知识兼收并蓄，以海纳百川之胸怀，追求卓越，求真务实，忠诚地实践着"三个代表"的重要思想。因此，《徐匡迪文选——钢铁冶金卷》的出版，不仅是对徐匡迪同志过去工作的总结，还将会对科技界、教育界，以及社

---

* 写于2005年4月18日。原载徐匡迪《我的学术生涯》，该书2005年由上海大学出版社出版。

会其他各界产生诸多启迪。

　　作为徐匡迪同志的同事，我理应前来道贺，但我年事已高，有诸多不便，不能亲临首发式。在此，我特委托方明伦同志前来，并率上海大学三万余名师生对这位杰出校友所取得的成就表示热烈祝贺！

　　顺颂

春祺！

今天不努力，明天就落后*

  陈景润是"天才"吗？不，他的才能是用刻苦攻读铸出来的。还可能有人说我钱伟长也是有才能的，其实不然。我愿意毫不隐讳地告诉青少年朋友，如果说我曾做出了一点成绩的话，那么，这点成绩也确确实实是用艰苦学习、不懈努力取得的。我小时候家里很穷，先后在四五个学校里读了三年小学，尔后又读了两年初中和很短时间的高中，而且由于此前我注重文科，入大学后临时改读理科，所以学起来十分吃力。当时我们的系主任甚至为此给我讲明：必须在一年之内赶上去，否则就要退回文科。那一年我可真是全力以赴了，天天跑图书馆，见人就请教。功夫不负苦心人，一年之后，我的数学、物理、外语等学科居然全都赶了上去。这几十年来，无论是在国外还是在国内，也无论条件好坏、环境优劣，我都一直是尽力而学的。因为我清楚地知道，任何人，不管他的天资如何好，成就多么大，只要停止了努力，就不能继续进步。今天不努力，明天就落伍；长期不努力，那就必然完蛋！

---

* 《初中生》2004年第11期卷首语。

悼 孝 通 兄[*]

近些时间,我因常住上海,很久未能与老友孝通兄谋面了,只是知道他一直病重住院,牵挂和担心一直萦绕于胸。4月23日我公出至浙江,25日从临安回杭州途中,传来孝通兄不幸于24日夜在北京病逝之噩耗,不胜扼腕痛惜,怆然泪下。泪眼中,我仿佛又见孝通兄往日风采。

孝通兄早年即负笈英国,攻读社会学博士学位,以"江村经济"研究一鸣惊人,享誉海内外。回国后更是以强国富民为己任,行行重行行,足迹遍及祖国大江南北,身影出现在大城小镇。孝通兄提出过许多有益于国家和地区社会、经济发展的良策,尤其苏南乡镇经济模式之研究为世人敬仰。孝通兄辛勤耕耘一甲子,著作等身,奖掖后学,滋兰树蕙,终成社会学教育和研究之一代宗师。孝通兄一生,体现出一位社会学家、人类学家、教育家和社会活动家满腔报国情怀。

孝通兄和我曾长期在清华共事,后又同在民盟积极参政议政,共求国是,谋报效祖国之路。我调上海大学后,孝通兄更是鼎力相助,使上海大学社会学系研究水平不断提升,跻身一流。孝通兄与我既是吴地同乡,又是同事,交往几十年,私交甚笃。我们曾无数

---

[*] 原载《群言》2005年第5期。

次执手相聚,纵论天下,畅游学海。前年在上海见面时之情景尤历历在目,而今想起那面竟成诀别。此景真是恍如隔世,悲痛不已。

谨书此短文以表我对孝通兄沉痛悼念之情。为弟惟率全校后学同仁,致力于"科教兴国",矢志报国为民,以继承孝通兄遗志。

牢记历史　不忘过去
珍爱和平　开创未来*
——纪念反法西斯战争胜利60周年

60多年前,法西斯侵略者发动的侵略战争是人类历史上一场前所未有的浩劫。包括中国在内的60多个国家、近20亿人被卷入那场战争。在那场正义与邪恶殊死搏斗的战争中,全世界爱好和平的国家和人民团结一致、英勇奋战,用鲜血和生命捍卫了人类的正义和尊严,赢得了世界和平。在那场战争中,中国人民进行了长期艰苦卓绝的斗争,以顽强不屈的精神和众志成城的力量战胜了凶残的日本军国主义侵略者,为世界反法西斯战争的胜利作出了重大贡献。

那段历史改变了无数人的命运,当然也包括我。那年,受到四叔钱穆的影响,我即将进入清华大学历史系就读。但是1931年日本发动了"九一八"事变,当天我从收音机里听到了这个震惊中外的消息后,胸中的爱国情绪汹涌澎湃,决定弃文从理,走上"科学救国"的道路。

那年清华的物理系,因为"九一八"而变得十分的热门,新生中竟有五分之一的人想进物理系,但该系的名额只有10名,面对这

---

* 原载《群言》2005年第7期。

些学生,系主任吴有训十分为难。他说我文学好,说学文也可以救国。但我执著请求转系,他没办法,只好答应先让我试读一年,如果普通化学、普通物理、高等数学这三门课中有一门不到70分,就转回文学院。我当然要答应了。我放弃了自己的长处,去学一个自己只考了5分的物理。但我当时并没有考虑太多,满脑子就是将来我要造坦克,把法西斯侵略者从祖国的土地上赶出去。

1940年1月,我考取了中英庚款会的公费留学生,即将在上海登船,赴加拿大留学。但在上船后我们发现护照上有日本签证时,决定全体携行李下船,宁可不留学也不能接受这种民族耻辱,以此抗议日本的侵略。直到1940年8月初,我们第三次得到通知,再度在沪集合乘船去加拿大。在出发前,四叔特地从苏州赶来上海,为我送行。我告诉四叔,我出国绝不是为自己、为了家庭,而是想走科学救国的道路。

当时和我一起出国留学的学生,都和我有着相同的想法,大家在甲板上立下誓言,凡是每人出去所学的那门学科,回国后国家就不用再派人去留学了。

在加拿大多伦多大学,我用了两年多时间拿下应用数学硕士、博士学位。1943年元旦我进入美国加州理工大学航空系并在JPL从事弹道计算和各种飞弹的空气动力学设计。其间我还提出了让伦敦免受德国火箭深度攻击的建议,也算是间接参与了反法西斯斗争。

中国取得抗日战争胜利的消息传来后,我当即决定回国,履行我当初的誓言。

一转眼,60年过去了。中国也逐渐走向了繁荣、富强。当今世界,和平、发展、合作已成为时代潮流。以史为鉴,开创未来,是人类社会对待历史悲剧的正确选择。只有牢记历史教训,只有不忘战争给人民带来的苦难,才能避免历史悲剧重演。中国将坚定不移地走和平发展的道路,同世界各国一道,为维护世界和平、促进共同发展作出更大贡献。

《古今力学思想与方法
——第二届全国力学史与方法论
学术研讨会论文集》*序

第二届全国力学史与方法论学术研讨会即将于 2005 年国庆节在上海大学召开,这是我国力学发展过程中的一件大好事。

我想起 16 世纪英国哲学家弗兰西斯·培根说过的两段名言:

"阅读使人充实,会谈使人敏捷,写作使人精确。……读史使人明智,诗歌使人巧慧,数学使人精细,博物使人深沉,伦理之学使人庄重,逻辑与修辞使人善辩。"

"跛足而不迷路能赶上虽健步如飞但误入歧途的人。"

这里要强调的是:"读史使人明智"以及方法论的重要性。这些年来,我与上海大学的年轻学生常有交往,发现他们中的不少人知识面相当狭窄,特别是理工类的学生,对科学史不甚了了,有"数典忘祖"的苗头;他们对于自己所从事的专业的发展史一知半解,甚至一无所知;另外,学习不讲究方法,不是死读书,就是瞎闯。这些倾向实在是要不得的。

我不由得回想起五十多年前的往事:1950 年 12 月,我参加了党中央慰问团,赴东北慰问抗美援朝志愿军回国伤员。当时坐的

---

* 该书 2005 年 10 月由上海大学出版社出版。

《古今力学思想与方法——第二届全国力学史与方法论学术研讨会论文集》序

是火车,在漫长的旅途上,我做了一件很有意义的事情:写成了一篇读史笔记《中国古代的科学创造》,约 5 000 字。写作的动机是:当时国内普遍存在崇洋媚外的倾向,认为中国人在科技方面什么都不行,我一直想写一篇有关中国古代科技简史的文章予以批驳,苦于平时教务繁忙,一直难以动笔,于是就利用了旅途空闲的天赐良机,一气呵成写了此文,发表于翌年的《中国青年》首期,并在 1951 年 2 月 1 日的《人民日报》上转载,赢得读者的广泛欢迎,因此,中国青年出版社向我约稿,让我将此文扩充成书,这就是 1953 年 8 月出版的我写的一本科学史专著《中国历史上的科学发明》。在上述文稿中,我不仅讲了脍炙人口的四大发明,还用丰富的史料讲述了我们的祖先在农业技术、天文历法、数学力学、水利工程、纺织机械等方面的贡献。例如,我引述了《汉书》、《明史》中记载的我国水利工程师的"筑堤束水,藉水攻沙"的治水方法;到了 1983 年我应邀访问福建时,当时的省委书记项南同志向我提出了治理马尾港的问题,我就据此提出了"束水攻沙"的对策,在实践中收到了奇效。

从上面的例子我们可以知道,了解科学史和方法论确实非常有意义,往往可以使我们耳聪目明、事半功倍。据我了解,中国力学学会力学史与方法论专业委员会是前年成立的,历史不长,但已经团结了一批有识之士,做了一系列很好的工作。我近来因视力不佳,阅读上多受限制,这次浏览了论文集的目录,发现会议的论题非常丰富,涉及世界力学发展史的专题和文献、力学科研与教学方法的诸多方面,特别对我国力学家的具体贡献,作了相当详尽的描述。我深信,这本论文集肯定会带给大家阅读上的享受和思想上的启发。

寄语青年朋友*

青年朋友们,在今年1月召开的关于大学生思想政治工作的一次会议上,胡锦涛同志发表了重要讲话。他指出,我们要培养和造就千千万万具有高尚思想品质和良好道德修养、掌握现代化建设所需要的丰富知识和扎实本领的优秀人才,使大学生能够"与时代同步伐,与祖国共命运,与人民齐奋斗"。

胡锦涛同志对青年人的殷切希望,寄托着党和国家对大学生的深情厚望,反映着时代的呼唤。我不禁回想起自己的成长道路。今年是我大学毕业整整70个年头,也是我海外学成回来报效祖国近60年了。我出身贫寒而安贫乐学。高中毕业后,我的兴趣全在文史国学方面,一心想报考名教授众多的清华大学文学院。可是,开学后的第三天就发生了"九一八"事变。国难当头,热血奔涌,我下定决心"弃文学理",改学物理。我要用自己的聪明才智造出中国人自己先进的武器,赶走凶残的侵略者。大学毕业后,我作为庚子赔款的公费生,留学北美。两年的时间,我就拿到应用数学的博士学位,在板壳内禀统一理论和波导计算方面的研究工作独树一帜,随后又到美国加州喷射推进研究所(JPL)从事火箭发射、弹道、

---

* 写于2005年11月28日。为《与时代同步伐,与祖国共命运,与人民齐奋斗》序,该书2006年1月由上海大学出版社出版。

超音速流的工作。在海外的这段时间，我内心满怀着对祖国和亲人的眷恋和牵挂，渴望尽快回到祖国，把自己的研究成果奉献给我的祖国和人民。

回国以后，我致力于高等教育事业，并长期从事应用数学和力学的研究工作，其中有关大挠度板的奇异摄动理论被国际上称为"钱伟长法"，有关浅球壳的大挠度方程被称为"钱伟长方程"。我的祖国也给了我极大的荣誉。1954年开始全力参加了我国自然科学第一个12年规划，1956年我被任命为国务院科学规划委员会委员。同时，我相继负责筹建了中科院力学所和自动化研究所。可是，在后来的"反右"斗争和"文革"期间，我却受到不公正的待遇，被错误地批斗。即使在最困难的日子里，我没有丧失信念，我相信自己为祖国奉献服务的机会总是会到来的。这种期盼成了我的精神动力，使我终于迎来了祖国的"新生"和我个人的"新生"。进入改革开放的新时期后，我虽已年近七旬，但仍然强烈地感觉到春风拂面，我当扬鞭奋蹄报答我的祖国。在我70岁以后的二十多年里，我依然在为中国的教育改革，为培养更多的、党中央所希望的建设人才而孜孜不倦地努力着。真可谓：桑榆未晚、欣逢盛世；爱我中华，自强不息。

看到《与时代同步伐，与祖国同命运，与人民齐奋斗》丛书的出版，我感到很高兴。我们应该为青年朋友们做一些有益的指导，让他们更加健康地成长，不断适应时代的需要，满足社会的需求，时刻在心里装着祖国，装着人民，发愤图强，自强自立，把自己的成长和国家的前途命运紧紧相连。我的年龄和青年大学生的年龄虽然相差了好几代，但是我们立志成才，服务祖国、报效祖国的愿望是一致的。希望青年朋友们能从这套丛书中获得更多有益的启迪，更快更好地成长。我期待着你们的成功！

《中国文化读本》序[*]

  予幼承家学,素习文史,弱冠入清华,以历史试卷成绩优异,将被录于文科。其时,凶邻日逼,列强环伺,国难方殷,民族危亡,予痛感欲富国强兵,摆脱积弱,巍然自立于世界民族之林,唯有倾力建设现代工业与科技。侪辈亦往往以科技救国互勉。予乃决意暂将文史之爱搁置而矢志攻读数理科学,留学海外,亦以学习先进科学技术为念。回首平生,虽遭遇坎坷,历尽艰辛,然自强不息之精神未泯,科学报国之志愿终遂,予无憾焉。

  今吾耄矣,而幸值中华崛起之良时。思惟世界大势及祖国未来,深知发展现代先进科技与弘扬优秀传统文化,实乃中华腾飞之双翼。先进科技必须认真引进,传统文化亦绝不可弃。我中华古国有五千年绵亘悠远之文明,文化宝藏之富厚贵重堪称举世无双。历代先人在哲学、史学、文学、艺术及道德伦理、育人修身、处世智慧诸方面的种种创造,不仅光耀史册,而且沾溉万世;不仅有助于塑造崇高纯洁之人格,而且确能转化为现代化建设之推动力。对于这份丰厚遗产,我们应当妥善继承,发扬光大,绝不可轻视冷落,而贻无知不肖之讥。我上海大学师生,文科者自需负起加强研究和弘扬传统文化之责,即使理工科师生,也应以一定时间涵泳学

---

[*] 写于2005年4月。《中国文化读本》2007年7月由上海大学出版社出版。

习,俾能提高文化素质,养成品位高尚、发展全面之社会栋梁。

故予乃于2003年春邀集中文系全体教授商谈编撰《中国文化读本》及在校内开设课程之事,并委董乃斌教授主其事。今此书编成有日,即将付梓出版,索序于予,爰书数语以广其意。然此书既系初编,此课亦为新设,其不成熟之处或未能免,深望我校师生共同努力,不断改进,并虚心向国内外兄弟院校同类课程学习,以期在教学相长的实践和理论探讨中提高,积跬步而成跃进,待时日而见显效,使其真正成为一门有质量、有特色的大学文化课程。

子曰:"温故而知新,可以为师矣。"又曰:"学而时习之,不亦说乎?"斯真名言,我校师生当熟思之,且以此自勉互励。予虽体衰力孱,犹当以一日之长率先从事,为我师生奋进之前驱焉。二三子,勉旃!

2006

大学：给学生插上人文理想的翅膀[*]

我一直认为我们大学培养的学生，首先应该是一个全面的人，是一个爱国者，一个辩证唯物主义者，一个有文化艺术修养、道德品质高尚、心灵美好的人。其次才是一个拥有学科专业知识的人，一个未来的工程师、专门家。大学教育的这种目的决定了人文教育在大学教育中的重要地位。因为人的精神、品格仅仅依靠知识性的专业教育是无法全部完成的，特别是在目前教育体制还不完备，人文教育还有诸多缺陷的情形下，培养"全面"的人更应该引起大学教育者的高度重视。面对专业化、技术化的大学教育倾向，如何在高校里面实行人文教育呢？首先，我们应该重视发挥大学教师的作用。大学里的教师不仅是知识的传授者，而且还应该是学生思想人格的影响者。一个好的大学教师应该给知识以生命，在传授知识的过程中，让学生懂得做人的道理。譬如新中国成立之初我们这一代科学家中有许多人，为什么要抛弃优裕的工作环境和生活条件回到自己的国家？原因难道仅仅是他们是有知识的科

---

* 原载《文汇读书周报》2006年3月10日。为《中国现当代文学精品导读》序，该书2006年12月由上海大学出版社出版。

学家？我想更重要的原因是因为他们有报效祖国的精神，这种爱国精神激励我们用自己的知识为祖国建设服务，所以大学里的人格与操守教育就变得特别重要。这种教育只能通过我们的教师来完成，教师应该在进行专业教育的过程中最大限度地发挥人文教育的功能。其次，大学里的人文教育应该重视文学教育。通过文学教育引导学生接近人文理想。好的、优秀的文学作品充满了真善美的激情和美好的人性光辉。我相信，通过阅读优秀的文学作品会使学生们通过美的形象、情感的感受，获得心灵的丰富，懂得人世间美好事物的价值，使自己的精神、道德趋于完善和美好，实现人文精神的传承。正是源于这种考虑，我要求中文系的教授们编撰了这一套《中国现当代文学精品导读》，希望大家通过这种学习，去理解中国现代知识分子在现代民族、国家的建立过程中，所体现出来的伟大的、高尚的情怀和他们不屈的反封建、反帝国主义的现实战斗精神以及爱国主义的精神，把中国现代优秀知识分子的人文品格在当代生活中发扬光大。

科学基金对繁荣科学至关重要*

不久前国家自然科学基金委员会的几位同志来看望我,和我进行了较长时间的访谈,我非常高兴。说实话,虽然我与国家自然科学基金委员会直接接触并不多,但是通过身边的一些高校老师和科研人员,也对科学基金工作有所了解,知道科学基金评审比较公正,对推进我国科学事业的发展和基础研究人才的培养发挥了很好的作用,在科研人员中口碑很好。记得是在1992年底,国家自然科学基金委员会召开了一次科学基金管理工作会议,会议规模很大,交流了科学基金管理工作经验,探讨了完善和发展科学基金制问题。我应邀参加了这次会议并作了发言。那次我谈了对发展我国科学事业的一些看法。一晃十多年过去了,我国科学事业取得了显著的成绩,这其中包含科学基金作出的重要贡献。鉴于科学基金对于繁荣我国科学至关重要,因此我还想就我国科学事业的发展和科学基金的职责谈几点看法和意见,供进一步改进科学基金工作时参考。

其一,提高综合国力,必须大力发展科学技术。我们说落后就要挨打,历史不断证实了这一点。科学技术落后,制造业就肯定落后,经济发展就没了动力和后盾,军事上也会处于被动境地。这样

---

* 原载《科学时报》2006年5月26日。

别人打上门来，就必然没有还手之力。二战期间，日本通过偷袭珍珠港，重创了美国太平洋舰队，但后来美国进入战争状态后，船只生产的速度非常快，它的制造能力非常强，这还是以科学技术为基础的。所以太平洋战争初期日本虽然有优势，但优势很快丧失，很快就招架不住了。后来美国又发现太平洋战争中自己消耗很大，要是进攻日本本土代价可能更大，所以就决定使用刚刚研制出来不久的原子弹。两颗原子弹就让日本投降了。这不能不说是科学的力量。因此，我们要高度重视我国科技实力和自主创新能力在提高我国综合国力上的重要意义。科学基金在这方面就肩负着神圣的使命。在今后的工作中，要更好地发挥资助工作的导向作用，多资助一些国家急需的项目。

其二，发展科学技术，光有良好的愿望是不行的，还需要科学管理。科学管理一定要符合科学规律。从事科研管理的人要懂科学，要懂得科学研究的规律。我在20世纪50年代就提出来，要"由科学家来领导科学"，要依靠科学家来管理科学，依靠科学家民主决策。科学基金在这方面就做得很好。

从基金委20年的发展来看，科学基金制正是实践这一理念的成功机制。但民主决策出来的东西不一定科学，尤其是创新的东西可能大家并不认可，怎么保护创新，值得深入研究。另外，从事科研管理和资助的机构自己不应该设科研实体，这样有利于管理和资助工作的客观与公正。基金委就没有设立任何研究机构，这个方向是对的。在科研管理中对有些问题不能一刀切。例如规定60岁退休的制度，对科学研究领域就不一定适用了。国家培养一名称职的科学研究人员是不容易的，要花费很大代价。如果到60岁一定退休，可能造成人员浪费。据说科学基金项目对申请人的年龄没有严格限制，这种做法就很好。还有科研工作不一定总是成功的，相反，往往会遇到失败。在探索真理的道路上要宽容失败、允许失败，不能失败了就不让他做了。失败是成功之母，不断总结经验一定会走上成功之路。

其三，作为发展中国家，我们的科研投入总额肯定不能和发达国家相比，这就要求我们要把有限的资金用在刀刃上。基金委新时期的工作方针里面有一句"提倡竞争"，这是对的，就是要竞争择优，我们钱不多，一定要用在真正好的项目上。科学基金新时期的战略定位确定为"支持基础研究，坚持自由探索，发挥导向作用"，这三句话提得好！基金委一定要坚定不移地支持基础研究。我国真正支持基础研究的渠道并不多，科学基金要进一步发挥好主渠道的作用。开展基础研究，就要切实支持自由探索，尊重和保护科学家的首创精神，这是取得重大科学突破的基础。与此同时，还要有重点。科学基金也是国家的钱，是纳税人的钱，这个钱的使用也要体现国家意志，发挥导向作用。要关注有利于提高国家经济和军事实力的重要课题，例如有关"导弹（技术）、驱逐舰（船舰技术）、计算机"等方面的研究，都应该大力支持，要集中力量做大事情。还要研究中国独有的东西，如稀土金属、青藏高原、汉字技术等等。

其四，要支持高校的发展，发挥高校在科研中的主力军作用。科学研究要靠一代又一代的青年人，他们才是希望所在。高校正是青年人最集中的地方，而且源源不断，正可谓"铁打的营盘流水的兵"。支持高校科研的发展，就抓住了青年人这个关键，同时也有利于提高教学水平。高校学科门类齐全，学术活动丰富。这样的环境有利于学科交叉发展。总之，支持高校的科研，其效果将是多方面的，影响是深远的。因此，支持高校的科研非常重要。基金委应充分发挥高校在科研中的主力军作用，要想方设法做好这个工作。

其五，要以人为本，着力建设一支高素质的研究队伍。建设这样的队伍，靠两个方面的努力：一是国家有关管理和资助机构；二是科学家自身。国家有关管理和资助机构的任务是尊重人才、尊重知识、尊重劳动、尊重创造，努力为科学家营造一个宽松的、有利于他们施展才华和发挥首创精神的环境。科学基金应该而且能够在这方面发挥重要的作用。科学家自身要坚持高标准,我认为这个标准至少有三个方面:一是要有社会责任感和历史使命感。科学家要追求科学真理,但是更要爱国、热爱中华民族,也就是要有社会责任感和历史使命感。科学家从事研究,也要讲究对社会、国家和民族的贡献。我当年考上清华大学历史系,上学第三天就发生了"九一八"事变,这个时候我就下决心学飞机大炮,要求转到物理系去。经过跟物理系主任吴有训先生的软磨硬泡,他才同意让我试读,读了四年,我成为全班最好的学生。因为我觉得在当时的社会环境下,学这个对国家也许会更有用。我搞研究也是这样,觉得国家需要什么,就搞什么。以前我们坦克用的铅酸电瓶只启动15次,电就不够了,所以坦克打打停停是经常的事情。后来我带头搞了个锌空气高能电池,可以启动2 000次,解决了这个问题。科学家不能脱离社会而存在,科学家做研究也应该对社会发展有真正的推动作用。二是除了自己的专业外,还要懂一点哲学。哲学很重要,很多学问做深了,都会碰到哲学问题。数学是这样,物理、化学、生物、计算机,都是这样。所以科学家一定要研究一点哲学,要懂哲学。没有哲学思想的指导,很难取得重大的科研成果。

三是要锐意创新。我认为创新主要有三个方面:一是思想的创新,革新某个学科的根本思想;二是方法的创新,包括数学方法和实验方法;三是开拓已有思想和方法的新应用领域。不管做什么研究,都应该努力在这三个方面有所创新。

我国的科技体制改革是1985年启动的,当时中共中央颁布了《关于科学技术体制改革的决定》,第二年国家自然科学基金委员会就成立了,因此基金委也是我国科技体制改革的产物。基金委的成立和发展,实践和完善了这样一个机制,那就是自由申请、专家评审、竞争择优,由科学家民主管理和分配科技资源。基金委20年的发展,说明科学基金制是符合我国国情的,对于促进我国科学的发展是卓有成效的。在庆祝基金委成立20周年之际,我希望我们国家自己的科技问题能够自己解决。我衷心祝福科学基金为国家科学教育事业发达、文化繁荣、国力昌盛、人民安居乐业作出新的贡献。

《论教育》自序*

屈指数来,自1946年回国应聘为清华大学工学院机械系教授起,我在祖国的科学教育园地里已经耕耘了整整60个春秋了。百年大计,教育为本,教育是国家兴旺发达的基础。我为能将自己一生的主要精力奉献给祖国"科教兴国"的伟大事业,深感荣幸和自豪。

教育涉及面极广,是一项复杂的系统工程。改革是发展的动力,创新是一个国家和民族的灵魂。为了办出能兴国的教育,培养出能肩负起振兴中华重任的全面发展、具有创新精神的跨世纪一代新人,在半个多世纪的教育生涯中,不论遇到多大的阻力和困难,我一直坚持不懈地进行着教育、教学改革和创新的探索,始终没有停止过关于教育、教学改革的深入思考,可谓甘苦备尝,体会良多,感触至深。本书所收录的90篇文章,正是半个多世纪来我的思考、实践、探索、体会和认识的记录,它们反映了当时的实际情况,表达了我的真实的思想和观点。

在这些文章中,我从宏观到微观,对教育和教学的许多问题提出了想法、发表了意见。就宏观而言,文章内容涉及如何振兴、发展中国的教育,如何改革不相适应的教育制度和办学体制,如何从

---

* 写于2006年5月。《论教育》2006年7月由上海大学出版社出版。

国家经济社会发展的需要出发端正办学方向和树立正确的培养目标,如何转变教育指导思想、改进教育方法和提高教育水平,如何以科研促教学和培养高水平的教师队伍,如何不断提高教育、教学质量,如何加强素质教育和创新教育、培养全面发展的具有创新精神和创新能力的人才,如何自强不息、不怕艰难和困苦、奋发努力地学习,如何养成严谨的治学态度和掌握科学的治学方法,如何建设优良的学风和教风,如何加强德育教育、言传身教、为人师表和教书育人,如何树立正确的人生观和价值观、坚定理想信念,如何坚持终生学习、努力进取和不断提高,如何尊师重教和依法治教等问题。就微观而言,文章内容涉及大学的学院和系科设置,专业和课程设置,教学计划和教学大纲的制定,学期长短、试验、实习、教材建设,学分制、必修课、选修课的实施,考试制度、转系制度、学位制度的制定和实施,学校的招生工作和学生的毕业、就业工作,以及学生的体育锻炼、音乐艺术训练、课外活动、家访、社会实践等各种与教和学有关的问题。

我所提出的种种想法和意见,其中很多已得到大家的赞同、社会的认可和实践的证明,但也有一些观点和意见,有些同志还持有不同的见解,尚未形成共识。我觉得有不同意见是一件好事,它有助于我们把研究和讨论进一步引向深入。这些不同意见也给了我很多启示,促使我进一步进行深入的思考和探索。"实践是检验真理的唯一标准。"我想,通过今后的进一步实践,我们大家的认识一定会得到进一步深化和提高,我们的教育、教学改革也一定会由此取得更大的进展,做出无愧于时代要求的更加显著的成绩。

歌唱琼侨气象新*
——序黎良端《情缘——我的侨务工作随笔》

海南作为我国改革开放的前沿阵地之一,可以说每天都会在各条战线上涌现出风云人物和他们感人的故事、奋斗的艰辛以及成功的喜悦。黎良端同志就是其中的一位。她曾作为海南省第一任侨务办主任和海南省海外交流协会会长,投身于海南红红火火的改革建设事业中。本书正是她用自己的亲身经历和真情投入写就的。她用细腻的笔触记录了海南侨务工作的起步、发展、壮大及辉煌。通读全篇,如临其境,深切感受到她对侨务工作的全力投入。

作者的题记,入卷开篇,引人入胜。从第一章《南飞雁》至第二章《主题歌》,真实而生动地再现了当年海南建省办经济特区的感人背景。海内外为之吸引、为之振奋,掀起了"十万人才过琼州海峡"的壮美景象。他们和海南各族人民一道载歌载舞,庆祝海南省的成立,他们和海南儿女一道投入沸腾的建设洪流中,为海南灿烂美好的明天挥洒汗水。是啊,从清末民国初年倡议海南建省以来,已历经百年沧桑,现在经过几代人的努力,终于圆梦了,海南儿女能不欢欣鼓舞吗?

---

* 原载《海南日报》2006年6月3日。

作者响应党和国家的号召，听从了故乡的召唤，随着"人才"大潮，率先重返海南并安家落户。她这个"南飞雁"，再度在海南施展才华，一干就是十五个春秋，并始终以"红色娘子军"精神鼓励自己，不断"向前进，向前进"，成为这段历史的见证人和参与者。

在第三章中，作者以花喻事、喻人，通过绚丽的十四个章节的十四朵"红花"，形象地谈经验谈体会。她上任海南省侨务官伊始，就把爱心和热情服务作为侨务工作的主旋律，视党的政策为生命线。如果没有这些，侨务工作就没有主题思想，就没有灵魂，也就没有前进方向。古话说"得民心者得天下"，而作者通过得华侨、归侨侨眷之心，而获得了广大侨胞的认同，因为她知道：重侨必得、必兴，轻侨必失。她先当"父母官"、贴心人，后当侨胞投资建设的引路人；先当"红娘"，为项目找婆家，后当"保姆"，跟踪服务，做到"扶上马，送一程"。在《联谊亲》、《法规带》、《维权赞》、《创业乐》、《贡献颂》、《促开发》、《文明花》和《外宣活》等章节中，作者通过生动的描述，向读者叙述一个个动人的故事：接踵而来的艰难项目是如何攻坚的，最麻烦的事情是如何克服的……字里行间洋溢着"创业乐"的崭新观念，将"创业难"、"创业苦"的陈旧观念一扫而空。在她的带动下，以侨资为主体的三资企业蓬勃发展，精神文明和物质文明共同得到进步。在最后的姐妹篇《人文观》和《记者篇》当中，作者则用面对面对话交流的形式，或者是记者访谈的形式，写出体会，写出出访的观感，写出了新观察、新见解。

我多次到过海南，和作者就海外交流协会的工作曾经交流沟通过，深深感到她是一位有追求、有毅力的坚强女性。她在这本书中，较好地体现了一个党员干部是如何忠于立党为公、执政爱民的为人民服务的宗旨的，展示了她在改革开放和建设中的解放思想、实事求是的作风，也真实记录了作者和她的同行们实践"三个代表"重要思想的历程。正是由于她所领导的海南省侨务工作取得了辉煌的成就，她受到了国务院侨办领导和省领导的表扬，受到

《人民日报》海外版、《美国侨报》等海内外媒体的报道。她也成为同行中的佼佼者,侨胞知音的琼州女杰。我曾经在《海南侨报》上题词,表示祝贺与鼓励。

　　这本书充满了"爱",那就是对祖国、对海南、对故乡和对亲人的爱;这本书也充满了"乐",那就是创业乐、贡献乐和收获的喜悦;这本书更充满了"情",那就是对广大侨胞的骨肉情、对人民的亲情和对党的事业的赤诚之情。我真心地希望,广大中华儿女,都能为振兴中华、建设祖国,为祖国的和平统一做出应有的贡献。

祝贺暨南大学建校 100 周年*

暨南大学全体师生员工：

今年 11 月是我们暨大百年华诞。我和广大教职员工一样，热情期盼这一特殊纪念日的到来。同时，我作为教育界的一名老者，作为暨大第五届校董事会董事长，对你们表示热烈的祝贺，并为你们这些年来所取得的骄人成就感到高兴和自豪！因我年事已高，远行多有不便，不克趋前祝贺，特以此信谨申贺诚！

暨南大学自成立之初，就是"系侨情"、传播中华文化的华侨学府。这里曾出现一批享誉世界的著名学者、文化名流，这里曾培育出数以万计的"忠信笃敬"、立志报国俊彦栋梁，这里曾取得大批的振奋人心的学术成果，以及随之而起的强势学科群……历经百年沧桑，暨大已经成为令世界华人所瞩目的、一所具有深厚文化底蕴和悠久历史、文化传统的名校。

新中国成立后，尤其是改革开放以来，在党和国家教育方针的正确指引下，在国务院侨办的直接领导下，在所有暨大人的精诚团结、辛勤耕耘下，学校立足祖国大陆，辐射港澳台，放眼全球，在学科建设、师资培养、梯队构建、教书育人、文化传播、学术研究以及服务社会，服务广大侨界朋友等等方面，成就斐然，获得了广泛认

---

* 写于 2006 年 11 月 1 日。

同和卓越的社会影响。也赢得广大侨界朋友的赞誉。

衷心希望我们暨南大学能够以百年华诞庆典为新的起点,继续发扬"爱国爱校,团结奋进"的暨南精神,继续为华侨朋友提供最好的教育和交流平台,传承和传播优秀中华文化,与时俱进,开拓进取,不断创新,实施好"侨校＋名校"的发展战略,真正将暨南大学建设成为誉满五洲四海的高水平研究型大学。

再次祝福暨南大学百年华诞,预祝庆典活动取得圆满成功!

2007

《第五届国际非线性力学会议论文集》序言*

2007年初夏,国际非线性力学界的精英和新秀将相聚于上海,参加第五届国际非线性力学会议。我作为这一系列国际会议的发起者,欣喜万分。在此谨向来自世界各地的新朋旧友们表示热烈、诚挚的欢迎!

自1985年召开首届国际非线性力学会议以来,已经二十多年过去了。在此期间,随着科学技术的突飞猛进,对非线性力学研究的需求日益增长,相关的成果层出不穷。因此,学术界的朋友们对我们的会议显示了持久不断的热情支持和与日俱增的深切关注。会议的组织者告诉我,本届会议收到了约500篇稿件,经严格筛选,录用了约300篇,刊登于本文集,在数量和质量上超过了历届会议。

在首届国际非线性力学会议上我曾指出:"非线性力学是当代力学研究工作的主流之一,而且还是很重要的主流。它不仅为新技术、新材料、新工艺的发展提供重要的理论基础,而且为应用数

---

* 写于2007年5月。《第五届国际非线性力学会议论文集》2007年由上海大学出版社出版。

学开辟了许多新领域,创造了许多新方法。"近年来,现代力学的发展,应验了我的这一说法。我一直认为,力学和其他基础科学要加速发展,必须实现理论与实际、科学与技术、数学科学与应用科学的密切结合。因此,本会议始终立足于如下信念:努力做到现代力学与现代科技的密切交缘、现代数学与现代力学的密切交缘。正因为如此,我们的会议才有经久不衰的魅力和永葆青春的活力。

让我感到欣慰的是:本届会议继续贯彻了上述基本思路。其中的特色有二:一是把握了现代力学发展的新动向。进入新世纪以来,随着科技发展,跨尺度效应和多场耦合效应备受关注,人们更为关心微观、介观尺度的现象以及复杂环境下的机理。会上将重点交流这方面成果;二是团结和吸引了更多的科技界和产业界人士,他们送来了一批先进成果,尤其值得高兴的是,实验力学方面的论文竟有30篇之多。要知道,高新技术的新发展,是现代力学的生命之泉。

大约一年前,国际理论和应用力学联合会(IUTAM)已正式批准我们的会议为IUTAM的系列会议之一。这标志着国际力学界对我们的会议的认可和支持。这里,我也向IUTAM表示真诚的感谢!

回首往事,心潮难平。当初与我共同发起、指导会议的老朋友中,有的已经西游,有的也垂垂老矣。在此,我向他们表示由衷的敬意和谢意!令人高兴的是:现代力学事业后继有人,本届会议就是主要由一批中青年教师操持的,他们把会议组织得井井有条。我寄希望于后来者。

与历届会议一样,本届会议得到了会议指导委员会成员的多方面的指导和帮助;会议学术委员会认真筛选了来稿;上海大学(尤其是上海大学出版社)的同事们编印了精致的文集;国家自然科学基金委员会、王宽诚基金委员会和上海市科学技术委员会给了会议慷慨的资助。这里,谨向他们致以诚挚的谢意。

祝贺"2007 上海国际隧道工程研讨会"召开[*]

上海隧道工程股份有限公司并全体员工：

欣闻由贵公司主办的"2007 上海国际隧道工程研讨会"召开在即，我谨向你们表示热烈的祝贺！

随着我国经济建设的健康快速发展，地铁建设也到了一个高速发展时期，城市市政建设、国家水利水电等大型项目中，各类隧道与地下工程建设需求日益增多，工程风险也随之增加。因此，地下工程风险管理的研究已经成为国际隧道行业普遍关注的热点问题。贵公司和上海市土木工程学会一起召开的这次国际会议，为国内外地下工程专家探讨地下建设与地下工程风险管理的理论和应用，搭建了很好的平台，相信你们在展示多年来所积累的、第一线的建设和管理研究成果的同时，也可以和国际上其他国家的专家学者交流学习，取长补短，开阔视野，为共同推进学术繁荣和科技进步作出应有的贡献。

作为国际首例大型隧道修复工程，四号线修复施工技术难度高、施工风险大，但在你们的不懈努力下，工程取得了圆满成功。你们攻克了众多世界级的技术难题，把我国乃至世界地下工程施

---

[*] 写于 2007 年 11 月 9 日。

工技术推上了一个新的台阶。

在盾构机制造上,你们以863盾构样机的研制和应用为突破,实现了国产盾构机的批量生产,取得了良好的社会效益和经济效益。希望你们以此为契机,争取在我国863大型泥水平衡盾构的研制和应用上取得新的突破,从而把具有自主知识产权的产品的研制和开发做得更好,把"中国制造"的牌子做得更响。

最后,我祝愿本届研讨会取得圆满成功,祝与会朋友们上海之行愉快!

祝贺"首届科学发展观大学堂暨 2006年度中国发展百人奖" 隆重举行[*]

2006年度中国发展百人奖组委会：

欣闻首届科学发展观大学堂暨2006年中国发展百人奖颁奖典礼即将在全国政协会议中心隆重召开，我谨向大会组委会、向与会代表和获奖人士致以诚挚的祝贺。

本次中国发展百人奖的获奖同志立足本职，建功立业，始终把促进科学发展作为参政议政的第一要务，取得了重要的研究成果。为引领科学发展观的深入研究、普及和实践作出了贡献；为全面建设小康社会，促进社会和谐发展作出了贡献；为探索解决中国经济建设中的热点难点问题，促进经济发展作出了贡献。

相信广大研究工作者一定会全面领会十七大精神，以人为本，以科教兴国为己任，不断适应新形势、新任务的要求，进一步加强对科学发展观理论的学习和研究。巩固和推广科学发展观研究成果，努力为促进经济社会发展和构建社会主义和谐社会建言献策，为促进中国特色社会主义现代化建设服务。

预祝大会取得圆满成功。

---

[*] 写于2007年11月20日。

培养有创新精神的人[*]

创新精神不是拍脑袋

创新首先要有科学性。创新精神不是拍脑袋,科学创新要搞清楚有什么局限性。科学实践告诉我们,真理有普遍性,也有局限性,超过这个局限,真理就成了谬误。自然科学中的定理就有很多限定,所以实验必须在符合必要的条件时才能重复。水变油不能重复,一些特异功能没办法试验,所以它们是伪科学。科学就得在同样的条件下,谁都可以通过实验来证明。什么叫科学发展进步了呢?就是某些条件变了,把从前的科学真理加以改造,突破原有的局限,这叫进步、叫创新。创新是生产和实验等自然界经验的总结,这个总结是有条件的,社会在发展,生产在发展,实践也在发展。发展就是不断地创新。

科学是有条件的,条件不同,结果就会改变。所以,所有的科学都有创新问题。创新就是要认识到条件不一样,所有客观规律都是有条件的,我们永远按不同条件进行改革、进行创新。科学技术也是一样的。你实验失败了,就会想办法去改变,寻找客观规律,用符合客观规律的方法去改变。例如,力学中牛顿三定律是有

---

[*] 原载《上海教育》2007 年第 Z2 期。

局限性的;能量传播在原子里不是连续性的;热力学适用的范围都是可逆反应,有很多不可逆反应不可以用。科学的进步就在于根据不同的条件不断修正。所以绝对真理是没有的,只有相对真理,人们总想努力把相对真理修正得符合其他各种条件,这个过程就是我们努力的方向。科学是这样的,你能实现的,只要我达到你的条件,同样也能实现。科学的创新是这样的,就是在不同条件下达到我们所要求的目的。要看到我们有落后性、不完备性,就要去改变它、完备它,使之得到更进一步的条件,比如计算机技术。

创新除了强调精通本专业外,还要强调知识的广博性,能触类旁通。真正有创新精神的人必须眼观六路,对于各种进步都要去了解,使之为自己的工作服务。创新精神有一条,要借别人的刀来杀自己的猪,所以对科学各方面的进步都要很关注,只有这样的人才会有更多的创新精神。

创新精神的基础是通识

我做任何事情,都是从实际研究提出问题开始的,无论搞科研还是做校长都是这样。我一直从事科学研究,知道科技工作的任务,搞科技不仅要满足于解决现代化提出的问题,还要传播知识、培养人才和梯队,这也是科技对教育的要求。但是无论搞科技还是搞教育,都需要尽可能多地了解社会科学的发展和进步,了解世界科技发展的态势,然后从国家需要出发提出和解决问题,这是实践对人的知识结构的要求。

我早年有幸接受了开放式的、适应性较强的教育,在这种教育中获得的能力使我受用终身。科学研究需要这样的教育,因为科技发展是没有底限的,永远不可能有底限,只有"局部真理",没有"全面真理"。每一项科学研究都是应时代的进步和需要提出来的,都是要靠其他学科的发展来帮助和推动的。比如从1946年为计算武器的弹道轨迹研制的第一台电子计算机,到现在可以应用于任何领域的计算机,经历了电子管、晶体管、集成电路为特征的几个时期。几十年前,我在美国曾见过的那个有18 000个电子管、1 000多个灯泡的庞然大物,被一次次地创新发展成今天的概念,其间每一步质的飞跃,无不是多学科知识的汇集、融合、互动的结果。科学的进步和创新就是这样一点一滴集合不同方向的信息发展而来的,社会越来越综合化,光靠某一个专业的东西显然是不行的。社会的发展、科技的发展需要有广博的知识和有一定实践经验的人。

为此,我国早以法规的形式规定了高等教育的培养目标:"要培养德智体全面发展而有实践经验的人。"之后又加了一条:"高等教育要培养有创新精神的人。"这个提法当然有深刻意义。什么叫创新精神?我认为,对教育来说,就是一种不光要给人家已知的东西,还要给人主动把不晓得的东西都弄清楚的能力。人的精力是有限度的,而知识的增长是无限的。现在总说大学四年学不了多少东西,提倡终身教育。我想确切地说,大学阶段的教育应是一种针对专业教育而言的通识教育,是在为终身学习作准备、打基础的。有创新精神的人一定是善于学习、有较强社会适应性、能遨游于各个知识领域并为我所用的人。

我一向主张大学教育宜宽不宜窄,不能把专业看得太重。长期以来,我国高等教育受前苏联教育模式的影响较深,特点之一就是教学方面过早专业化,本来目的是培养学生能够符合国家发展计划,但实际上有很多学生毕业后的工作与所学专业没有太大关系。过早专业化的结果常常是"教师教什么学生懂什么",学生只在一个方向上发展,把这个方向上的东西学四年,别的都不懂,这不利于培养创造性思维。而社会需要能带着满脑子的问题从大学走出来的人,需要有创造性而不是模仿性的人。通识教育是对任何专业的学生的长远考虑,而不是急功近利,追求立竿见影。

我们现在谈教育,往往把教育的最终目标忘了,教育的最后目的就是要使我们的后一代能够继承现在的文化、科技水平。虽然我们不可能向学生传授全部的学问,却可以在他们掌握一定基础知识的条件下,将这个专业最根本的东西教给他们,用这些作为媒介和载体,来掌握科学方法。所谓科学方法是这样一个过程:针对某个问题搜集资料,了解教科书上所没有的、成功或不成功的经验,分析发展方向,对科学的本质性、规律性的东西进行总结和概括,得出共性的东西,提出进一步发展的办法,再经过实验证明这些想法是对的。

所以,各个专业之间要互通,理科学生不可"重理轻文",文科学生与理、法、工都要有一点交叉。我在清华读书的时候就是这样的。西南联大孕育了一大批知名学者,包括搞"两弹一星"的优秀人才,他们都是样样在行、有很强的学习能力和系统观念、素质全面、富于创造力的人才。

关键在于"授之以渔"

教学改革更深层次的问题还是怎么教与怎么学的问题。国家颁布的《高等教育法》里明确指出:高等教育要培养有创新精神的人。有创新精神的人与没有创新精神的人不可同日而语。没有创新精神的人主张单纯传授知识,知识是人家创造你来传授,所以我们教育界曾认为教师只是传授知识。现在教师要培养有创新精神的人,性质完全不一样了。我们必须全力推进创新精神的培养,有创新精神的人就是不断学先进的人,有些人连新的知识也不学,怎么能成为有创新精神的人?教学一定要有科学实践,有创新精神。作为教师,一定要了解本学科最前沿的动态,要经常翻阅科技杂志、论文集,要动手做实验、做数值研究。在课堂上,注重的不是解题过程、公式运用,而是提出问题、解决问题的思路,这才是教师的真本事。

教,关键在于"授之以渔";教书,关键在于教给学生一种思考问题的方法。也就是说,教师给予学生的,不应是"鱼",而应是捉鱼的方法。教学的过程,就在于让学生搞清"模型"的意义,因为"模型"反映的是事物的本质,是对客观事物的近似描述。我们要引导学生提出"模型",通过抓"模型",教给学生一种提出问题、分析问题、解决问题的方法。学,则要加强自学能力。我讲的自学,是在教师引导下的自学。抓"模型"的教学,可以使学生在自学过程中事半功倍。孔夫子讲,要循循善诱,其含义便是引导。以前有个学生曾问我:"怎么才能学得好?"我说:"你先自己看书,开始肯定有很多东西弄不懂,不懂就记下来。然后继续看书;那些不懂的地方,学到后来自己就懂了。你把已弄懂的部分画掉,这些部分就成为你的知识了。"这个学生后来一直坚持用这种方法学习,现在已经是院士了。手把手教,是教不出有灵气的学生的。说句老实话,高校里还有些教师是不合格的。试想,他自己没有创新能力,怎么培养得出有创新能力的学生?

由此可见,培养一支具有极大创新精神的教师队伍是培养有创新精神的人的重要条件。为此,我们要为教师成为有创新精神的人创造条件。要督促他们熟练掌握外语。学外语决不只是为了同外国人做生意,而是可以与外国同行沟通,了解他们的工作情况,他们在创新什么,他们的创新成果已经得到公认了的,我们不必再重复走一次,引进就可以了。有些教师外语水平低,长期抱着一本过去编好的教材,不去努力掌握国内外最新的科研成果。要帮助这些教师过外语关,还要督促教师学习现代计算机技术。通过现代信息手段,在网上学习、交流、了解情况、开阔视野,不断补充新的知识,发现新的问题,进而促使教师研究新问题。

我们还要认真总结经验,再以此指导实践,把培养创新精神的工作做得更好。我主张对毕业生就业以后的情况作调查,看哪些人在工作岗位上有创新精神和创新成果,对照我们的教育,就能找出有针对性的改革方案。

我非常强调自学。终身教育不错,但要学就得有人教你,而学习能力的培养更重要的在于自学。所以,我提倡终身自学,不断完善自己的知识结构。有创新精神的人一定有很强的自学能力,善于思考,自己获取新的知识。很多大科学家都是自学成才的。

不要相信有天才

我是不相信有天才的,我只相信勤奋,只要刻苦钻研,一定会取得好成绩。学生要掌握科学的分析方法,教师讲案例,就是教学生提高认识能力、分析能力,考虑问题应该有几个过程,这就是要调查研究。毛泽东同志一直强调调查研究的重要性,他本人就是创新的典范。马克思认为,革命首先会在工业高度发达的资本主义大城市出现,毛泽东同志经过调查研究,把马克思主义的普遍真理和中国革命的具体实践相结合,走农村包围城市,最后夺取政权的道路,这是极大的创新。所以,他是很有创新精神的。

本科生的教学过程中要多让学生参加讨论,讨论可以启发大家思考问题,让学生由等待老师提问变成主动找问题。有些问题教师无法回答,一种是学生没有学到这个程度,另一种是教师自己也不是很清楚,但是学生的问题提得好,大家可以讨论。还有实验要加强。在实验室里,学生不是重复老师的示范,而是要让学生了解所做实验的目的。我在清华读书时,吴有训老师教大学普通物理,他亲自指导实验课。第一堂实验课,他给学生一根长约10厘米的尺子,要求他去量一根长木条,连续量三遍,看结果是否一致,有没有误差,合理的误差是多少,有没有规律。他告诉我们,所有实验测试都有误差,天下没有绝对正确无误差的实验结果,这样的实验是最基本的训练,并不需要花费多少钱。我们每个实验都有目的,都在培养学生认识事物的本质规律,都在培养有科学精神的人。

研究生,更要会研究,会研究的最大问题是会找题目,知道什么该研究,什么不该研究,哪些需要研究,哪些不需要研究。科研工作并不是教授给出题目,而是研究生自己找题目。优秀的科研人员应该满脑子都是问题,了解这个学科哪些方面还很薄弱。本科毕业生,就应该有问题,研究生毕业后更应会提出和抓住问题,工作以后通过研究自己解答。现在世界上仅科技杂志就有14万多种,这些杂志能使你了解所提出问题的最新进展情况。科研有三种:一种是新的理论和方法,解决新的领域中的新问题;第二种是用新的理论和方法,解决了一些原来不能解决的问题;第三种是应用老的理论,在应用方面前进了一步,解决一些产业中的应用问题,这也算是科研工作,也是一种创新。

我们应该让学生懂得我们这个学科里永远有许多没有解决的问题,很多人正在用各种办法解决。我们要培养学生能自己挑选问题做科研,这有利于学生的锻炼和提高。做过一次就会有体会,做与不做是大不相同的。别人已经解决的问题也应该学,不知道什么问题已经解决,还在重复做,这是白费心机。但是一定要知道人家是怎么解决的,在哪里做了,方向是什么,解决什么问题,用的是什么办法?掌握了这些内容,可以借鉴和参考,进而发现其研究结果中尚有什么欠缺之处,哪些方面还有待改进等等。找题目是科研工作的重要部分,我主张应该培养博士生自己出题,这是很重要的一条。我们不是单纯培养专家,而是要培养解决问题的人。所解决的问题可能是自然科学领域的,也可能是社会科学领域的。我到上海工作以后,培养的第一个力学博士生,毕业后分配到国务院,从事社会发展研究的领导工作,学习的专业和从事的工作完全是两码事,但是他干得很好,关键是他掌握了科学的方法论。

创新是有目的的

创新是有目的的,创造一种新的手段,是用来解决科研生产发展过程中必须解决的问题,或者解决所从事的领域中科学发展的问题。这需要各种知识的援助,应该广泛地了解各方面的发展情况。隔行如隔山,这不是一种好现象。美国哈佛大学教师维纳,是学电机的,他跟生物系等其他学科的几位教师一起座谈时,讲各自的学科里需要解决的问题。他将有关问题同其他学科的问题放在一起研究,后来成为信息论的创始人。还有一个学科叫系统工程,也是这样出来的,它是在一个研讨会上被提出来的,不同学科的教师碰在一起研究这个问题,这是管理学科最需要的东西。自然科学和工程学里很多学科是交叉的。例如,第二次世界大战后发展起来的导弹和宇航,就是综合性的交叉的学科。我们现在的问题是太强调专业了,一个专业的学生甚至教师对于其他的专业毫无兴趣,这种状况很难培养具有创新精神的人。

为此,我们应该鼓励教师和学生积极开展各个层次的、创新的科研工作。我有几点倡议:第一,今后每两至三个星期,请一位教师在全校作一次报告,谈本学科研究现状、发展前景,谈自己的想法和见解,让教师们都能及时了解各个学科的发展情况,促进共同思考一些问题。

第二,对于研究生的培养,首先是尽量引导他们自己提出问题。现在的研究生都是教师出题目让他们去做,这不利于他们的成长进步。要让他们自己选择,教师可以给出范围,教他们怎样去查找、阅读文献,让他们自己归纳总结,这叫调查研究,这是研究生开始阶段必不可少的环节。有的研究生已经决定了题目,就让他作开题报告,大家可以讨论,促进相互交流,讨论可以产生很多有益的思路,产生思想火花,这是创新的一个很重要条件。创新必须交流,关起门来是不能创新的。

第三,引导研究生自觉地查找文献,指导他们怎样阅读文献。有的文献只需看看题目和摘要就够了,有的文献必须精读,先看绪论,了解作者为什么做这个题目,其他人用了什么方法,作者有什么创新;最后要看结论,知道解决了什么问题,还有哪些问题有待解决。阅读文献是调查研究的一个重要方面。教师应能判断学生是否适合做这个课题,例如课题的理论难度是否太大,做题目所涉及的设备要求是否太高,现有条件能否解决等等。如难度确实太大,三年里可能完不成任务,导师就应该提醒学生缩小范围去做,让他经过努力,保证能够做出来,严防走过场。

2008

寄语《自然杂志》*

《自然杂志》30年来依托一流科学家,开展学术交流与争鸣,传播自然科学知识,帮助读者拓宽了知识面,提高了科学素养。文章深入浅出,图文并茂,既具有较高的学术性,又具有较强的可读性,是一本沟通不同学科、不同专业的桥梁式的高级科普期刊。希望继续发扬自强不息的创新精神,努力工作,为我国的科普事业做出更大的贡献。

祝贺《自然杂志》创刊30周年。

---

* 写于2008年6月5日。原载《自然杂志》2008年第3期。

《上大演讲录》总序[*]

演讲,又称讲演、演说,如对其作更宽泛的解释,也包括学术报告、学术讲座等。演讲是人际沟通、知识传播、宣传鼓动、阐述学术观点、立场、主张的重要形式。古今中外,不知有多少政治家、思想家、专家学者通过演讲,使他们名垂青史,而无数听众不仅从中获得讯息,还可以学到别人的好经验、好方法,更增加了知识、信心和力量。

演讲在中国有着悠久的历史和良好的传统。商朝国王盘庚为了说服民众迁都,向老百姓力陈迁都的好处,《尚书·盘庚》为我们留下了这一千古演讲名篇。春秋战国时期,百家争鸣,知识分子为了宣传自己的政治主张,到处游说,发表演讲,齐国的稷下学宫,成为各家各派宣传自己观点主张的好所在,儒家大师荀况曾三次担任这个讲坛的主持者。也正是这个讲坛,造就了孟子、荀子这样大师级的人物。

中国文人讲究游学,所到之处切磋学问、发表演讲成为必要的经历。因此,在各地的书院、学府、官邸和寺庙都曾留下历代大师的声音。老子的《道德经》何尝不是一篇演讲稿?玄奘西天取经,在天竺,不知要经过多少次登坛演讲、辩驳,才让佛教发祥地的僧

---

[*] 写于2008年11月18日。《上大演讲录》由钱伟长主编,2008年由上海大学出版社出版。

侣信徒折服，从而完成取经大业。

在西方的古希腊、罗马，苏格拉底、柏拉图、亚里士多德等大师，哪一个不善于演讲？《苏格拉底的申辩》是苏格拉底在受审时发表的演讲，由他的学生柏拉图记录成文流传后世，对西方文化产生了重大影响。而德国黑格尔留下的《哲学史演讲录》依然能让我们领略到这位哲学大师的雄辩智慧的风采。

在近、现代，革命导师马克思、恩格斯、列宁、毛泽东等，都擅长发表演讲，恩格斯的《在马克思墓前的讲话》是公认的演讲经典。在近代西方政治家中，美国总统林肯的葛底斯堡演讲短短3分钟，却为世界留下了英语演讲史上的一篇珍品。而英国首相丘吉尔面临德国希特勒的入侵而对全国发表的广播讲话，使英国上下同仇敌忾，热血沸腾，保家卫国的信心陡长。

大学是知识的渊薮、各类人才荟萃之地，是演讲者发表观点、报告最新学术研究成果最为看重的地方。中国明末清初的大思想家黄宗羲在《明夷待访录·学校》一文中曾创造性地提出，每月朔日（夏历初一日），在京城，应有当世大儒在太学讲学，天子率百官前往聆听；在地方郡县，则应选邑中缙绅士子到学宫讲学，郡县官在下就弟子列，认真听讲。黄宗羲的这一设想在当时虽无法实现，但可看出他对在学校向学生发表演讲是何等的重视。

社会发展到现在，演讲已经成为大学不可或缺的活动，不仅学术泰斗、艺林大师都以到大学发表演讲为荣，就是各国政要到大学发表演说也蔚为风气。中国两任国家主席江泽民、胡锦涛先后到美国进行过国事访问，就分别到哈佛大学、耶鲁大学发表重要演讲，而外国的国家元首、政府首脑到中国进行国事访问，到中国的大学发表演讲也成为重要的外交安排。演讲是大学的一种文化，演讲的频率和水平现在已成为衡量一个大学发展水平高低的重要标尺之一。

早在20世纪80年代，我来上海工业大学之初，就请了一大批闻名世界的专家到学校给师生开讲座,开拓他们的学术视野,一场场精彩的学术讲演让师生们获益匪浅。而上海大学自新组建以来,学校继续秉承"自强不息"的校训,校园的演讲活动开展得更是丰富多彩。学校请来了社会名流、政要以及许多大师级的人物来到上大校园,为学子们作各类演讲。2005年4月23日,应邀到中国进行访问的法国总理让-皮埃尔·拉法兰先生,在中国文化部长孙家正等人的陪同下,到上海大学为1 000余名师生作了题为《欧盟与中国的关系》的精彩演讲,这使我们的学生有机会在校园里和法国总理进行了一次面对面的交流。

对于演讲,学校的历届领导始终将其作为校园文化建设的重点和特色加以关注和扶持,并给予政策上支持和保证。从在全校开展"百人演讲系列活动",到依托上海市"东方讲坛"举办点使校园演讲活动又上新的台阶。多年以来,这些演讲活动始终健康持续地推进着,现已经成为上海大学校园文化的特色和品牌。这些演讲,嘉惠学子,提升了学校的办学水平,扩大了学校的声誉名望。鉴于此,我们有理由相信,高水平的演讲活动将和上海大学美丽的校园一样,永远伴随着每一个上大人。

是为序。

附：钱伟长传略

周文斌　孔祥瑛

一

故乡的亲情牵动着游子的心。钱伟长离开家乡近70年了，但是他对生养哺育的故土和邻里相处的乡亲们，情谊难忘。近年来，他几乎每年都要返回老家探访，眷恋情深与年岁俱增。

1912年10月9日，钱伟长诞生于江苏省无锡县洪声里七房桥乡间。祖父是晚清秀才，终生不得志，靠教私塾为生。在钱伟长出生之前，仅及中年的祖父就在贫困中不幸去世了，而父亲（讳挚字声一）和四叔（讳穆字宾四）都只是十五六岁的少年，便继承了教书的衣钵。先是在本村创办了钱氏私立又新小学，后来又在荡口镇的鸿模小学任教。他们以微薄的薪资负荷着家庭重担，上奉老母，下养妻儿，还教育两个幼弟（六叔讳艺字漱六，八叔讳文字启八，当时都值童年）。幼年的钱伟长就懂得了生活的艰辛，争着帮祖母和母亲养蚕、挑花、糊火柴盒和做各种能贴补家用的活计。

包孕吴越的太湖，滋润着广阔的大地，养育着千百万人民，使无锡、苏州地区河网密布，成为鱼米之乡。七房桥傍近鹅真荡（经梁溪通太湖），丰产的鱼虾很是便宜，可是贫穷的人家怎舍得花钱去买呢？钱伟长总是和小伙伴们在河沟、小溪和荡边，捞小鱼小虾，摸螺蛳，捉田鸡，或是奔逐在田野间，踏着草地寻觅金花菜、苋菜、"狗切头"，装满小篮子携回家，这都是助餐的菜肴。

钱家虽然清寒，但由于祖父、父亲和四叔都为人堂堂正正而笃实博学，并且热心公益，坦诚爱乡，肯为邻里排难解纷、主持正义，得到了大家的尊重。在家里虽是粗茶淡饭，由于祖母治家有方，三代人聚居而和乐融融。这些钱伟长至今还能回忆起来：平日的夜晚，一灯荧荧，母亲在一旁纺纱，祖母教他识字，父亲和叔父在案头读书；节假日，父亲吹笙，四叔弄箫，两位小叔叔打击鼓乐，丝竹弦歌之声使他感到无限温馨。钱伟长的童年没有"黄金时代"，但是艰辛的生活、田野间的奔逐、和乐的家庭及长辈的楷模，都无形地给他淳朴的心灵以启迪，使他接受刻苦自励的锻炼，得到胸怀无私坦荡的陶冶，濡染探求知识、高尚做人的教养，在他日后的成长中起了积极的影响。

钱伟长5岁开始进学校读书，因为家里连年两次失火，不断赁屋搬迁，只好就近入学，换过多处小学，很不安定。1926年，他随父亲（任教导主任）在无锡荣巷公益学校就读，后因学潮停课而又辍学。恰逢无锡国学专修馆开办，钱伟长前往就读。在馆长、桐城派宿儒唐文治（字蔚芝）先生的亲自教诲指导下，他开始接触到中华民族古代文化的精粹，培养了对古典文学和历史的浓厚兴趣。到1928年，他只读了一年的初中后，试考苏州中学的高中，竟以榜末"孙山"被录取。开学时，父亲带病为他送行，谆谆嘱咐说："苏州中学是江南名校，这次能考取入学是很不容易的，家庭再困难也要供你读书。学校里有许多位优秀教师，一定要勤恳努力学习，做有知识、有教养、对国家有用的人。这次考试虽名列'孙山'，但只要有志气，后来可以居上嘛，任何人的成就都是经过艰苦奋斗才得到的。"没有料到这些嘱咐竟是遗愿，这次送别竟是永诀。10月里，父亲一病不起，享年39岁而辞世。钱伟长忍着巨大的悲痛在学校苦读。

苏州中学具有悠久的历史。校长汪懋祖、国文教师钱穆（四叔，后历任燕京大学、北京大学教授）、西洋史教师杨人楩（新中国成立后任北大教授）、中国史教师吕叔湘（历任清华大学、北京大学教授，新中国成立后任中国社会科学院语言研究所所长）、地理教师陆侃舆（主编我国第一本全国分省地图）、生物教师吴元迪（编著了我国第一本高中生物学教科书）、英文教师沈同洽（新中国成立后任南京大学西语系主任）、音乐教师杨荫浏（新中国成立后任北京国乐研究所所长）、数学教师严晓帆（后任中学校长），诸位都是有关方面卓有成就的专家学者。老师们钻研学术的精神和丰富的知识，深有内涵的教育,精湛的讲课,对钱伟长培养积极探索文化宝库的能力和涉猎科学知识的兴趣,都产生了极大的影响。1930年,他写出第一篇论文——《春秋日蚀考》,获得江苏省颁高中奖。他的数学成绩较差,而严晓帆老师器重这个性格坚强的学生,给予课外辅导。在严老师的宿舍里,师生常常深夜灯下共读。从此钱伟长也养成了"开夜车"的习惯,一直保持到现在。

领到了苏州中学高中毕业文凭后,钱伟长被抛到了人生的十字路口。早在他小学毕业时就已开始是升学还是就业的家庭争端,这时变得更为激烈了。家庭经济日益拮据,父亲去世后连伟长的学费也靠四叔负担,还得向钱氏义庄申领救济。祖母和母亲坚持的意见是不能再增加四叔的负担,该像很多同学那样,去铁路或邮电部门谋个稳固的职业,以供家需。钱伟长不甘心放弃学业,但是面对现实又无能为力。真是天无绝人之路,就在这时得到一个消息:上海有位化学家——吴蕴初,原出身贫寒,现在利用自己开设天厨味精厂的利润,设立"清寒奖学金",每年为全国12名成绩优秀的穷困学生提供上大学的资助。钱伟长决心要试一试,争取得到这份奖学金。

暑假,他只身来到上海,在一个月的时间内,接连参加了清华大学、唐山交通大学、南京中央大学、武汉大学和厦门大学的升学考试。当时各大学分别自设考场自出考题,文科和理科都是相同的试卷。钱伟长虽然理科与英语的成绩一般,但在文史方面的专长却得到了充分发挥。清华大学的历史试卷有一道出人意料的题目:写出二十四史的名称、卷数、作者和注疏者(后来知道这是著名史学家陈寅恪教授的命题),很多考生都被难住了,而钱伟长却得了满分。不久,他同时得到了这五所大学的录取通知书,当然也得到了吴蕴初先生的"清寒奖学金",真是喜出望外!

二

钱伟长接受了四叔(钱穆教授已任教于燕京大学)的建议,选择了清华大学中文系就读。1931年9月刚入学,"九一八"事变爆发,日本侵略者在一夜之间就占领了我东北辽阔的土地。在这国难深重的时刻,钱伟长又想起了在上海考试时见到外滩公园门口悬挂的那块"华人与狗不得入内"的牌子,心情再也无法平静。他向理学院院长叶企孙教授和物理系主任吴有训教授,提出了改学物理的请求。

吴教授有些不解："我查过了你的试卷，国文、历史你都考得很好，数理化的成绩却不理想，物理尤其差些。对你来说，学文学很合适，为什么一定要学物理呢？"钱伟长说："我本来喜爱文学，也准备学文科，但是现在我感到学文科救不了中国。我们国家更迫切需要的是科学技术，是飞机大炮。我的数、理、化成绩虽然不好，但我有决心赶上去！"

吴有训教授被这个青年人的爱国热情所感动，答应了他的要求，但是有一个条件：先在物理系学习，一年后数、理、化的成绩必须达到70分，否则仍转回中文系去。钱伟长毅然接受了这个条件，决心在这一年里夜以继日地刻苦努力，付出比别人更大的代价换取自己的收获。他首先攻下了英文"关"（大学理科讲课、教材全用英文），再向数、理、化进攻，年终考试，他的所有成绩都在70分以上。在这一年里，钱伟长还由于一个偶然的机会被拉到一年级的长跑队凑数，临时参加了全校的越野比赛。毫无运动训练、瘦弱的他，竟凭着坚持硬拼的劲头得到第9名。体育教师马约翰教授看中了这个敢于拼搏的小伙子（身高不满149厘米），选他加入大学的运动队，逐步培养他成为校中长跑、中低栏、足球等项目的优秀运动员。

在清华大学的四年，是钱伟长一生中的关键阶段，使他得到今后进行科学工作坚实的基础训练。1935年毕业时，他与顾汉章合作的论文《北京大气电的测定》也已完成，于该年6月在青岛举行的物理学会年会上宣读。这是我国自行测定大气电量的第一批数据，也是他们从事科学工作的"开篇"。钱伟长跟从叶企孙教授、吴有训教授，不仅学到了知识，更重要的是学到了治学方法——要善于发现问题，创造、开拓科研工作的广阔天地。同时，钱伟长从马约翰教授那里不仅得到身体健康和体育竞技的锻炼，更重要的是耐力、冲刺、夺取胜利的意志的锻炼。在大操场上，马约翰教授对运动健儿们迎风呼唤："Boys, for victory！"洪亮的声音，不息地回响在他的心田。直到现在，他还保持着强健的体魄在深夜连续工作。当提前完成了预期的审稿、论文计算时，竟会忘我地站起来，伸展双臂，欢快地说："冲刺，我胜利啦！"

毕业证书拿到手了，"清寒奖学金"却随之结束，必须找到工作。夏天，中央研究院南京物理所（丁西林为所长）招考一名实习研究员，钱伟长前往应考，果被录取。同时，他还考取了清华研究院物理系的研究生。为了获得继续学习的资助,他很幸运地以考研究生的优异成绩申请到"高梦旦奖学金"。此后,他便在吴有训教授指导下,从事 X 光衍射研究。

1935 年是风起云涌的一年。在这年的年底,爆发了"一二·九"学生抗日救国运动。钱伟长是"一二·九"、"一二·一六"学生示威游行的参加者。12 月 26 日,他又和高葆琦(后改名高原)、彭平、徐煜坚、伍崇让、吴瀚等同学组成自行车南下宣传队,一路发动群众参加抗日救亡运动。次年 1 月 13 日,他们抵达国民党政府所在地南京,15 日遭军警无理关押,被遣送回北平。这以后,钱伟长又参加了民族解放先锋队、海燕歌咏团等爱国学生组织,继续从事抗日救亡的宣传。在积极活动中,钱伟长和中文系的女同学孔祥瑛相遇相识相知。

"七七"事变后,北平沦陷,清华大学向大后方转移,先到长沙,又迁昆明。钱伟长因筹措旅费而滞留北平,1938 年春转到天津英租界的耀华中学任物理教员,年底积足旅费便直奔昆明。1939 年元旦抵达西南联大,刚放下行李就被老学友拉到操场上,参加教职工新年足球联赛。四季和煦的春城,迎来了久别的学子,从此钱伟长又步入了人生长途的新路段。

到昆明后,钱伟长在西南联大物理系工作,完成了三篇光谱学论文,其中有代表性的是《对稀土元素硒的单游离光谱分析》(刊于《中国物理学报》英文版第四卷第 1 期,1939 年),这项工作开辟了我国稀土元素研究的先河,是 40 年代、50 年代稀土光谱分析的基础性工作,受到国际物理学界的重视。此外,他还研究了弹性板壳的内禀理论。论文还未发表,他就参加了 1939 年 7 月进行的中英庚款基金委员会第七届留英公费生考试(考场分设在昆明、上海、重庆)。招生名额是 20 个,报名人数却超过了 3 000 多人。钱伟长参加了这一角逐。他所选择的力学专业只有一个名额,由于他和郭永怀、林家翘三人的考试成绩完全一样,经招生委员会再三斟酌,决定将三人同时录取,这就使总录取名额变成了 22 人。

钱伟长的留学考试结束,正巧孔祥瑛也得到国立清华大学文学士的毕业证书,他们决定结成终身伴侣,在昆明举行了简单的婚宴,由朱自清、吴有训两位教授做主婚人和证婚人。从那一天起,他们并肩走上漫长的人生旅途,互相扶持,相濡以沫,共同分享着欢乐,分担着艰辛与苦难。新婚刚过半个月,钱伟长即得到中英庚款留英公费生录取通知书,要求 9 月 1 日在香港集合,准备从那里乘船前往英国剑桥大学攻读学位。新婚燕尔,就准备接受长期的别离。不料,9月2日英国对希特勒德国宣战,海轮被征用,从香港到英国的轮船停开。留学生们只好各自回校,等待新的出国安排。

直至1940年1月初,中英庚款基金委员会才再次通知留学生到上海集中,准备改去加拿大。委员会委托一个英国人和他的买办为留学生办理了各项出国手续。英轮"俄国皇后"号停泊在上海港,大家把行李搬上了甲板,登记了舱位,等待着开航。

突然,钱伟长和其他同学发现护照上有日本领事的签证。大家各自翻阅,竟然人人的护照都是如此。大家无比愤懑,立即下船,与那个英国人交涉:"日本正在武装侵略我们,是我们的敌国,我们为什么要敌人的签证?"英国人解释说:"有了日本领事的签证,你们便可在日本的神户登岸游览,一路上也可以不受干扰嘛。""不,我们是中国人,要维护国家的尊严。宁可不去留学,也不要日本人签证!"留学生们义正辞严地拒绝了这份"照顾",22本护照一齐扔到了英国人的脚下。

钱伟长仍旧回到了昆明,并安排孔祥瑛回重庆的娘家待产。7月,钱伟长亦经历半月跋涉,抵达重庆,与妻子会面。

三

1940年8月初,中英庚款基金委员会寄来第三次通知,让留学生们再度集中上海,仍去加拿大。这一次,他们拿到的护照自然不再有日本领事的签证。于是,大家搭乘"俄国皇后"号顺利启航。经过24个日日夜夜的漫长航程,于9月抵达温哥华。此后又经过三天的铁路旅行,终于到达目的地——多伦多城。一场延续了一年多的留学风波,到此才算结束。

钱伟长和郭永怀、林家翘一同进多伦多大学应用数学系,随导师辛格(J. L. Synge)教授(系主任)从事流体力学和弹性力学的学习研究。辛格教授是著名的应用数学家,爱尔兰人,为人热情而开朗。钱伟长到校第一天和辛格教授见面谈话,获知导师也正在进行薄板薄壳统一理论的研究,这恰和他自己在昆明所研究的课题相一致,两人都很高兴。当钱伟长第二次再见辛格教授时,就把在昆明的工作计划和初步成果交给教授,教授也将自己的成果讲了一遍。他们发现虽然研究的是同一问题,但是走的路线不同。教授从宏观方面研究板壳,得到各种板和壳的统一的内力素平衡方程,当然是用中面上的任意正交坐标系中的张量表示的。钱伟长则从微观方面研究板壳的静力平衡条件,把板壳内所有各点的应力和应变都用中面内的三个应变分量和三个曲率变形分量来表示,这些分量之间同时还满足弹性体变形的协调条件。当时他们决定,虽然这两部分还没有融合在一起,但可以分为宏观理论和微观理论两部分,由钱伟长在统一数学符号的基础上写成一篇论文,送冯·卡门教授(von Kármán),在祝贺他60寿辰的纪念论文集上发表(署名是"辛格教授和钱伟长合作")。

留英公费生是1940年9月4日到达加拿大的,9月20日选定学校和导师并办完入学手续。9月底辛格教授和钱伟长决定合写这篇论文,10月底完成初稿,11月中旬送出,前后只用了50天的时间,这可以算是非常高速度的了。1941年5月11日是冯·卡门教授的寿辰,祝寿论文集于6月出版,其中作者都是当代赫赫有名的科学家和权威教授。如爱因斯坦(A. Einstein)、铁木辛柯(S. Timoshenko)、科朗(R. Courant)、冯·密赛斯(R. von Mises)、老赖斯纳(Hans Reissner)、那达埃(A. Nadai)、凡因斯坦(A. Weinstein)、爱泼斯坦(P. S. Epstein)、贝特曼(H. Bateman)等26位。钱伟长和辛格教授的论文也收在论文集中。钱伟长这位默默无闻的留学生,竟跻身于国际科学大师之间,实在是他所始料不及的;而且他是这本论文集中唯一的中国青年作者,也引起冯·卡门教授的注意。这篇论文的发表,使钱伟长受到极大鼓舞,树立了自信心。从此,不论处于顺境或逆境,他都能以高昂的精神投入搏斗,克服在科研工作中一个又一个的难关,50年来如一日。

钱伟长于1941年中获得多伦多大学硕士学位后,10月即完成博士论文,11月进行了答辩,1942年获得博士学位。博士论文是《薄板薄壳的内禀理论》,它的主要内容分为三篇,以连载的形式发表在美国布朗大学(Brown University)主办的《应用数学季刊》第一、第二卷上。论文把宏观理论和微观理论统一起来,它第一次用以张量表达的微分几何来描述"拖带坐标"的变形和板壳的应变,第一次引用了正确定义的薄膜应力张量和弯矩张量,并列出了板壳通用的平衡方程,给出了中面应变张量和曲率变化张量以及壳的曲率张量定义,并根据平坦空间的微分几何黎曼克里斯托斐尔张量为零的条件,导出了应变张量和曲率变化张量的协调方程。最后,在比较应变张量、曲率张量、曲率变化张量以及板壳厚度的量级中,简化了所有的平衡方程和协调方程。在不同的问题中,各量有不同量级,从而有不同形式的初步近似的方程。这样,可以把薄板问题分为12类,薄壳问题分为35类,其中尤以薄板薄壳的大挠度非线性方程的首次导出最引人注目,对薄壳稳定和跳跃问题,提出了可靠的计算基础。在1940年以前,板壳理论的各种近似处理是很混乱的,对弹性薄板和弹性薄壳一般都分开讨论,而对薄壳又是按柱壳、锥壳、球壳、环壳、旋转壳等不同形状,采用不同坐标,写出不同的平衡方程和变形协调方程,而不同学派又有不同的方程。钱伟长的这些工作把板壳理论引入了一个新阶段,在40～50年代曾产生较大影响。美国、苏联、澳大利亚等国都在这些论文的基础上,出版了多种专著,将浅壳大挠度方程称为"钱伟长方程"。直到1977年荷兰出版的《板壳渐近解》专著,还对钱伟长的这一系列工作,称为"划时代的工作"。在1982年5月合肥国际有限元研讨会上,钱伟长作学术报告时,主持会议的美国著名有限元专家茄拉葛哈(R. H. Gallagher,现任美国Clarlson University校长)教授还特别提起他做研究生时,把这几篇论文作为必读材料的情况。

在多伦多大学时,钱伟长曾参加了加拿大国家研究院应用数学特别委员会关于雷达的波导管内各种天线的电阻电抗研究。曾和凡因斯坦(A. Weinstien)教授合作,发表了有关矩形板振动频率计算的论文。还和英菲尔德(L. Infeld)教授(后任波兰科学院副院长)合作,研究了有关一些复杂三角级数的求和问题;同时曾参加了英菲尔德教授的物理学的演进讨论班,主讲了三个课题,以后英菲尔德教授将讨论班的讲稿写成有名的《物理学的演进》一书,在序言中曾提到钱伟长对该书的贡献。

1942年底,钱伟长参加美国的数学学会,成为正式会员。由辛格教授推荐,钱伟长于1943年元旦到达美国加州理工大学航空系。当时冯·卡门是航空系的系主任,又是该校哥根海姆实验室喷射推进研究所(J. P. L)所长。这位美籍匈牙利科学家是犹太人。他在匈牙利度过了小学、中学和大学时代,以后在德国哥廷根大学做研究工作时,曾取得出色成绩,继而在德国西部的亚琛大学开始了教授生涯。希特勒夺取政权以后,开始迫害犹太科学家,冯·卡门不得不逃离德国。30年代初,加州理工大学兴建航空方面的哥根海姆实验室,需要物色一名能干的所长,冯·卡门担当了这一重任。在以后的十多年时间里,他以超人的工作能力和智慧,使这一机构获得了"国际流体力学研究中心"和"教育基地"的声誉。1935年,这位举世闻名的科学家,曾到清华大学讲学一年。他的为人和学识,都为钱伟长所仰慕。来到理工大学后,钱伟长即跟从冯·卡门教授做博士后。对于曾在自己的祝寿文集上发表过论文的钱伟长的到来,冯·卡门教授极表欢迎。这时在教授名下已有三位中国学生——钱学森、林家翘、郭永怀。四位青年人朝夕共处几年,过从甚密,以后又相继参加冯·卡门教授创办的喷射推进研究所,任研究工程师,从事火箭、飞弹的设计试制工作。

钱伟长主要从事弹道计算和各种飞弹的空气动力学设计。他在初期的人造卫星轨道计算上作出了贡献。他以出色的研究,首次提出判明人造卫星在天际运行的轨道由于能量消耗,每绕地球一周将降低多少高度的简便计算方案(至今仍有实用价值),和火箭弹道的微分修正等,还完成了有关火箭的空气动力学设计、弹型设计、高空气象火箭研究等。他还不辞辛劳地奔走于研究所设在得克萨斯州爱尔帕萨的白沙基地,参加火箭、导弹试验,精细地分析各种弹道及空气动力学性能,提出了有关火箭、导弹落点的独到见解:运行火箭受到任何干扰都会缩短射程。当时伦敦正遭到德国V1、V2火箭的威胁,丘吉尔向美国求援,这件事交到了研究所。钱伟长、林家翘等议论,德国的火箭是从欧洲西海岸向伦敦发射的,多数火箭落在伦敦东区,这证明德国火箭是采用了最大射程在攻击伦敦。根据上述研究的结论,他们提出只要在伦敦地面造成假象,好像伦敦市中心多次被击中,以蒙蔽德国飞弹仍按原定射程进行攻击,伦敦市中心就可避免飞弹造成巨大的实质性破坏。丘吉尔在他的回忆录中谈及此事时,不胜感激地称赞:"美国青年真厉害!"他不知道使他避免厄运的,实际上是中国青年!

在这个时期,钱伟长也从事了一些纯学术的理论研究,其中有两篇重要论文。一篇是关于超声速对称锥流摄动法的,他曾在美国航空工程学会1945年的年会上宣读了论文的有关部分,这是世界上第一篇关于奇异摄动理论的论文。另一篇是在冯·卡门教授指导下共同研究薄壁构件扭转问题而撰写的《变扭的扭转》,发表在美国1946年第13卷《航空科学月刊》上,署名"冯·卡门、钱伟长"。对于这篇论文,冯·卡门颇有一些感慨。在他的传记里引用了他的话说:"自从喷射推进研究所成立以来,我已经顾不上基础理论方面的工作了。这篇论文,也许是我一生中最后一篇关于固体力学的文章了。"又说:"这是一篇经典式的力学论文。"这篇文章曾受到欧美各国学者的重视。苏联学者符拉索夫院士对之有详尽的评论,并在这一工作的基础上开发出很有实用意义的薄壁构件理论。

冯·卡门教授的喷射推进研究所具有世界上最好的工作条件:设备精良,能从事各项研究;有广泛的国际联系,能及时汇集大量有关信息;有第一流科学家组成的工作集体,能保持超常高度的思维水平。对于科研工作者来说,这确实是很有吸引力的。但对钱伟长更具吸引力的是祖国!他在所里做出许多成果,他为自己的收获欢悦,但是他也为这些成果没能为祖国服务而无比愧憾。思念着在日本帝国主义铁蹄践踏下的祖国,使他焦虑不安。

终于从太平洋彼岸传来了激动人心的消息:日本帝国主义投降了,中国人民取得了抗日战争的最后胜利!经历战争创伤的祖国急需建设,这无声的召唤使钱伟长再也不能安心在异国他乡从事研究工作了。他一再恳切地向冯·卡门教授提出回国的请求,最后以探亲为由获得教授的同情,同意他回国看看那未曾见面已6岁的儿子,但叮嘱着要"早日回来"。

钱伟长已决意不再"回来"。为了不引人注意,他只带了简单的行李和一些书籍,于1946年5月6日在洛杉矶码头乘坐一艘驶往中国的上海货轮,踏上归途。他迎着海风站在甲板上,遥望天边的华夏神州,心底倾诉着:"祖国,我回来了!"

四

经过二十多天的航行后抵达上海。钱伟长一上岸就受到海关官员的勒索,进入市区又是一片喧闹混乱。他什么都顾不及,急如星火地赶回无锡荡口镇,看望久已失去音信的老家。祖母已于四年前去世,幸好母亲健在,他稍得安心,但乡村凋敝破落,生活仍很困苦。

7月初,他因已应聘为清华大学工学院机械系教授,又急忙赶赴北平,回到阔别已久的清华园。抗战期间侵略军将其占为军医院、马房、杀人坑,昔日幽静美丽的校园,如今备经摧残,满目疮痍,荒草萋萋,多数建筑都已"四壁皆空"。钱伟长和到校的少数师生积极投入复校工作。9月,妻子携儿子从重庆到来,久别七年重相聚,自有一番凄苦与欢乐。

开学后，钱伟长每周讲授15课时的力学。每月14万"关金"的工资，还不够买两个暖水瓶。在生活的压迫下，他又不得不奔走于城里城外，在燕京大学、北京大学兼课。在这种困境中，1947年夏，美国的研究所托人邀请钱伟长回去工作，可以全家迁美定居，但是要在一张类似保证书的表格上签字，注明一旦中美发生战争，绝对忠于美国。钱伟长当初既毅然离开美国，就已选定了和祖国人民同甘苦共命运的道路，于是毫不犹豫地在那张表格上写了一个大大的"no"，拒绝了来者的好意。

是的，钱伟长回到了祖国的怀抱，但是他看到国家并没有摆脱苦难，"五子登科"（抢房子、车子、金子、票子、妻子）的官员们作福作威，广大人民在通货膨胀的苦海中挣扎生活。他为之焦急但并不失望，期待着黎明。钱伟长结识了中共地下党员袁泰等同志，经常在历史系教授吴晗家聚会，秘密收听解放区的广播。他们支持学生的爱国运动，积极参加反饥饿反内战的斗争，并发动教授们在宣言上签名。当时在学校里，他和张奚若、朱自清、吴晗、费孝通、孟庆基诸位，都是受学生欢迎的民主教授。

在沉重的教学任务（每周授课21课时）和政治活动之外，钱伟长还承担了一些学术性的社会义务，其中有中国科学工作者协会秘书长、中国机械工程学会常务理事以及《国立清华大学工程学报》主编、《中国物理学报》和《国立清华大学理科报告》编委、美国《应用力学评论》特约评论员等。钱伟长也从不放松献身于祖国科学事业的工作。1947~1948年，在流体力学方面，他发现了一种新颖的渐近方法，用于研究弹头附近的锥型流动计算。在固体力学方面，在研究圆薄板大挠度问题上，他提出以小挠度理论为基础的摄动法，即小参数展开法。在《固定圆薄板在均布外压下的大挠度问题》（《中国物理学报》英文版，第7卷第2期，1947年）一文中，提出以中心挠度为小参数的摄动法，引起国际上的注意而称之为"钱伟长法"，沿用至今（该文于1956年获国家科学奖）。他还发现圆薄板的内部和边界上应当用不同尺度的坐标来描述。针对这两种不同坐标，他进行渐近展开，取得了与实验相同的结果。在这基础上，钱伟长创造了一种崭新的渐近方法，后来在奇异摄动理论中被称为"合成展开法"，所写论文发表在《国立清华大学理科报告》（英文版，第5卷第1期，1948年）上。

随着解放战争的节节胜利，清华校内开始动荡。在教授会上有人主张学校南迁,钱伟长和多数师生坚决反对迁校,并组织了护校队。1948年底,人民解放军已逼近北平,远处的炮声如惊蛰的春雷,预示着严冬已逝和古城的新生。

12月23日凌晨,清华大学北边校墙外,有大队解放军疾行经过,钱伟长感到在顽强斗争和焦急期待之后,即将迎来黎明。根据地下党的布置,为维持学校的秩序,稳定同学们的情绪,要坚持上课。上午第三、第四节是力学课,钱伟长按捺着难以遏制的兴奋,强自镇定地走上讲台,面对200位同学临时提出一个新讲题:"射击的弹道动力学"。教室里异常安定宁静,大家都被钱教授从容自若的神态、丰富翔实的讲述慑住了。当远处传来隐约的枪炮声时,同学们便会心地领悟了他的安排。四十多年后,钱伟长在昆明遇到当年的一位学生,竟完全记得临解放的这堂"最后一课",娓娓叙说,历历在目。

当时,钱伟长一下课,饭也顾不上吃,只托人往家里带了句话,就急急忙忙约上航空系的教师董寿莘,一同骑自行车奔向解放军进城工作组的驻地良乡,过石景山发电厂时遇到从解放区石家庄回来的孟庆基(孟少农),歇了口气。到了良乡,他们向叶剑英、陶铸、钱俊瑞三位领导汇报了学校的情况和缺粮的困难。钱伟长还特别汇报了岳父孔繁霱(老同盟会会员)受中央军委之命,由华东局派到北平动员傅作义起义的策反工作情况。三位领导热情鼓励他们要继续做好工作,并立即调拨部分军粮给清华大学。他们带着党的关怀和温暖,连夜赶回学校。钱伟长一踏进家门,就听到音乐般的婴儿啼声,原来是小女儿降生了。钱伟长满怀迎解放的激情,望着孩子红润的小脸,兴奋地说:"好啊,你就叫歌放吧,尽情地歌唱解放!"

清华园的解放(1949年1月),北平的解放(1949年2月),全国的解放(1949年9月),革命胜利的欢乐,使人们沉浸在忘我的激情里。百废待举的建设任务,使人们投入到繁忙的工作中去。

1949年3月,清华大学成立校务委员会,由原理学院院长叶企孙任主任委员,张奚若、吴晗任副主任委员,周培源为常委兼教务长,钱伟长和费孝通为常委兼副教务长。从此,钱伟长满怀热情地投入新的战斗,直到1957年间,在他的日程表上,除教学之外还记录着目不暇接的各种社会活动。他曾被选为北京市人民代表大会的代表、第一届全国人民代表大会代表和中国民主同盟中央委员会常委。他参加了全国青年联合会的成立大会,当选为

"青联"常委兼秘书长,并作为中国青年代表团团员出席世界青年代表大会(北京)。他参加了全国科学工作者联合会的成立大会,当选为"科联"常委兼组织部副部长。他为启动青年工作和组织科学工作者的队伍克尽心力。

在文化教育工作方面,钱伟长除在清华大学历任教务长、副校长外,新中国成立之初曾参加文化部长丁西林率领的文化代表团,出访印度和缅甸,历时三个月。这是新中国成立后出访国外的第一个代表团,很受印、缅方面的重视,从此加强了与两国的友谊和文化交流,并成立了中缅、中印友好协会。他曾任中缅友协的会长。他还曾参加教育部长钱俊瑞率领的视察团,到东北六大城市了解高等教育工作。以后又参加蒋南翔部长率领的高等教育访苏团,调查研究苏联的高等院校情况。这期间(1952年)参加了全国高等院校全面的大规模的院系调整工作。

在科学工作方面,于中国科学院成立之初(1951年),钱伟长兼任数学研究所力学研究室主任,曾和北京各大学多次联合举办"圆薄板大挠度问题"等课题的学术报告会,并负责筹建力学研究所。经过两年多的积极筹备工作,1956年1月力学研究所正式成立,钱伟长兼任副所长(钱学森正由美国归来,任所长)。为了及时培养力学工作人才,推动力学为社会主义建设服务,他曾建议由教育部和中国科学院合办力学研究班,选调全国高校工科各专业四年级学生就读,由钱伟长和曾昭抡部长共同主持并亲自授课。自1951年起,他就指导力学专业的研究生,这是我国高校招收力学研究生之始。1956年5月,他去波兰参加了国际固体力学研讨会和流体力学研讨会。该年7月,参加中国科技访问团,访问苏、罗、波、匈、前民主德国、捷、保、南斯拉夫八国的科学院和科委;8月底出席了在比利时布鲁塞尔召开的第九届应用力学及理论力学国际大会(UTAM),任中国代表团副团长,并在大会上作了"长方板大挠度问题"和"浅球壳的跳跃问题"的报告。这年年底还接受了波兰科学院授予的院士证书。

1954~1956年,钱伟长参加了由周恩来总理亲自领导的制定我国自然科学12年规划的工作。任务重要,工作接触面极广。钱伟长负责几个专业的规划,以高昂的热情经常通宵达旦地工作。1956年4月,规划工作结束后,他被任命为国务院科学规划委员会委员,并负责筹建自动化研究所和自动化学会。由于工作成绩突出,周总理公开赞誉钱伟长和钱学森、钱三强为

"三钱"。这之后,为宣传科学规划的精神和鼓舞同志们实现科学规划的斗志,钱伟长应各地领导同志和民盟组织的邀请,在北京、上海、南京、广州、武汉、西安、山西等地作了关于"我国科学工作者的任务"的报告。

在上述超荷载的工作活动下,钱伟长并不放弃教学工作。1954年前他担任讲授清华大学工学院的材料力学课,1954年后他在北京钢铁学院为八大院校的教师讲授弹性力学,同时,为清华大学青年教师讲授应用数学,听众达500人,坚持到1957年,1955年还为清华大学一年级学生讲授普通物理课。钱伟长也从不放松科研工作。在这几年里除发表论文外,还出版了《弹性柱体的扭转理论》(和叶开沅、林鸿荪、胡海昌合著)、《弹性力学》(和叶开沅合著)、《圆薄板大挠度问题》(获国家科学奖,1955年)、《中国历史上的科学发明》。后一本书是钱伟长在参加中国人民抗美援朝慰问团,奔赴鸭绿江边慰问伤员时乘坐在火车上加紧写作的。这不仅是介绍科学史的著作,而且是向青少年进行爱国主义教育的书,也是破除当时社会上的一些"恐美、崇美"思想的教材,1953年由中国青年出版社出版。

作为科学工作者,钱伟长陷入了深深的矛盾之中。一方面,他感到所有的社会活动都是革命工作的一部分,都是很重要的;另一方面,他希望有更充裕的时间,为国家的科学事业作更多的贡献。他也想到,像他自己这样整日奔忙的科学工作者还大有人在,他们也都为时间不够用而苦恼焦急。因此,他呼吁社会各界加强对科学工作者的理解,采取措施保护科学家,为他们创造必要的工作条件。

作为教育工作者,钱伟长对教育体制、教学方法和教材内容等都有自己的认识和理解。他也曾利用各种机会和场合,坦诚地表达自己的思想。他主张教学必须与科学研究相结合,教师只有通过研究工作才能不断扩大知识领域,掌握新知识;在教学中不只是"传授知识",而且要指导学生能了解这门学科所存在的问题和发展的方向,否则教师只是终年照本宣科的教书匠,其教学质量是无法提高的。他主张大学教育应以打好基础、培养学生的自学能力为主(工科大学也要有扎实的理科基础);大学的专业不应分得太细,不能设想许多知识都要在学校里由教师一一讲过,因为学生毕业后在实际工作中遇到的问题是复杂多样的,学生要有自己分析问题、解决问题的能力。他认为工程师必然是在长期建设工作的实践中锻炼成长的,不可能在大学的"摇篮"里培育出来。他的这些主张,是不合乎当时的社会潮流的,因此在清华大学里引发了一场历时三个多月的大辩论。钱伟长为回答各方责难,于 1957 年 1 月 31 日在《人民日报》上发表了《高等工业学校的培养目标问题》一文。6 月 9 日,《光明日报》未经同意而以钱伟长和曾昭抡等五人的名义,刊登了民盟中央向党中央汇报的"对于有关科学体制问题的几点意见",造成使人误解的舆论。

对这种教育思想的论争,没有想到竟以政治结论而告终。自 1957 年 7 月以后,钱伟长被撤销一切职务,被停止一切工作,连已排好版的专著《应用数学》也停止出版,出版社还向他索赔了"毁版费"。他的儿子应届高中毕业,高考成绩优异,以"不宜录取"的批注,被终身剥夺了接受高等教育的权利。

钱伟长好像从纷繁的世界中突然被甩到沉寂的谷底,一时不知所措。当他镇定下来面对现实后,便在白天劳动之余,夜晚悄悄地凝神驰骋于读书、构思、计算、探索科学研究的天地中了。在这一时期,他写出约 20 篇论文。其中《关于弹性力学广义变分原理及其在板壳问题上的应用》一文,将弹性力学中有关变分原理的研究向前推进了一步,是一项重要的成果。1964 年钱伟长满怀信心地将其投寄给《力学学报》,却遭到退稿,说明是"不宜发表"。他只得承受这无名的打击,将这份手稿和其他相同命运的论文稿、讲义稿一齐放在书架上,任它们积满尘埃。谁知五年后,日本东京帝国大学航空系鹫津久一郎教授发表了《弹性力学及塑性力学中的变分法》一文,文中所提出的主题、观点都和钱伟长的相同,而受到国际上的重视和承认。这本来应该属于中国科学工作者的荣誉,却属于了日本学者。

五

个人的命运是和国家民族的命运紧密相连的。在那狂飙扫地百草折、黑云压城城欲摧、"史无前例"的无产阶级"文化大革命"的年代,钱伟长注定是打倒在地再踏上一只脚的对象。他的儿女是"狗崽子",妻子被"隔离审查",家里屡次被抄。他被剃了光头,颈上挂着大黑牌子,除受皮带抽打、辱骂、审问之外,还得听从"革命派"的指挥去拔草、扫地、掏茅坑、搭大字报席棚和批斗台、敲直废钉子……高音喇叭喊叫命令:"钱伟长限 5 分钟内到大操场(或大礼堂前)接受革命群众的批斗、陪斗!"他就又出现在批斗会场的"舞台"上,坐"喷气式飞机"或低头弯腰,双膝下跪。他经常挂着沉重的宣罪牌低着头,以至于患下了颈椎病直至今日。

钱伟长无言地忍受着这些意想不到的屈辱、摧残和打击。当他看到为创建新中国立下丰功伟绩的领袖、元帅和将军们,都遭到巨大的危难,对比自己的处境也就觉得微不足道了。同时,他坚信国家决不会这样长久下去,歧途必定要指正。他挚爱着祖国和科学事业,不灰心,不悲观失望,不消极松懈。他认为从事科学研究是科学家的真正生命,放弃了科研工作,科学家的生命也就终止了。因此,他绝不在困难面前退却,而自问回国20年来愧憾的是工作做得不够,要努力工作,以追补那丢失的时光。他相信现在所做出的成果即使暂时不得发表,终有一天会奉献给人民的。

钱伟长正是以这样的信念和热情,融蚀了种种磨难,坚持对科学的追求和探索。每天劳动或批斗后回到遭劫的斗室,得到妻女的慰藉,他便又不顾疲惫迫不及待地整理资料。先用牛皮纸把窗户和灯严严实实地遮住,然后悄悄地细心检阅那些抄家后的余烬——被撕毁、残缺、踏满泥污、凌乱不堪的文稿,这是他多少个日日夜夜做的工作。这样抢救了的文稿有:《颤动理论及其计算》、《无限长圆管在外力作用下的屈曲问题》、《板的基本理论的渐近法》、《带有边拱的弹性支承底球形扁壳的计算》……窗上的牛皮纸必须小心遮严,万一透出灯光,同院邻室的"革命派"就会在院子里咚咚地踢钱家的房门,恶声咒骂:"钱伟长!你他妈的干什么呢?找死哪!"

那一时期清华园里两派武斗激烈,深夜里传出被称为"九头鸟"(用九个喇叭组成的扩音器)的对阵叫骂,弹弓的子弹呼啸着从屋顶飞过。就在这样紧张恐怖的环境里,钱伟长仍以无比坚强的毅力,沉着地计算着"傅立叶三角级数之和"的大表。他认为科研工作需要攻关,也需要搭桥。他决定用简单的函数表示出1万个三角级数之和的公式,这对工程设计和科学计算都是大有用处的。他想尽快搭起这座桥,其内容远远超过国际上已有的表。当时钱伟长没有任何计算工具,曾到旧货店看到一架手摇计算机,标价100元,他舍不得买,也不敢买,于是只能用一支笔、一张纸,埋头在微弱的灯光下,一个数字一个数字、一个公式一个公式地计算着、推导着。

1968年,全国上下都在学习姚文元的《工人阶级必须领导一切》的宏文,在教育界进一步深入开展批判、斗争和"自我检讨"之后,各学校的"资产阶级知识分子"们分批到工厂接受改造。钱伟长被送到北京特殊钢厂,和工人们同吃同住同劳动。他在炼钢车间当炉前工,这个工种是20多岁的壮小伙子干的,像他年近60两鬓见霜的人当炉前工,一车料有50多公斤,挥动几十公斤的铁钎上料,一天下来确实够呛。但他想既是劳动,也要像个样子,再累再苦也要顶下来。他和工人师傅们朝夕相处,彼此增加了解,工人师傅们逐渐消除了对这位"臭老九"的误解,看到了知识分子的一些本色而予以信任。以后,钱伟长参加了厂里的技术革新工作,和工人师傅共同研讨,设计了800吨水压机和2 000平方米的热处理车间,1970年4月建成投产。在这期间,清华大学工、军宣队在江西鲤鱼洲办了农场,要把校内大部分的教师和家属送去劳动改造。有一天清华大学紧急电话通知特殊钢厂,命令钱伟长立刻返校,明天和大队伍一同奔赴鲤鱼洲。炼钢车间的师傅们有意回答:"他还没有改造好,不能放他回去。"鲤鱼洲是重疫区,凡是去过的同志们健康都受到损伤,以后有不少教师付出了生命。钱伟长深深感激工人师傅们的保护,使他逃避了一场厄运。

在周总理的关怀下,钱伟长被召回学校参加外事接待工作。自1971年以后,国外来访的友人日渐增多。钱伟长先后接待了斯诺、韩丁阳早夫妇、法国名导演伊文思、英国名记者葛林。在尼克松来访前夕还接待了先遣将军黑格。接待的还有第一个华裔学者回国访问团,团长是任之恭教授,团员有林家翘、戴振铎、张明觉等,都是清华大学的老学友,隔绝二十多年,一旦彼此相见都很高兴。虽然国事家事一言难尽,但从此总算能互通问候了。

翌年10月,我国派出科学家代表团访问英国、瑞典、加拿大、美国四国。这是"文革"中第一个出访的代表团,毛主席和周总理点名要钱伟长参加。出访前周总理亲自接见团员,并嘱咐钱伟长注意了解国外环境保护的技术和管理工作。在国外访问中,钱伟长特别体会到国际上计算机的广泛使用,对各项信息管理、科学工作的推动和开展,起着巨大作用,更痛切感到"文化大革命"对科学工作的打击,拉大了我们和先进国家之间的差距。在美国最后一次的记者招待会上,有记者挑衅性地问:"你们国家有什么重要的科学创造,值得全世界人民利用的?"钱伟长代表全团用英语作答:"中国人民经过艰苦努力,证明了不论在技术上、工业上多么落后的国家,只要全国人民团结起来，下定决心，自力更生，同样可以建立起一个能满足人民需要的工业体系。这就是对全世界人民最大的贡献。"当时在场的有许多美国大学的教授和其他方面的人士，都热烈鼓掌。四国访问团回京后作总结汇报，钱伟长提出加强引用计算机的建议，并特别介绍了各国环境保护工作的情况、资料，提出建议。周总理亲自审阅后予以指示，从而建立了我国的环境保护工作体系。

访问四国前后，国内外都有一些无稽的传闻，说钱伟长要求移居国外等等。有些记者为此专访。钱伟长恳切地说："我是不会走的。我在壮年时代舍弃了在美国的一切优越条件，回到战乱中急待建设的祖国。物质享受对我如浮云，把知识献给国家、献给人民，才是我的最大愿望。请转告关心我的读者们，我的岗位就在这里，就在祖国960万平方公里的土地上！"

从工厂回来后，学校里又掀起批判基础理论的风云，基础理论的研究成为禁区，所有基础课停讲。该做什么呢？钱伟长正在焦虑中，他从特钢设计油压机的实践中，悟到"结合实际"解决工程技术问题，可能是出路。一年前，他曾为提高坦克的战斗力，对改进装甲设计提过建议，现在联想到坦克所用动力能源也大可改进。于是，他设想试制一种高能电池，它对人造卫星、铁路运输、地质勘探等方面也都是有用的。经清华大学革委会领导批准（并没给任何具体支持），调集几位教师成立了高能电池研究组。在极端困难的情况下，由钱伟长翻译了国外有关资料达300余万字（收入科学出版社出版的《锌空气电池进展》一书）。他们跑遍了北京市的几百处废品站、化工厂和化学材料商店，自装设备，选购原料，同心协力地刻苦工作。1973年他们研制出初步成果——一种和普通电池重量相等而能量大8倍的新型电池。山海关铁路局附设电池厂将其引用到专制号志灯上，在廊坊设立了地质勘探用电源电池厂。装甲兵团极为关注这项研究，并给予大力支持，使研制工作进展加快。翌年秋，电瓶驾驶座车试验成功，一次装电瓶行驶60公里，即拟扩大试制工作。1975年周总理接见杨振宁博士时又一次见到钱伟长，问道："你们的电池现在怎样了？我看到一份材料，做得不错嘛。"又对在座的清华大学革委会的领导说："要给他们支持啊！"钱伟长默想着那还是三年前出访四国时，周总理几次接见曾询问试制高能电池的事，没有想到日理万机的周总理，竟对这项实验还如此亲切关注。这是对身处困境的知识分子们的亲切关注！钱伟长望着总理的病容,心潮起伏,万分激动。他却也没有想到,正因为总理的关注,革委会的领导回校后,就指示批判高能电池研究组是走"资产阶级专家路线",说这是"路线斗争"。钱伟长又陷入无尽的批判、斗争、自我检讨的涡流之中,最后,研究组被强行解散了。

漫漫长夜使人们感到无比压抑。钱伟长只求在紧张的工作中得到慰藉。他继续在计算"傅立叶三角级数之和"大表,已得几千条公式,写定的稿子有30多厘米厚了。同时,他还参加了清华大学英语教研组编译英汉科技字典的工作,日夜辛劳。

六

严冬后的春天突然到来,"四人帮"被粉碎了,接着是全国科学大会的召开。这真是忽如一夜春风来,千树万树梨花开,人们以无比的欢欣迎接这喜庆的日子。

钱伟长在《应用数学和力学论文集》(江苏科学技术出版社出版,1980年)和《钱伟长科学论文选集》(福建教育出版社出版,1989年)的序言中,都曾写着:"'四害'已除,重新获得了科学工作的权利。欣逢1978年党中央召开全国科学大会,春风拂人,奋起之情油然而生。虽已年近七旬,还能为'四化'效力,感到无限幸福,我力图夺回久已逝去的良好岁月,夜以继日地工作着。"这是他真心的自白。

科学的春天到来了。钱伟长为宣传党中央的政策精神,鼓动建设"四化"的斗志,在全国各地宣讲"为实现四个现代化而努力奋斗";还针对怎样进行科学管理问题,又宣讲"系统工程"。另外,还作了关于力学前景、怎样学、怎样教、教与学、教学与科研、科技发展新时代、新时期知识分子的作用、智力开发与人才等报告。他不遗余力地奔波在祖国大地上,除青海、西藏、台湾之外,从连云港到伊宁,从大庆到海南岛,到处留下了他的足迹和声音。在1978～1990年这12年间,他到过约160个省、市、区、县,共讲了约200余场,听众共约40万人次。最僻远的地方是四川、甘肃交界处的南屏县;规模最大的一次是在昆明(1980年1月),设有14个分场,听众约有3万人。在乌鲁木齐的一次报告会上,曾有同志没分到入场券,竟翻墙而过,站在会场窗外听讲,还有许多人骑毛驴从很远的乡间赶来听讲,这都使钱伟长深受鼓舞。在作有关专题报告的活动中,他还和各地科技人员、教师、学生开了无数次座谈会,互相交流思想和经验教训。其间,钱伟长受聘为泉州华侨大学、西南交通大学、江苏工学院、华中工学院、成都电子工程学院等校的名誉教授。

在这12年间,钱伟长又重新站在教师的讲坛上。他首先于1978年在清华大学提出讲授反映国际工程计算基础新发展的"变分法和有限元";其次在1979年又系统地讲授了"奇异摄动理论"的基本原理和他自己研究的成果,听讲者包括京、津高校的教师、研究生、科技工作者和各部委的有关人员。以后还应邀到昆明工学院、华中工学院、绵阳29基地、无锡702所及重庆开设上述讲座,有力地推动了我国普及变分法和有限元、奇异摄动理论知识的工作。他把讲坛搬到全国,在华中工学院讲"穿甲力学"专题,在北京民盟中央主办的多学科讲座主讲了"广义变分原理"。直到1987年,他还在上海工业大学微波研究班讲授"格林函数及变分法在电磁场电磁波计算中的应用"(共40讲)。所有讲座、讲课,他都有自写讲义,大部分内容是他多年来的研究成果,因而深受听众欢迎,并对开展这几方面的研究工作,起到有力的促进作用。他也曾应邀到香港浸会学院和香港大学开设讲座,讲"广义变分原理"、"旋转壳抗扭理论"等。

钱伟长也关注着国内更广泛的学术活动,他积极参加并尽力组织同志们团结在发展祖国科技事业的战线上,各尽所长,共同努力。在这12年间,他曾参加力学学会主持的力学规划会议、大连计算结构力学会议、蚌埠有限元会议,主持第一次理性力学讨论会、高等学校计算结构力学学术交流会、大连有关杂交混合有限元工作会议、上海松江3M会议和弹性元件会议等。在会上他都介绍自己有关最新研究的成果,以资交流。为消除几十年的隔阂,增强国际间的了解,钱伟长也关注着国际上的学术活动。他曾参加国际混合杂交有限元会议(美国乔治亚州大西洋城),并宣读"以广义变分原理为基础的非协调薄板有限元"论文,在开会前后顺访了伯克莱加州大学、斯坦福大学、帕萨登纳加州理工学院、喷射推进研究所、麻省理工学院,见到林家翘、陈省身、吴耀祖、徐皆苏各位老朋友。在合肥国际有限元学术报告会上,他作主旨报告"以广义变分原理为基础的一般问题的非协调有限元"。在上海国际有限元会议上,作主旨报告"具有对角线化的一致质量矩阵的动力有限元和弹塑性撞击计算"。在美国土木工程师学会召开的第五次力学学术会议(凡渥明丹佛大学)上,作"弹性力学中的广义变分原理"的报告,在会上会见了阔别45年的原MIT教授小赖斯纳,会后又顺访密西根、波士顿、纽约,会见了戴振铎、易家训、卞学镄、李政道、吴健雄诸位老朋友;在国际理论力学和材料力学大会(哥本哈根)上作有关"拉氏乘子法和广义变分原理"的报告,会后应冯·康普教授邀请,参加荷兰皇家学会专为他访问召开的工程力学报告会。在这些会议上所作的报告,向国际学术界传播了信息,普遍引起与会者的兴趣和重视,不少人表示愿意来中国访问并建立学术交流关系。1985年10月,钱伟长主持召开国际非线性力学会议,与会者达500人,其中国外科学工作者有150人,著名学者有杰弗瑞(英)、屈鲁斯台尔(美)、皮扬西(意)、冯·康普(荷兰)、近藤一夫(日)诸教授及前苏联科学院院长谢道夫。这是一次在国内召开的国际力学盛会。与会者不仅进行了学术交流,建立了友谊,而且对我国的科学事业增加了了解。

这里特别要提出的是,1980年10月钱伟长率代表团到香港,参加国际中文计算机学术会议,与会者有美国的IBM公司、王安公司、前联邦德国的西门子公司和日本的公司等,他们都带着自己的展品。他们貌似友善地表示,在中文计算机的研究上,他们已取得相当成就,"你们现在还差得远",只待他们研制成功,"你们购买使用就是了"。当时,钱伟长严正地回答:"中文计算机要由我们中国人自己做,一定能做出来,而且要比你们这些大键盘的还要好!"会后回京,他就和有关同志联系筹备,于1981年6月在天津召开中文信息研究会成立大会,他被选任理事长,会员只有50人。在推动研制中文计算机方案的过程中,钱伟长主张不要急于定"标准方案",要展开竞争,在使用实践中进行比较,显示优劣。到1991年的十年间,中文信息研究学会的会员发展到5万人,全国从事中文信息研究工作的人数达55万人,提出的各类中文计算机方案近700种,已投产制造出的约有50种。我国的中文计算机研制工作还在阔步前进,所取得的成就在国际上已处于绝对领先地位。钱伟长本人也提出了汉字宏观字形编码,简称"钱码",曾获得上海市科技进步一等奖。

在这12年间,钱伟长怀着无限深情到祖国各地进行访问、咨询。他曾和费孝通同志在苏南进行小城镇经济调查,访问了11个县市,看到苏州、无锡、常州、南通、如皋等地农村的发展,尤其是沙洲县(现为张家港市)以自力更生、艰苦创业的精神,自办工厂、大学,把长江冲积而成的不毛之地"沙洲",建设成了繁荣富裕的新兴城市,工农业产值跃居全国各县之前列,很受鼓舞。在福建闽江口,他看到有万吨泊位的马尾港,在他所提出"束水攻沙"的方案(1980年)实施后,由淤塞瘫痪变成了生机勃勃、货运繁忙的海港,感到非常欢欣。在海南岛参观正在施工的洋浦港时,他提出了它在南中国海的战略地位和国际贸易中的重要性。在四川渡口、西昌地区,他提出了祖国西南腹地建设综合开发工业基地的可能性。在山东东营、惠民一带,他提议消除黄河口"拦门沙",使黄河在正常情况下水流畅快,避免凌汛改道,现在该地区已开发为农田、牧场,棉花、稻米、畜产连年得到丰收。

钱伟长也挂念着大西北、大西南和老少边区。他认识到只有使贫困地区富裕起来,才能真正消灭三大差别。12年来,他进行过十几次的系统考察,提出多项有益的建议。他曾应王恩茂同志之邀三次去新疆看水,在自治区水利厅的同志陪同下,从吐鲁番到库尔勒看孔雀河、博斯腾湖和铁门关垦区;到巴音布鲁克草原看开都河;到伊宁看巩乃斯河;到察布查尔走过伊犁河大桥,看伊犁河的中游;到骆驼脖子看水库工地;到布尔津看额尔齐斯河;到阿勒泰、福海看布伦托海、吉里湖;到石河子看玛纳斯河和垦区……钱伟长乘坐越野吉普车越过冰大板,攀登天山,奔驰在戈壁滩上(最长的一次历时三个星期)。他要看水,因为水就是生命,有了水,戈壁滩就会变成绿洲,就像铁门关和石河子垦区那样,绿树浓阴,粮棉丰产。经过几千公里路程的颠簸考察后,他向自治区和中央汇报了开发水资源的建议。

钱伟长也曾多次到云南讲学访问。1987年10月应云南省委书记普朝柱的邀请,专到滇西考察。他从昆明出发,南到景洪、勐海、勐满,西到保山、腾冲、瑞丽,北到丽江,中间地区有大理、楚雄、禄丰等市县镇共28处,包括傣族、拉祜族、佤族、景颇族、白族、纳西族等少数兄弟民族自治州、县。他乘坐的旅行车,翻越哀牢山、大雪山、高黎贡山,跨过红河、澜沧江、怒江,奔驰在高原险路上,行程近万里。在丽江,他执意要在白塔村下到金沙江谷底(虎跳峡地区),实地察看金矿脉和群众采金情况。当地同志临时用铁锹在几百米的崖坡上挖出一个个落脚的坑窝,钱伟长硬是顶着酷热下到江边,认真察看后,断言金沙江岸第三纪和第四纪岩石夹层中有金矿脉,并和省工业厅同志商谈科学采金和加强管理。经过调查,他了解到滇西地区有极丰富的资源,而地穷民贫,这真是"富裕的贫困"!经过探索,钱伟长感到滇西脱贫致富的关键,是要改变自然经济和半自然经济的状况,大力发展社会主义商品经济,并极力介绍"沙洲经验"。由滇西回京,他立即向普朝柱同志和中央提出了滇西致富的建议。

此外,钱伟长还参与提出了关于建立黄河上游多民族经济开发区的建议,关于西南少数民族地区扶贫致富的建议,关于闽东经济开发的建议……他坦然地、无保留地提出自己的所见所想,供党和国家的领导作决策时参考。

七

在落实了党的政策、纠正了一切不公正的处理后,1983年初,钱伟长接受中央的任命,于1月15日带着一箱书稿,只身来到上海就任上海工业大学校长。上海工业大学是60年代初,以上海交通大学分部、上海交通大学附中和上海市团校的校址,由上海交通大学、复旦大学、华东师范大学等院校调集教职员工新建的工学院,设有机械、电机、冶金、仪表无线电四个系九个专业,学生800余人。学院创建甫定,就遭到十年动乱的干扰破坏,到1979年才恢复建制,改称上海工业大学。

钱伟长到校后,得到上海市领导和校党委的支持,团结全校师生员工共同努力,进行改革。作为一个在教育战线上工作了大半生的老教师,他对教育、教学、科研是有自己的实践经验、体会和见解的。他很珍视党所给予的信任,在党的教育方针指导下,以自己的全部精力,贯注于祖国的社会主义教育事业中。他首先考虑到上海工业大学直接为上海市的经济建设服务的特点,应开拓办学的路子,进一步加强教育和生产的联系,消除学校与社会的隔阂。

他到校不久就提出要"拆掉四堵墙"。所拆的第一堵墙是学校与社会之间的墙,以适应经济建设和科学技术的发展变化,密切联系社会和工厂并为之服务。第二堵墙是校内各部、各学科之间的墙,打通现存的"部门所有制",以适应当代学科综合化发展的趋势。第三堵墙是教学与科研之间的墙。钱伟长到校后多次与各系教师分别座谈,积极倡导教学与科研相结合,不厌其烦地宣传教师既要教学又要科研,必须从事科研工作才能提高自己,从而提高教学质量,否则只是照本宣科的教书匠。这是他自50年代以来一贯坚持的主张。第四堵墙是旧的教学思想的墙。当今世界科学技术和文化学术飞速发展,人们的知识会很快老化,那种认为学生只有通过老师"教"才能"学"的传统教育思想,已不能满足当前高等教育的需要,而应予以破除。他说"教"和"学"是一对矛盾,教是外在指导,学才是内在因素,学生只有通过主动的学习,才能把所学的知识变为自己的知识。高等学校应把学生培养成有自学能力的人,在工作中能解决问题的人。这些也是钱伟长到全国各地所作的关于"怎样学"、"怎样教"、"教与学"等报告的中心思想。

钱伟长根据对世界科学发展的深入观察,认识到在社会主义建设中,需要大量新兴科技方面的人才,如电子学、计算机、生物技术、材料科学、信息技术……他和校领导同志再三研讨,确定了"改造传统性专业、发展新兴学科专业、增加第三产业所需专业、加强重点建设所需专业"的部署。对旧的传统课程、专业进行压缩和精简,彻底修改了教学计划。新增了机器人和机械自动化、色材化学、应用数学和力学、通信工程、工业外贸、经济管理信息系统、工业财会工程等专业,建设发展了一批培养研究生的学科、专业,并成立了上海市应用数学和力学、机器人、色材化学、预测和咨询四个研究所。除接受国家各工业部、上海市经委所属各局、上海郊区各县、江苏各县区的地方及乡镇企业的重大科研课题、咨询、设计等工作外,还和江苏各县区企业、上海市各区成立了"联合体",以加强教学、科研、生产和贸易的密切联系。

为加强基础知识和基础技能的学习和训练,上海工业大学各系学生入学后,前两年不分专业,完全学基础课,第三年才分专业。钱伟长认为打好基础才能提高学生的自学能力和应变能力。同时他认为在现代社会中,学生应掌握外语和计算机的应用,这是两项基础知识,也是两种基础工具。为了给同学们的学习创造条件,钱伟长争取香港爱国人士香港星光传呼(集团)有限公司董事长黄金富先生的资助,在校内设立"星光电台",波长7.2兆赫,每日播放6.5小时的英语节目。学生每人配有一副耳机,可以在早晨、中午、下午、晚上规定的时间内收听,以训练听力,从而提高英语水平。在全国CET考试中,上海工业大学取得了较好成绩。上海工业大学设有计算中心以及多个计算机工作站,以给学生更多上机实践的机会,使该校学生在上海市高教局组织的计算机应用能力竞赛中名列前茅。在学制上,为保证学生能自学成才,钱伟长倡议建立学年学分制,学生可以选课计学分,只要读够学分就可以提前毕业(现已有学生提前毕业)。此外,他曾倡议设了一个试点,由机械系的一个班在上物理课时仅用1/3的时间授课,其余时间主要让学生自学,使他们掌握学习规律和方法。这大大提高了学生的自学能力,在期终考试时取得了优于传统课堂的成绩。可惜这种设想目前还难以推广。

钱伟长认为教师是办好学校的主力。为提高教师队伍的水平,他从外校各地延聘有专长的学者、教授来校任职或兼课,做专业带头人,以充实师资力量。他还积极争取条件,引进智力,邀请国外学者、教授来校访问讲学,并聘之为名誉教授,其中有任之恭、陈省身、田长霖、谈自忠、徐贤修、张佑启、谢志伟、李泽元、川合保治、罗思、凯塞西奥格尔、博思、西蒙等。还聘请戴振铎、雷赫列夫斯基为教授,长期在校任教。

钱伟长一贯认为教师必须从事科研工作。他自到校后,不断地和各系教师座谈,热忱地鼓动他们进行科研,从科研的实践中深入了解学科的发展趋向,从而提高学科讲授质量。他对教师提出了要讲一门主干课、要有一个研究课题、要联系一家工厂并在厂里义务兼任一个职务这三个"一"的要求。他还要求主管科研的行政部门对教师的科研成果、科学论文一定要公布、发表,记录在册,并且统计被引用的记录。经过几年的努力,上海工业大学的科研成果获上海市科技进步奖的数目连年保持在前四名,全校的科研经费在全国1 075个高等院校中列于第30名。

在改革开放政策的指引下,钱伟长积极为教师进修创造条件,和国外建立联系。在70年代,上海工业大学曾和美国东北大学拟签协议书,但未获批准。现在和上海工业大学建立校际合作关系的已有英国、美国、法国、德国、加拿大、瑞士、瑞典、挪威、荷兰、波兰等十余个国家的13所高等院校。教师可以出访、讲学、进修、进行学术交流,能接触新事物,开阔眼界。钱伟长很关怀青年教师的成长,近年已有14位教师被破格提升。

在学制上,钱伟长提出把每一学年划分为三个学期和一个暑假,称为"短学期制",这在全国也属首创。其意图是学期短,可促使教师精简讲课内容,提高教学质量;而暑假延长至13周,让教师有充分的时间备课和进行科研，使学生有充分时间自学读书，并进行社会调查和到工厂实践。

为使上海工业大学进一步加强教育和经济生产的联系，钱伟长征得上海市领导批准，在1991年成立了有14个市委、办、局领导参加的上海工业大学校务指导委员会，并由顾传训副市长任主任，还为此成立了工作小组，经常研究产学结合工作的开展以及协调解决出现的问题。上海市经委和四个工业局为学校专门介绍"八五"科技规划情况，商研可以合作的科技领域。此外还聘请工厂的高级工程师到学校讲课，讲述在生产实践中所积累的经验和知识。

培养学生德智体全面发展，成为建设社会主义事业的合格人才，是学校的重要任务。钱伟长很重视对学生的思想教育。他认为每一位教师都要做学生的思想工作，"教书育人"是教师的职责。他自己争取各种机会和学生、学生干部、研究生见面、谈话、报告。他教育学生要热爱祖国，要做有志气的中国人。1986年率政协代表团出访，在曼彻斯特与王大珩教授一同和留学生见面，以自身的经历和认识，恳切地叙说人民多么期望着祖国儿女学成归来参加建设，使不少听众动容落泪。钱伟长也很重视学生的体魄，促进体育活动的开展，改进体育活动的条件。他认为工科学生也应接触美育和艺术，曾邀请黄佐临（剧作家）、贺绿汀（音乐家）、钱君匋、王个簃（书法家）等多位名家到校指导。现在学校又成立了以汪道涵同志为顾问的文化艺术中心，更加强了这方面的工作。

上海的土地是寸土寸金，上海工业大学在1978年曾申请征购土地5.4公顷，经过五年仍未获批准。钱伟长到校后，多次与有关部门联系，亲自上门恳切说明为学校的发展需要，需征购北面空地，后终于获准征地16公顷，为学校的快速发展创造了条件。

1988年国家教委主持的全国高校评估，给上海工业大学作了如下的评定："上海工业大学建校29周年，几经周折，直至党的十一届三中全会以后才真正走上较快发展与提高的道路。钱伟长校长高瞻远瞩地对学校的改革发展与提高，起了积极作用。在教学改革、学科建设、教师队伍建设、开拓国际学术交流渠道等方面，作出了重要贡献。学校努力为适应上海工业与经济发展的需要，培养输送高级专业人才，承担科研任务，选送科研成果，开展科技服务，办学指导思想是明确的。"这是对钱伟长的工作的肯定，更是对他和上海工业大学全体师生员工们的鼓励和鞭策。

百年树人,任重而道远!

八

自1980年后,钱伟长的社会政治活动日益增加。首先是中国民主同盟中央决定恢复他为中央常委和中央教育科技委员会主任,1983年12月在全盟代表大会上被选为中央副主席,历届连任迄今。在这期间,钱伟长参加了民盟对我国教育改革的调查研究和座谈会,并参加起草了民盟向党中央提出的对教育改革的建议书。1983～1985年,他连续三年组织并主持了民盟中央举办的多学科学术讲座。参加讲座的著名教授有费孝通、朱光潜、黄药眠、徐铸成、商承祚、常任侠、叶培大、马大猷,前后约50位,每人讲10讲(20小时),讲题都是各位教授毕生研究的主要成果,深受全国各界的欢迎。讲稿又编为丛书,陆续出版,对推动我国学术繁荣起了一定的作用。此外,他还主持编辑了民盟中央主办的"农村实用生产技术丛书",出版了两批共75种,并纳入国家星火计划。

1981年4月,钱伟长出席了第五届全国政协会议,被选为常委。1988年4月在第六届第五次全国政协全会上,被推选为副主席,连任迄今。在政协的工作中,除日常的会议外,钱伟长曾兼任科技工作组副组长,多次到海南岛和连云港访问考察。第七届全国政协会上钱伟长又兼任了祖国统一联谊会组长,接待台湾来访的团体和各方人士约有数百人次。此外,他还曾参加了政协对知识分子政策落实情况调查团,赴浙江、江苏、上海和山东等地调查访问。

在这一时期,钱伟长还担任了中国和平统一促进会执行会长、陶行知研究会会长、中国海外交流协会会长,被全国人民代表大会任命为香港特别行政区基本法起草委员会委员兼文教宗教小组组长,以及区旗区徽评审委员会主席。他和全体委员共同努力,经过四年零八个月艰巨繁复的工作,开过各层次的会议一百多次,终于在1990年4月4日完成了《中华人民共和国香港特别行政区基本法》的起草工作。之后,钱伟长又被任命为澳门特别行政区基本法起草委员会副主任,兼文教社会工作组小组长和区旗区徽评审委员会主席,开展了大量的工作。

钱伟长热爱祖国，深切地盼望祖国的统一，自1988年以来，先后四次参加或主持了两岸关系座谈会或研讨会。他热情而坦诚地表示，海峡两岸人民共同拥有5 000年的辉煌历史，共同拥有5 000年的灿烂文化，共同饱尝了近代史上的辛酸苦辣，这是两岸人民最终要走在一起的基础。他坚信人为的40年的分离，抗拒不了5 000年的凝聚。他愿为祖国的统一大业，不辞辛劳，奉献自己的拳拳赤心。

钱伟长还多次参加了党中央召开的多党座谈会、通报会、征询意见会等。这些会议极大地沟通了中国共产党和民主党派的关系和认识。

参加上述所有的社会政治活动，钱伟长认为都是自己作为公民应尽的职责，从来一丝不苟，认认真真，尽心尽力，并且总是以坦荡无私的胸怀提出自己的建议和意见。参加这些活动当然要付出许多的时间和精力，但是不论政治、社会活动多么繁忙，他从来都不放松学术、科研工作。白天没有时间，深夜在灯下即得到白昼的延续。

在1978~1990年间，钱伟长在中外科技杂志上发表的论文约有100余篇，大致包括十个方面：环壳理论、广义变分原理、有限元、薄板大挠度问题、管板、断裂力学、加肋壳、三角级数求和、撞击理论和中文计算机。其中广义变分原理的工作，在1982年获得国家科学奖。以后，钱伟长又进一步研究，明确了拉氏乘子法在弹性理论变分原理中的应用，也可以推广到流体力学以及电磁场的变分计算中（共发表了约18篇论文）。在有限元工作上，其中有《非协调元和广义变分原理》一篇论文，由美国权威杂志《应用力学进展》选登（第24卷，1984年，共60页），认为是1984年国际力学工作重要进展的一个方面，它大大改进了不协调有限元的使用范围。在中文计算机方面，钱伟长创出了汉字宏观字形编码，简称"钱码"。它是以字形中单元（偏旁部首）识别的，只要宏观相似即为一个码，并可用"选择"键来选用重码字。"钱码"易学易用，并且首先引用了"词组"输入，大大提高了中文计算机输入速度。它在1986年国家标准局主办的汉字编码输入方法评测比赛中获得甲等奖，并获得上海市科技进步一等奖。"钱码"又被国际商业机器公司（IBM）选用为该公司的中文标准编码之一。在撞击理论方面，钱伟长写了《穿甲力学》一书，系统地论述了弹体和靶体的撞击所产生的侵入和击穿现象，包括了近30年来关于穿甲力学的主要进展，其中有一部分是自己的研究成果。

书中特别强调了撞击的弹塑性理论。这本书曾获得国家新闻出版署1988年的优秀图书奖。关于三角级数求和,是计算了1.2万个三角级数之和的大表,是钱伟长在十年动乱中花了七整年工作的一部分。在国际上,英、美、德、苏都有三角级数之和的专著,最多也只收有560种三角级数之和,而钱伟长的这本大表已比国际公布的级数超过20倍。他除了以常见的分数、幂函数、阶乘函数、三角函数为系数的三角级数外,还大量地以各种特殊函数,如椭圆函数、指数函数、贝塞尔函数、汉刻尔函数等为系数的三角级数,其中很多在微波计算、电磁场计算、弹性板壳计算和传热计算上都是很重要的,其内容的70%都是钱伟长研究计算的新成果。

在这十几年中,钱伟长还著述出版了科学著作十余种,其中有《应用数学与力学论文集》、《变分法及有限元》、《广义变分原理》、《格林函数和变分法在电磁场和电磁波计算中的应用》等,共约300余万字,还有《奇异摄动理论及其应用》书稿(20万字),业已有五次在全国各地印成讲义,但尚未正式出版。

钱伟长为给应用数学界、力学界的中青年工作者提供发表科研成果的论坛,倡议出版《应用数学和力学》学术刊物。幸得交通部支持注册,由重庆交通学院组织编辑部,克服种种困难,于1980年创刊,同时出中文版、英文版,到1984年又改双月刊为月刊。钱伟长主张发扬学术民主精神,破除编辑审稿制,聘请了全国科、教第一线的中青年工作者50人为编委(现增至90余人),由编委本人投稿,并可推荐来稿,不受审查,公布姓名,文责自负。刊物增辟学术讨论栏,读者与作者、推荐者可以评论交流,使刊物办得很有生气。钱伟长鼓励青年发表论文,不求全责备,只要有创新就可取。有些投稿是被国内某些刊物退回,而实际有新颖观点的,钱伟长都提出意见和作者通信商酌,修改后即予发表,有的还直接推荐给国外的刊物。创刊13年来,该刊所发表的论文中已有多篇获得国际奖励而深受国内外同行的重视。美国《应用力学评论》、英国《数学评论》、德国《应用力学摘要》、前苏联《力学摘要》对该刊每期的全部论文都摘要评论。该刊是在国际上流传较广的科技刊物之一。到目前为止,该刊的编委几乎全部升任教授或研究员,有60%已成为博士生导师,足见《应用数学和力学》创刊以来所起的论坛作用,大大有助于中青年科技工作者的成长。

钱伟长自1989年起,又创办了《中国应用数学和力学进展》(英文版)年刊,专登我国中青年科学工作者的论文,在国际上发行。钱伟长还是五种国际学术刊物的编委:美国《工程科学月刊》、美国《应用数学进展》、英国《薄壁构件》、荷兰《有限元在设计和分析中的应用》、乌克兰《应用力学》。他也是国内一些丛书的主编,如重庆出版社的《现代化探索丛书》、江苏科学技术出版社的《现代连续统物理丛书》等等。还应特别提出的是,自1980年12月起,钱伟长参加了邓小平同志亲自过问的《简明不列颠百科全书》(中文本)中美合作编辑工作,被任命为中方编审委员。钱伟长主要负责有关科学技术的各种词条(约500余条)的编审工作,也经常参加中美双方观点分歧的多种词条的讨论和协商。经过五年的艰苦努力,10巨册《简明不列颠百科全书》(中文本)终于在中国出版,并于1986年9月在美国国会图书馆举行了首发式。

钱伟长对自己孜孜不倦所取得的成果感到欣慰,但是并不骄傲自满。他曾对研究生说:"在现代科研工作中,不吸取别人的经验而创新是完全不可能的。你们想想,如果不是前辈科学家解决了小挠度问题,如果没有浅壳方程式给我们的启示,我们能作出今天的贡献么?从这个意义上说,我们的成果确实没有什么值得骄傲的。一个真正的科学工作者必须是冷静而谦逊的。"

钱伟长在1985年4月,应《人民政协报》编者之约,撰稿总结了自己一年来的工作和活动,命题为"奔驰前进"(《人民政协报》,1985年4月5日第119号第4版)。的确,直到现在,他日日月月年年都在奔驰。用他自己的话说:"繁重的教学行政工作,丰富的社会活动,广阔的学术天地,使我的生活无限充沛而有意义。虽然岁月催人老,但是欣逢盛世,在党中央的号召下,愿夜以继日地奋发工作,以补偿20年来失去的珍贵年华;愿以自己的点滴汗水,汇入祖国建设社会主义波澜壮阔的奔腾洪流中!"

桑榆未晚,奔驰不息。

周文斌脱稿于北京　1991年10月
孔祥瑛改写于深圳　1991年12月

后　记

《钱伟长文选》(1—6卷),在上海大学出版社2004年出版的《钱伟长文选》(1—5卷)175篇的基础上,增补了钱伟长院士从1949年到2008年六十多年间的重要文章和讲话稿105篇,共计280篇。这些文章和讲话稿绝大部分都曾经公开发表或出版过。

文选里的著作集中反映了钱伟长院士对祖国的科学教育事业、国家现代化建设事业的真知灼见和热诚实践,对国家和民族在社会、经济、科技、文化发展乃至于祖国的和平统一等诸方面的专注和投入,其中有许多文章是他前瞻性的思考与探索的结晶。文章的字里行间洋溢着他和中国共产党肝胆相照之情,充分体现了他的拳拳爱国之心以及丰富的学识和坦荡的胸怀。这些文章或讲话,涉及到哲学、历史学、文学、自然科学、工程技术、区域经济、城市建设、管理学、中文信息学以及教育学等方方面面,尤其是他和青年学子谈人生观、价值观,谈治学方法,谈成才,谈开拓创新的不少文章,值得广大读者慢慢品味和学习。

当前,在坚持以马列主义、毛泽东思想、邓小平理论、"三个代表"重要思想和科学发展观以及党的路线、方针、政策为主要内容的伟大实践中,在纪念钱伟长院士诞辰一百周年的日子里,出版和学习钱伟长院士的文选,对于上海大学乃至全国的广大科技、教育工作者来说,具有很强的借鉴意义和现实指导价值。

为便于广大读者阅读，我们按时间顺序对这些文章和讲话稿作了编排，本卷收录了1998—2008年间的66篇文章和讲话稿。对于个别文章和讲话稿，我们作了少量的文字修改。由于时间仓促，难免漏收一些重要的文章，敬请广大读者谅解。

本书编委会
2012年9月5日